清华东方文库

西方社会科学理论 与日本研究

——清华大学日本研究中心高级培训班讲习录

高 柏 著

社会科学文献出版社

SOCIAL SCIENCES ACADEMIC PRESS (CHINA)

清华东方文库编委名单

（按姓氏笔画）

编者的话

　　清华大学日本研究中心是清华大学校属跨院系的研究机构，致力于跨学科、文理交融的学术研究，注重产学研与社会效益并举的多层面交流。作为中心学术活动的一环，于 2009 年 6 月 26～28 日举办了首届高级培训班。此次培训班邀请了国内外知名学者就日本研究的相关问题进行集中讲座，由李廷江教授主持，清华大学、中国社会科学院、北京大学、中国人民大学、外交学院、青岛大学、荷兰莱顿大学的博士生、讲师和教授 40 余人参加了培训班。主讲人美国杜克大学社会学系教授高柏以"西方社会科学理论与日本研究"为主题进行了三次系列讲演。在此期间，佳能（中国）公司总裁小泽秀树以"对中国的日本研究的期待"为题、清华日本研究中心常务副主任李廷江教授就"中国人的日本观"分别做了特别演讲。

　　高柏先生曾取得中国北京大学学士、硕士学位，美国普林斯顿大学硕士、博士学位。现任美国杜克大学社会学系教授。主要研究领域为经济社会学、比较历史社会学、比较政治经济学与国际政治经济学。其大作《日本经济的悖论：繁荣与停滞的制度性根源》①

---

① Bai Gao, *Japan's Economic Dilemma*: *The Institutional Origins of Prosperity and Stagnation*, New York: Cambridge University Press, 2004.

由剑桥大学出版社于 2001 年在纽约出版，中译本 2004 年由商务印书馆出版[①]；《经济意识形态与日本产业政策——1931-1965 年的发展主义》[②] 由剑桥大学出版社 1997 年在纽约出版，荣获 1998 年度美国大学出版社联合会有泽广巳日本研究最佳图书奖，2008 年由上海人民出版社推出了中文版。[③]

在本次培训班上，高教授以西方社会科学理论与日本研究之间的张力为主线，结合自己 20 余年的研究经验，介绍了 20 世纪 80 年代以来美国日本研究中的两次范式之争，并讨论如何在全球金融危机这一新的时代背景下认识日本的现状与未来，以及日本经验与其他各国之间的历史关系与同时代性。

从知识社会学的视角来看，任何一种社会科学的理论都受其所在的文化、历史、社会、政治以及经济环境的影响。因此，从对西方国家现实的研究中抽象出来的西方社会科学理论在被用来分析与它们在各方面的情况有较大差异的国家时，就自然产生理论和实证材料之间的一种张力。这种张力在西方的学术界经常构成具有意识形态色彩的范式冲突。作为一个中国学者在美国研究日本问题，无时不面对这种张力与冲突，如何超越它们，进而确立个人研究的分析框架，进行创新性思维，请看高柏教授的精彩阐释及课堂争锋。

为了更好地理解本次培训班所讲授内容，在附录部分，我们选编了高柏的两篇论文。这两篇文章原以英文在国外发表，中文版是首次在国内刊布，高柏教授授予版权，谨此致谢。

---

① 高柏：《日本经济的悖论：繁荣与停滞的制度性根源》，刘耳译，商务印书馆，2004。

② Bai Gao, *Economic Ideology and Japanese Industrial Policy: Developmentalism from 1931 to 1965*, New York: Cambridge University Press, 1997.

③ 高柏：《经济意识形态与日本产业政策——1931-1965 年的发展主义》，安佳译，上海出版社，2008。

前　言

——写在清华大学日本研究中心高级培训班讲习录出版之际

李廷江

　　从古到今，中日关系特殊复杂。仅就近代史而言，经历了从19世纪末的甲午海战，到20世纪中叶的中日战争，日本成为在上两个世纪内的五十年中接连挑战侵略，向中国发起了两场重大战争的强敌。然而，从1868年的明治维新和百年后1960年代以来的日本经济的增长奇迹，日本的发展和经验同样成为19世纪清末新政和20世纪80年代中国改革开放的极其重要的样板与契机。中日之间的敌对性与互补性只是到了1972年才出现良性转换。中日邦交正常化的实现，为两国交往带来和平互助友好的春天。遗憾的是好景不长，时代的车轮已经驶入21世纪的第二个十年。在今天，日本的国策依然是困扰中国外交政策的棘手对象，日本的经验依然不失为中国社会发展的有效范本。水以浪得恶名，浪何尝非水乎？于是乎，对抗日本和学习日本构成了百年中日关系的错综复杂。

　　中国的日本研究历史悠久，涉及学科领域广泛，前贤同仁建树成果丰富。这是每一位从事日本研究的学者都引为自豪，权为认真工作，努力赶超的源泉动力所在。但是，我们也清醒地看到，由于时代的原因，中国的日本研究无论是距离社会的要求，还是和国际上学术界相比较，仍然存在一定的差距。因此，如何继承前辈学术传统，开创适应时代需求的学术研究，成为摆在每一位研究者面前的当务之急。清华大学日本研究中心成立日浅，既无基础又乏经验。但是，作为中国大学的研究日本机构，理所当然地要为中国的日本研究学术服务，义不容辞的要在现有的条件下，尽快发挥力所能及的作用。鉴于一些学者迫切需要了解国内外研究动向，希望研讨日本研究方法等的现实要求，我们设想，如果能采取讲习的形式，提供交流切磋的平台，以学术为主，又联系现实，讲习并举，雅俗结合，以促进客观认识日本社会本质，提高学术研究方法能力，这样下去，持之以久，一定会有益于提高我们日本研究的水准。本着上述宗旨，我们设计举办了清华大学日本研究高级培训班。这是我们尝试为日本研究同仁后进提供最新学术研究成果和信息，建立和加强国内外学术交流的第一步。

2009 年 6 月，我们举办了第一期清华大学日本研究高级培训班。《西方社会科学理论与日本研究——清华大学日本研究中心高级培训班讲习录》是这一期讲习班的讲习记录与报告。学术乃社会之公器。讲习班每年举办一到两期。只要条件容许，我们决心努力把讲习班办下去。献给大家的讲习录，愿和所有关心中国日本研究的同仁共享。

目 录

第一讲　关于日本资本主义性质的辩论：实证材料、方法和视野

——以《经济意识形态与日本产业政策——1931–1965年的发展主义》为例

　　我先简单地自我介绍一下个人的背景。我是 1979 年进入北大东语系日语专业学习，1983 年毕业的。毕业后同年进入北大高等教育研究所读硕士课程，专业是比较高等教育。当时的论文题目是导师承担的国家"六五"计划的一个重点项目的子课题，研究日本明治维新以后的 100 年里日本高等教育结构的演变以及背后的原因。1986 年 1 月毕业后留校，也没有教书，只待了半年就去了美国。在美国普林斯顿大学获得社会学的博士学位，从 1993 年开始一直在杜克大学教书。

　　我今天要给大家讲的东西算不上讲座，而是一种培训班的形式。培训班在美国一般是互动比较多。我在日本访问的时候也看过日本大学的培训班，经常是一个学生负责报告。在美国对研究生要求要多一些，课前要先把指定的资料读完。在课上有一个人导读，大致讲一讲，负责提出问题，然后大家都参加讨论。

　　这次培训班每天的时间分配，大致分成三部分，一次大概是50 分钟，中间休息 5 分钟。我每次先讲一个具体的日本研究领域

里的理论辩论情况，以及当时为什么会有这样一个大的辩论。第二部分讲一下我自己在做研究的时候是怎么处理这些问题，或者是怎么参加辩论的。第三部分的时间给大家提问和讨论，你们甚至也可以把自己在做的东西提出来让我来给些建议。

在美国上课，很多教师一开始就讲他们的教育哲学。教本科生的时候，我的教育哲学是强调三个层面：知识、技能和视野。到了研究生阶段实际上还是一样，只不过是把知识变成了实证材料，把技能换成成分析方法，把视野换成分析框架。所以，西方研究者在进行社会科学分析时要回答三个基本问题，即如何获得实证材料，使用什么样的分析方法，和选择什么样的分析框架。

这三个方面缺一不可。要想做一个好的学者，最好是在这三个方面都要有自己的想法，争取都有所创新。你如果在这三个方面做不好的话，最后很可能要影响研究的质量。这就是为什么我说互动的形式非常有用，大家可以随时提问。你可以不同意我的观点，可以举手说出你的理由。

第二部分我要交代一下从知识社会学的基本观点来看为什么我们要讨论学术范式。中国人一般的观念认为：所谓的科学就是对客观规律的认识，这是咱们上本科甚至是上中学的时候大家就知道的。但是知识社会学并不这样看问题。它认为研究人员所处的环境，不论是社会环境、历史环境、政治环境还是经济环境都会影响你从事社会科学分析时的分析框架，甚至实证材料的选择。所以说不存在一个所谓的绝对的客观规律。研究者的主观因素与他们所研究的客观对象是一种互动的关系，在互动的过程中围绕研究人员各方面的因素都会影响研究者对研究对象的认识。

有了这样一个基本的前提，大家就会知道学术范式是会发生变化的。托马斯·库恩论述科学革命的那本书是1950年代出版的名著，中文译本早就出了。他是第一个讲科学是有范式的，这种范式在历史中是发生变化的。既然会发生变化，显然你就要问为什么会发生变化。从知识社会学的角度来讲，发生变化的原因就是围绕在研究人员周围的各种外在条件发生了变化，这些变化影响了研究人员在分析一个社会现象时的分析框架，研究方法，甚至实证材料的选择。

之所以讲这些，目的是给大家交代一下我们要想理解在美国学术界关于日本研究的大辩论，首先要明白的一个问题是为什么要进行辩论。把这个问题搞明白了，你就可以发现这其实是因为围绕着研究人员的周围环境发生了变化。这就涉及每个具体的研究人员怎么认识外在环境。每个人对外在环境的认识并不一样。这就是为什么我在发给大家的大纲里提到研究范式。与研究范式有关的辩论经常是受意识形态影响的，而且这种影响经常是很强烈的。为什么呢？那就是因为很多研究人员对他所信奉的对外在环境的理解可以达到一种有强烈的感情色彩，甚至是宗教色彩的地步。到了这个份上就是纯粹的意识形态了。

按照马克思主义的基本原理，经济基础决定上层建筑，意识形态永远受社会变迁、社会条件本身的制约。比如，在改革开放的时代，我们面临的是一个如何从计划经济体制下走出来的问题。在这个过程中，西方的市场理论对中国人来说特别有吸引力。大家都相信市场是一个好东西，而计划经济的好多东西是不好的。到了四五年前，中央开始强调要建立和谐社会，大家对全球化的反思进入了一个新阶段。这时候大家又发现在过去的 20 年里不光是中国，而且是在世界范围内都有一个新自由主义的思潮，这个思潮影响的政策范式也有很多问题。由此你可以看到，这种人们对经济模式认识的前后变化显然是人们周围外在环境的变化造成的。这种认识的变化会直接导致研究者采用的分析框架、研究方法甚至是研究实证材料选择的不同。这是知识社会学关于社会科学研究与学术范式为什么会发生变化的基本观点。

下面，我们就具体介绍一下美国学术界内部的特点。在美国学术界，研究外国事物的学术范式主要有两种形态：一个是地域研究，另一个是理论建树。

美国的社会科学第二次世界大战以后在很大程度上受当时的历史条件的制约。为了冷战的需要，美国的政府部门和私人基金会提供了大量的科研经费，研究所谓敌对国各方面的情况。由此产生了地域研究这样一种范式。

地域研究的范式从某些方面而言与我们中国人平时做的研究有很像的地方，与日本人做的研究也有重合的地方。你要想解释一个事，基本上是就事论事。什么是就事论事？比如说你要以为什么清华大学成立了日本研究中心这件事作为一个课题的话，研究人员如果按地域研究这种范式来做的话，他会去采访所有曾经参与这个过程的人，理清建立过程具体的演进阶段，在每一个阶段上哪些人发挥了作用，比如说像李教授，像曲教授在这个过程中发挥了什么样的作用。地域研究一般采用的是归纳法，研究人员把所有的材料都找出来，都理清楚，然后进行归纳，得出结论。

理论建树是一个什么范式呢？理论建树关心的是所谓放之四海而皆准，具有普遍性的东西。换句话说，如果你要想建树理论，这个理论不能只在这一个地方好使，那不叫理论。理论必须是普遍适用的，必须是放之四海而皆准的。如果各位学过经济学的话，那就是一种理论建树的典型方法。经济学使用的是演绎法。你从抽象的数理逻辑出发，给出一些假设，然后就建立自己的模型。做数理经济学的还可以收集实证材料去检验这个假设。这个过程就是理论建树。后面我要讲到当你研究一个具体的国家时，这些跟理论建树的关系。

要研究一件事情，按照地域研究的步骤，就是把所有的与事件有关的要素解释清楚，找到前因后果，能找到的具体情况都找到，对它进行归纳，最后就能得出某种结论。

可是理论建树要求不一样，不一样该怎样做？我刚才提到，理论建树一般是用演绎法。从既存的理论出发，提出假设，然后再搜集实证材料去验证。对上了，证明这个理论是对的，没有对上就可以对这个理论本身提出一个质疑。

经济学在战后走的就是这条路。在这个过程中弗里德曼在1953年发表了一篇关于经济学方法论的文章产生了巨大的影响。他在那篇文章中援引了波普尔的证伪理论，认为经济学理论可以由经济学家依靠逻辑来推出。你可以设定各种假设条件。如果在这个条件得到满足时，你建构的模型就应该能够预测结果。在没有实证材料证明我这个模型是错的之前，它都是对的。这样一个方法论思维的逻辑与归纳法完全不一样。归纳法认为在你知道所有事之前你什么都不知道，只有老老实实去查材料你才能知道。而演绎法认为我的任务只是要依据数理逻辑推出一个模型来，证明我说的对不对是别人的事情，只要没有人证明我是错的，我就是对的。

在西方研究日本也好，研究中国也好，我们经常面临着两对矛盾的困扰，一个是就事论事的解释与放之四海而皆准的理论之间的矛盾。另外一个，是象牙塔里的学问与时代变迁之间的矛盾。

我先解释一下这是怎么回事。按照地域研究的方法，我们要了解一个事件发生的实际过程中的所有实证材料。搜集这些材料后你能归纳出来什么东西就归纳出什么东西。这就是所谓的就事论事。而按照理论建树的方法，你光在一个地方搞明白发生了什么事情和为什么发生没有意义，你发现的东西要放之四海而皆准才行。但是按照放之四海而皆准的原则搞来搞去的一个结果是什么呢？经常是象牙塔式的学问。就是学者坐在书斋里想，坐在计算机前搞数理模型。只要满足一定的假设条件，这个模型就被认为是好使。但是问题是这些假设条件本身在现实生活中经常无法得到满足。这样就导致了象牙塔里的学问没法适应时代的变化，尤其是当时代在不断地变化的时候。

如果你们关注日美关系的话，在1990年代末期日本有一种说法，是美国已经不再把日本当回事了。为什么呢？因为在1980年代，当日美贸易逆差特别严重的时候，美国把日本视为是主要威胁，十分重视。到1990年代，特别是克林顿转变了对华政策的基本方针，以及日美在1995年汽车谈判以后，美国人开始绕过了日本，好多事直接找中国谈了。到了1990年代末的时候，特别是亚洲金融危机之后，美国已经没有多少人再关心日本了。

所以随着中国的崛起，你在西方，尤其是在美国讨论任何与日本有关的问题，中国都成为重要的参照系。反过来说，我们在理解很多中国的事的时候，日本也变成了参照系。

这表示时代条件的变化可以极大地改变你讨论任何一个具体问题的范式。我想像曲老师和李老师早年在日本的时候，一定对"日本人论"有印象。什么是日本人论呢？当日本经济在1980年代如日中天的时候，西方人觉得日本的什么东西都好。日本人自己也很兴奋，认为日本就是与别的国家不一样。于是把天照大神之类的文化遗产都可以端出来解释日本的成功。但是等到1990年日本的股票市场一垮，这种文化解释论顿时就失灵了。那些神社还在那儿呢，怎么这回就不行了呢。用传统文化解释当代的时候遇到最大的挑战是什么？文化的东西不是说变就变的。你过去说文化导致了你的成功。你的经济现在突然不灵了，但是你的文化还在那儿。过去你说是有了它日本才成功，但是现在文化并没有变，日本应该还成功才对，怎么就不成功了呢？这个文化解释论显然是有问题的。

所以，我们可以看到一个分析框架必须能够反映时代的变化。你要是不能与时俱进地改变你分析事物的分析框架，那你就要落伍了。就是这么一个道理。

在美国你要是想分析其他国家，日本也好，中国也好，你经常要面对这两对东西的困扰，放之四海还是就事论事。你如果走极端，很容易变成象牙塔式的学问。你必须要赶上时代的变化，所以你经常要在你的分析框架上处理这个变化。

下面讲一下西方所谓的理论。无论是地域研究也好，还是理论建树也好，西方的社会科学都要解释，都有所谓的理论。你如果一开始就决定走与地域研究的人不一样的路，怎么来进行理论建树呢？我给你讲一个最简单的，在西方社会科学研究中的一个基本逻辑：首先第一件事什么叫理论？理论在一般人的理解中是特别抽象，特别深奥，特别玄的一些东西。这样的东西才能被称为理论。而西方的理论，特别是严格意义上的社会科学理论，则是两个变量之间关系的一个系统阐述，这才叫理论。这两个变量一个叫自变量，另一个叫因变量，自变量决定因变量。

比如说你要解释是什么因素导致了中国的改革开放成功，这中国的改革开放就是你要解释的因变量。你需要去找一个自变量来解释它。你可以说是十一届三中全会，你可以说是邓小平出山，你可以解释是当时全球化的条件发生深刻变化，可以说"文化大革命"失败等种种理由。你可以选择这些理由中的任何一个作为自变量去解释改革开放的成功。首先你要设定一个研究的问题。日本人经常用"问题意识"来表现，但是这与研究问题还是有所区别的。研究问题是就自变量和因变量之间的关系提出的问题。不论你提出任何问题，前人肯定对你所问的问题曾经试图做过回答。在任何一个国家，学术界奖励的总是具有原创性的东西。你怎么才能做出原创性的东西呢？你首先需要知道别人做了什么。你怎么才能知道呢？你需要做文献回顾，去图书馆查资料。你应该把前人为了回答这个问题到目前为止形成的文献都看一遍，这就是文献回顾的开始。在文献回顾的过程中，你还应该找出现有的文献中在回答这个问题上存在哪些弱点。如果你能做到这一步，你就能找出来有针对性的改善方案，就能知道想要做出原创性的东西该怎么办。既然大家都是博士生或者已经拿到学位，这个过程都走过，所以这个大家都了解。

　　关于研究过程，研究方法，以及如何检验理论的方法人们经常会有一些认识上的误区。我过去的五年中一直在研究中国，每次回来都要买很多书，对国内的写作情况也多少知道一点。国内的学术规范上最常见的问题是什么呢？比如说一个学者研究外资，他的文献回顾经常就是张三说过什么，李四说过什么，王五说过什么，给你简单地罗列一番。罗列以后他就开始写他自己的东西。而他写的自己的东西经常与张三、李四、王五说的东西没有任何关系。他只是加上这么一个形式，戴上这么一个帽子就完了。这是比较常见的问题。

　　从严格的意义上而言，西方的社会科学要求你做什么呢？当你提出研究问题后，你首先要进行文献回顾。你在文献回顾中第一步要找到人家现有的关于你提出的研究问题的答案。你应该分析既存理论对这个问题的解释，你要分析既存文献中各种理论的因果机制，证明的逻辑，以及证明的方法。要搞清楚现有研究是如何证明因变量与自变量之间的关系的，现有的这些证明是不是真正的证明。你把这些东西搞一遍就会发现，实际上可能好多东西没有被证明，或者至少他们证明的方法有问题。等后面讲我自己的研究的时候，我会给你们讲更具体的例子。为什么好多证明实际上并没有证明，有具体的例子才更容易懂这里边的道理。

到了这时候，你就要提出自己的理论了。在文献回顾的过程中你已经了解人家是怎么做的，也明白了现有研究的哪些地方有薄弱处。这个时候，你要找到你自己的一个理论。这个理论就是关于两个变量之间关系的一个系统表述。当你可以提出两个变量之间关系的因果机制时，你就可以根据它提出假设了。

当你研究日本一个案例时，你可能会面临一个方法论方面的挑战。你就研究一个日本，而社会科学讨论的是具有普遍性的规律。就算你搞出来日本是怎么回事，那又有什么意义呢？在学术界大家最怕的是开会发表一番后，听众问你："So what?"即"那又怎么样？"你说了半天只说了一个案例的事，与其他案例没有什么关联，说了也等于白说。社会科学里做定性分析的人有人专门从方法论的角度琢磨过这件事。他们专门发展出一些方法论方面的理论。有一种定性的研究方法叫 Negative Case Method——负面案例方法。什么叫负面案例方法呢？比如说在一般情况下你要建构社会科学的理论都是用定量方法。定量分析的样本一般可以很大，比如说一千人、三千人，也可以在多个国家同时搜集数据。即使是做定性分析的，一个比较经典的做法是至少要研究四国，或者是四个产业。而且你在选择哪些国家，哪个产业的时候要有一套充分的理由。它们必须要具有一定的代表性。这样的话，你得出来的结论相对来说更有说服力。

在某种程度上这仍然是延续当年科学革命时代，17 世纪、18 世纪，培根那些人当年搞的科学研究的方法论。如果你提出的一个理论只通过了一个案例的证明，它有没有说服力？有，有证明比没有强一点儿，你毕竟证明了一次，用一个实证例子证明了一次。但是如果你能用两个例子来证明，就比用一个例子证明更有说服力。如果你能用四个、八个案例证明，越多越好。例子越多，说服力就越强。这个道理我相信大家肯定明白。

但是，如果你只研究一个国家，你的说服力在哪儿呢？西方社会科学里做定性分析的学者里有专门研究方法论的人搞出一个负面案例方法。他们认为，你们用定量方法也好，用多个案例的比较分析也好，不就是搞出一个理论吗？我现在就研究一个案例。我不指望能建构理论，但是我能证明你建构的理论有限界。要证明这一点是不难办到的。虽然只有一个案例要建构一个理论是不行的，但是我如果能拿出一个影响极大的案例来证明你的理论到了这里就不好使了，我的这单一的案例就有它的价值了，因为它可以证明你那个所谓放之四海而皆准的理论实际上是无法放之四海的。

如果一个社会科学家要做定性研究，并且只研究一个国家，这么干才有意义和价值。这个负面案例方法的"负面"指的是实证研究中的个案对现存的主流理论形成挑战，它是与主流代表的"正面"相对的。因此，当我们研究日本或者中国这些亚洲大国的案例时用负面案例方法的一个重要目的就是挑战西方的主流理论。你要想显得友好一点，可以建议你的研究在哪些方面可以使主流理论更完善。如果不客气的话，你就可以侧重主流理论有哪些严重的限界。坦白地告诉大家，我做的学问就是从这儿开始的，即重视西方的主流到了日本或者中国的限界在哪里。这是一个很有意思的方法论哲学。

现在我们开始进入日本研究本身。我是 1986 年去的美国。1986 年是什么概念？1986 年是日本经济泡沫正在开始加速往上走的时候，到了 1989 年底就开始破灭了。在 1986 年的西方人眼里，日本是资本主义的未来。你们学经济的都知道，即使 1985 年搞了一个广场协议，即使日元在 6 个月之内升值 40%，日美之间的贸易顺差增长势头还是根本控制不了。这时候如何理解日本经济奇迹就变成了一个普遍关心的问题。

第一批美国的日本研究专家都是二战过程中成长起来的。美国日本研究的鼻祖赖肖尔是传教士的儿子，从小在日本生活。赖肖尔在哈佛培养的第一代学生包括我的导师马里乌斯·詹森（Marius B. Jansen）。詹森二战的时候在普林斯顿大学读本科，给招去学日语，学完日语就被派去截获日本军方的电报。美国当时培养了一大批人，有些人现在还没有退休，都是这样的出身。

在整个 1950 年代，西方对日本没有什么太多的感觉。因为作为二战的战败国，日本经济虽然在迅速恢复，但还没有一个特别明显的赶超欧美的架势。因此西方没有什么人特别关注日本。这个阶段研究日本的美国学者大多是战争期间接触了日本，还有一些人是作为美国占领军去了日本。这些人马上被日本的文化给迷住了，很多人开始研究日本的文化和历史。

到了 50 年代末，现代化理论成为战后西方社会科学出现的第一个大的研究范式。这个理论基于一个简单的类比，把任何社会都归类成现代或者是前现代，就是这么个简单的两分法。现代化的标志是什么？他们有一系列具体的指标我们就不详细谈了。当时在美国所有关于其他国家的分析都用这样一种分析框架。比如说当年分析日本，为什么从前现代能够走向现代，就分析明治维新前期日本识字率有多高。一查，40％，文盲率与很多其他发展中国家相比要低得多。于是，教育就被认作是日本现代化能够成功的重要原因之一。

那个时候在美国不仅是一般大众，就是学术界也基本很少有人关心日本。只有在主要大学里教书的极少数人开始研究日本的文化与历史。是什么东西使日本研究的情况发生比较大的变化呢？是1973年发生的两件大事。第一件大事是布雷顿森林体系彻底垮台，发达国家的汇率由固定汇率转向浮动汇率。第二个大事是第一次石油危机爆发。石油危机爆发是什么概念？我一个同事告诉我，美国1973年末的汽油价格是大约2.2美元一加仑。当时美国的工资水平是什么样呢？当时如果你是刚在大学教书的，年薪大概是1万块钱一年。2.2美元一加仑的汽油价格使美国人顿时就傻眼了。能源作为经济生活中最重要的生产要素其价格在6个月的时间里就暴涨了400％，所以发达国家同时进入对经济的调控。1978～1979年期间又爆发了第二次石油危机。

就在这个过程中，美国的学术界出现了一个新的学术领域，叫比较政治经济学。这就是时代变迁对学术的影响。国际政治经济中发生的变化对学术界的这种冲击相当深刻，学者总要去理解到底发生了什么事。他们发现虽然发达国家都遭遇了这两件大事的冲击，但是德国人干得很好，日本人也干得不错。他们不得不问德国和日本到底是怎么回事？他们不也都是资本主义市场经济吗？他们怎么就不一样呢？美国的学术界开始认识到这个问题，一大批学者开始转入研究比较政治经济，这是从70年代后半期的事情。

查默斯·约翰逊（Chalmers Johnson）——即《通产省与日本奇迹》的作者——就是从这个时候开始他的研究的。他原来是中国问题专家，他关于中国革命的书很有名。1974 年石油危机后，他通过观察日本的经济表现突然认识到日本人的这套实践有与西方完全不一样的地方，于是他就开始研究日本。约翰逊这个人相当聪明，而且特别的敏锐；他起家是地域研究，但是他的问题意识永远是理论建树的问题。《通产省与日本奇迹》中译本我知道至少有两种。如果大家是学政治或者是经济的，大家肯定会看过。那本书他大概写了将近 10 年。1982 年这本书出版，一出来就产生了爆炸性的影响。因为他第一次提出发展型国家和规制型国家代表着两种不同的资本主义。从政治学的角度而言，他一下子扔出一颗重磅炸弹。

在冷战期间，西方资本主义阵营有强大的意识形态方面的压力，它必须使自己的阵营保持团结一致。什么叫资本主义的根本性制度呢？即民主政治加市场经济。那么市场经济是什么概念呢？是私营企业说了算。我刚才提到从 1950 年代开始美国的经济学家都去忙着建立理论模式了，越来越少去进行研究实证。所以在 80 年代初，查默斯·约翰逊提出来日本经济跟美国经济有本质的区别，其最重要的地方在于政府在经济中的作用。日本政府干了些什么？你们要是看过那本书，那本书上说的很具体。要想理解日本经济，必须要理解产业结构这个词。只有理解了产业结构，你才能理解产业政策。在当时西方人理解的所谓的市场经济中，政府只是扮演一个守夜人的角色，出了事它出来，平时没事时就待一边去。经典的资本主义国家中的政府在经济中的主要任务是制定游戏规则，谁犯法了去抓谁。但是哪个产业繁荣，哪个产业衰败，这是由市场决定的，政府不掺和。

然而查默斯·约翰逊却提出，在日本这种资本主义经济里，政府管产业结构。什么叫产业结构呢？后来伊藤元重（Itō

Monoshige）几个人曾经在 80 年代末出了一本书就叫《日本的产业结构》[1]，小宫隆太郎（Komiya Ryūtarō）也写过关于产业结构的书。他们的定义很明确——产业结构就是一国的各种产业在组成经济整体中所占的比例。那么日本人要追求一个什么样的最佳比例呢？他们要追求一种在进行国际贸易时日本可以获得最大利益的产业分布，这个就叫产业结构。当时的日本人认为，靠市场是实现不了这样一个结构的，政府必须通过它的产业政策想法实现这个目标。

查默斯·约翰逊这本书出来后，他关于政府在市场中的作用顿时成为一个具有颠覆性影响的观点。日本当时已经被广泛认为是发达国家中特别成功的资本主义国家。你如果研究土耳其或者是其他什么地方，那些地方会被认为是前现代。在前现代的社会里，政府干什么都不奇怪。但是日本当时已经成为世界第二大经济体了，他们的政府居然还是这样，这个一般美国人接受不了。所以约翰逊这个观点提出来以后掀起了一场大辩论。

咱们先来简单分析一下查默斯·约翰逊的观点。他用的就是负面案例法。他告诉你日本的做法跟西方的主流理论完全不一样。他们的政府管产业结构，而西方经济学里的政府在经济中根本没有干涉产业结构的功能。同时日本可不是一个一般的小案例，它是世界上第二大的资本主义经济体。如果西方的主流社会科学连世界上第二大的经济体都解释不了，它就要面临一场重大的理论危机了。

---

① 清野一治、奥野正寛、鈴村興太郎、伊藤元重編集『産業政策の経済分析』，東京大學出版會，1988。鶴田俊正、伊藤元重編集『日本産業構造論』，NTT出版，2001。

当时查默斯·约翰逊脑子里想的就是这个问题，他用的就是这个负面案例方法。他通过详尽的历史分析，把整个通产省从1920年代末开始一直到1970年代初在日本经济发展过程中发挥的作用都写出来了。

约翰逊在解释日本资本主义与美国资本主义不同的同时，还提出一个次要的观点，即在日本这样的政治经济体制里，政府官僚在制定政策方面发挥决定性的作用。后来许多人出来骂主要是骂他这一点，而很少有人挑战第一点。因为第一点是一个很难否认的客观事实。下面我们来看一看其他的学者是怎么批评约翰逊的。

第一个是理查德·塞缪尔斯（Richard Samuels）。他是麻省理工学院的政治学系教授。他在1987年出了一本书，研究了四个产业，后来这种研究设计就变成一个范式了。他研究了四个产业试图证明日本的官僚没有像计划经济那样去指挥日本的企业，而实际的情况是日本企业自己也愿意。他的观点如果简单地概括一下就是一句话，即日本的产业政策，它决定发展什么产业，如何发展，和在何种条件下，是日本企业与政府谈判出来的，而不是由政府单方面决定的。就是这么简单的一个观点。他的观点与查默斯·约翰逊的观点的关系是怎样的呢？第一，他同意约翰逊的第一个观点，即日本政府确实是一个发展型的国家，这个跟西方不一样。第二，他说不是像约翰逊说的那样，官僚一说，底下一呼百应，实际上是官僚和企业界谈判谈出来共识后制定的产业政策。

第二个是肯特·E. 考尔德（Kent E. Calder）。这个人做的东西比较有特点，而且在日本研究里作出的贡献相对也比较大。他的策略更有意思。凡是约翰逊研究的实证部分他都同意，因为约翰逊研究的东西都是与出口有关系的产业。在与出口有关系的产业方面，大家没有几个敢说约翰逊说的那些产业政策没有用，这一点在美国的学者中间基本达成了共识。肯特·E. 考尔德研究了一堆与出口没有关系的产业，像什么农业、福利、建筑等等。他说你看，在这些产业中确实没有官僚主导，那些产业里的决策过程实际上与任何其他资本主义国家的政治过程一样，充满了腐败。自民党只要一有危机，就得想法去找政治上的支持者。要想找支持者怎么办呢？各个产业的人就与自民党谈条件。自民党就给这个点好处，给那个点好处。他说实际上日本政治就是一个补偿政治，一点不稀奇，因为这在任何民主国家都是如此。只要是民主国家都要选举，只要有选举就需要有人选你。人家凭什么选你呢？你要给人家好处，就是这么简单。

他通过研究日本非出口产业得出的结论是什么呢？即日本的决策过程并不是像约翰逊主张的那样是官僚主导，而是与其他的资本主义国家一模一样。考尔德的策略是避开支持约翰逊观点的实证材料，而换上另外一些性质完全不同的实证材料从而挑战约翰逊的观点或结论。考尔德与约翰逊之间的区别可以用一个笑话来比喻。约翰逊的做法是把美国比作男人，把日本比作女人，然后指出男女之间在性别上不一样。而考尔德则说，他们除了男女性器官不一样，别的都一样。在这里我们可以看出考尔德辩论的技巧，他转移了讨论问题的角度，这么一弄你拿他没辙——他的确证明了日本与美国的政治有一样的地方。问题的实质在于我们要讨论的焦点到底是什么？是男人与女人到底是否有区别，还是男人和女人是否都是人。

另一个批评者是塞缪尔斯的学生，叫戴维·弗里德曼（David Friedman）。这个人研究的是机械制造业，而机械制造业在日本属于出口产业。他试图证明即使在出口领域里，由于中小企业特别多，约翰逊说的官僚主导一切，规定一切也不可能，甚至他们的政策经常是错的。在美国的习惯是，越有影响的人你第一个跳出来骂，你也变得有影响了。你如果敢骂有名的人，而且骂的有一定的道理，你的东西也会变得很有影响了。但是这个人的书影响并不大。

还有一个人叫约翰·哈利（John Haley）。这个人是学法律的，他过去在西雅图的华盛顿大学教书，后来跳到圣路易斯的华盛顿大学教书。他用的是律师常用的咬文嚼字的策略。他认为约翰逊主张的官僚主导实际上在日本的法律上没有任何依据。日本人之所以比较听官僚的只不过是一种文化习惯。他研究了日本政府各个省的省令（日本政府里的部叫省，比如外务省，通产省等等）。日本政府中的每个省都有省令，这个省令就是从法律上明文规定你这个省的职能是干什么的。他认为约翰逊主张官僚主导决策，这意味着他们必须要有"权力"（power）。但是在现实中，日本政府并没有约翰逊主张的权力，因为你在日本政府的省令中根本找不到赋予这些官僚机构以权力的任何法律依据。权力是强制性的，它迫使你不得不服从，但是日本政府并没有这种有法律基础的权力。然而，在实践中你确实还能看到日本政府的官僚经常有很大的说话余地。哈利认为这叫权威（authority）。他认为日本政府的权威来自东亚的文化传统。在他看来，权力与权威是两码事。

以上是美国的日本研究在当年就发展型国家辩论的一个背景，下边来讲一讲我是如何参与这场辩论的。

我在普林斯顿的老师之一吉尔伯特·罗兹曼（Gilbert Rozman）是一个做地域研究起家的犹太人，会三门外语，中文、日文、俄文全通。他的博士论文做的是日本明治维新之前的城市化，研究的都是古代日语文献，后来又与中国的城市化进行比较，功力很深。我去的第一年他休学术假不在，就让我跟马里乌斯·詹森去学日本史。詹森是有名的历史学家，是美国日本研究的鼻祖埃得温·赖肖尔带出来的第一批博士生，曾任美国亚洲学会的主席。我当时对意识形态是如何影响美国学术范式的第一个印象就是在詹森的明治维新培训班里获得的。我吃惊的第一个地方是什么呢？在当时美国的学术界，那是 1987 年，研究日本近现代史最时髦的做法是把明治维新解释为革命。在中国国内明治维新一直被认为是一种改良，很少有人认为明治维新是革命，但是在美国的学术界 80 年代末期许多新潮的学者认为那是一场革命。

我就想搞明白这个革命到底是什么意思，为什么这些人认为它是革命呢？和我同班读书的大部分是美国同学，也有几个来自亚洲的同学，但是他们在本科或者硕士阶段都已经接触过英文关于明治维新的文献。我问他们为什么说明治维新是革命，革命的证据在哪儿？因为我接触的都是日本文献或者是中国的文献。他们把几本新著推荐给我，我一看分析的都是当年武士的日记，这些武士在日记中表达过要革命的思想。

我质疑说，当我们在对一个历史过程定性的话，总不能凭日记就来定性吧，你总应该分析一下政治过程或者是经济过程本身吧。他们说在我们这里最时髦的就是后现代主义。从此我明白美国的学术界实际上受意识形态的影响很严重。这些人信的都特别虔诚，认为明治维新就是革命，而基本的依据就是那些日记。

在这个过程中我也受了一点启发，我也可以把日记作为实证的材料。现在这已经变成美国社会科学里特别常用的东西了。

学了两年以后，通过了博士资格考试。考完了，当时罗茨曼就跟我说，你是中国人，又研究日本的，做中日比较吧。我说比较得有可比性啊，我比什么啊？后来我左思右想之后，想比较中国改革开放的 80 年代，即从计划经济走向市场经济的这个过程，与当年日本从战争期间到 40 年代末的管制经济恢复到后来的市场经济的过程。

我写了一个论文大纲，一报上去就通过了。1989 年 10 月去了日本进行为期一个月的前期调研。在东京我见到了中村隆英（Nakamura Takafusa）。他是日本现代经济史的头把交椅，现在还活着。因为当时我托了一个教授作介绍，中村第二天就要去匈牙利访问，前一天下午专门抽时间见我。我跟他讲了我要研究当时的决策过程，即政策制定过程。他说你最好换一个话题。第一不要说外国人研究这些题目找不到材料，他都没有办法研究。当年大藏省请他去写大藏省的官厅史，他说我一天不干别的，天天站在那儿复制人家的内部文件。因为这些文件他平时也看不到。他说你研究这个太难了。第二，他说中日之间没有可比性。我当时见到的日本经济学家不下十个人，所有人告诉我的第一句话都是没有可比性。当时我还不信。

第二年申请到了国际交流基金博士论文的奖学金。于 1990 年 7 月去日本待了 14 个月。我带着我的中日比较的论文题目到了东京大学社会科学研究所，天天钻图书馆。结果三个月看下来才知道那帮日本人说的确实有道理，中日之间在当时确实没有什么可比性，那里面的变量太多我控制不了。

但是三个月的文献读下来我发现了日文文献里反复提到一个现象，就是在 40 年代末日本经济学家在政府决策过程中的作用特别显著。我于是决定就写这个算了。我从 40 年代末出发，把阅读的范围既往前推，也往后推。这样做的目的是为了理清这些人的来龙去脉以及后来的影响。如果你要是只写几个经济学家在 40 年代末的事情，通过这个研究得出什么有普遍意义的理论上的结论就不容易了。在 40 年代末就那么几个人，如有泽广已。为了解释他们在 1940 年代提供的政策建言，我想了解他们原来的经历，结果上下追溯一看不得了，这帮人里很多人在战争期间都是给日本政府决策的重要人物。他们的想法弄了半天都是二战时期的东西。那么后来这帮人又干了些什么呢？在 50 年代，这伙人中的一部分成为一个新的群体——官厅经济学家，即在政府部门工作的经济学家。这些日本经济学家的背景很复杂，除了官厅经济学家以外，还有石桥湛山这种原来在日本经济新闻工作的记者，也有信奉所谓"马经"（Marukeik，即马克思主义经济学）和"近经"（Kinkei，即近代经济学）的学界人士。

在这里，我遇到了第一个方法论的问题，即选择研究题目的范围。如果按照地域研究的路数，很难把这些背景各异的人放在一起分析。如果在日本想要写有泽广已的话，没人会把他放在跟"近经"有关的范畴里。这在日本是一个很有意思的现象。

在美国的研究日本的历史学家里也没有人把马克思主义经济学家与近代经济学家这两个截然不同的思想来源放在一起写。然而，从检验理论的角度来看这正是一个好机会。我试图突破当时的地域研究方法的第一步就是把这伙人都装进一个统一的分析框架来概念化，使得他们在理论上有意义。

把这帮人都装进来可以看出什么问题呢？

日本战后的媒体把有泽广已（Arisawa Hiromi）、中山伊知郎（Nakayam Ichirō）、东畑精一（Seichi Tohata）这三个人称为"御三家"，他们中的每个人在 70 年代初都被授予了一枚旭日一等大勋章。得到这个勋章对日本人来说是不得了的荣誉，只有 70 岁以上的人才有可能被考虑，70 岁以下的人根本不在考虑范围之内。到我写那本书的时候得到这个勋章的人也就是七八十个人。为什么给这三个人这么高的荣誉呢？因为这三个人曾经担任过各种各样的政府决策咨询委员会或顾问委员会的主席，参与了各种各样的政府决策过程。为了理解他们为什么要去搞比如说"倾斜生产方式"，我就读他们早年的东西。日本人有一个特点，就是愿意写回忆录，凡是与什么大事小事沾边的人每个人恨不得都写回忆录。我的导师詹森又跟这些人全都是朋友，全认识。为什么呢？日本在 60 年代初修建国际文化会馆的时候把詹森请去做了一年的顾问，那帮人都是顾问委员会的成员，所以他都认识。他一听我要写这些人十分高兴，就把我介绍给了大来佐武郎（Okita Saburō）了。我写论文的时候，这些人中的大部分人都已经去世了。大来佐武郎听说我要写这个题目也特别高兴，因为一提起这些人和事，他就想起了他年轻的时候。日本第二次世界大战投降后的第二天，他作为一个只有 24 岁的年轻的外务省官员就把这伙人召集到一块儿开会研究日本经济重建怎么办。大来后来也给我介绍了很多人。

　　在这个过程中除了采访就是阅读各种各样的回忆录，最后把实证材料找齐了。

　　有泽广巳在 1936 年被捕，罪名是从事社会主义活动，被警察逮捕关了一年多又被释放了。释放以后他接受军部的委托去调查日本如果与美国开战在国力上能支撑多久。当时他还不敢以自己的真名，因为他当时是赤色分子，秘密警察可以随时把他逮捕。当时日本首相的智囊团是昭和研究会，昭和研究会的事务局长，也就是办公室主任，叫坂井三郎（Sakai Saburō）。坂井把自己的名片借给有泽。我在电话上采访了坂井两次，最后他还专门写了一封信给我寄来，我现在还留着呢。

　　坂井三郎在 1979 年出了一本书，叫《昭和研究会》。他在这本书里第一次披露，许多战后日本最有影响的经济学家当年都是为军部服务的高级智囊。这段经历以前这帮人自己是从来不说的，现在被他给写出来了。有意思的是他还请有泽广巳在书的护封上，即日本书皮上包着的窄窄的一条纸，写了一段话。有泽广巳写的是"作为一个能在当年那样动乱的年月里生存下来的人，我现在脑子里还经常回忆起当时我们是如何不分日夜地为国家命运思考的"。就在这本书里，坂井三郎说有泽广巳被从监狱里放出以后是拿着他的名片为军部干活的。当时有泽到矿山做调查不敢说出自己的姓名，因为只要说了马上就会被捕。

对我来说，这个事实简直是太绝了，你想马克思主义者为日本法西斯主义，军国主义工作。我不能不思考这里面理论相通的东西到底是什么。这就回到了卡尔·波兰尼。他最有名的著作中文叫《大转折》（或译作《大转型》）①，这本书我建议大家看。波兰尼的观点是什么呢？他认为，在大萧条证明市场失败的时候，世界上的主要国家出现了三种不同的对应方式。第一种是以罗斯福新政为代表的自由主义的对应方式。第二种是以德意日代表的法西斯主义的对应方式。第三种是以苏联为代表的社会主义的对应方式。

大家都知道佛朗西斯·福山写过题为《历史的终结》的那篇文章。为什么叫历史的终结？他从黑格尔哲学的视野出发，认为如果人类社会关于政治经济制度的思索已经不再存在任何其他选择了，历史也就结束了。福山认为，在 20 世纪 30 年代的大萧条来临时，人类社会作出了三种不同的应对：法西斯主义、社会主义和资本主义。二战的结束标志着法西斯主义这个选择的彻底失

---

① 卡尔·波兰尼：《巨变——当代政治经济的起源》，黄树民、石佳音、廖立文译，台湾远流出版事业有限公司，1989。

败。到了柏林墙倒塌，在福山看来，社会主义这一选择也彻底失败了，现在只剩下自由主义了。自由主义是什么呢？是民主政体加市场经济。这是一个具有强烈的意识形态特征的观点。

我在做博士论文研究时的一个发现就是法西斯主义经济意识形态对战后日本的影响。在西方整个战后关于法西斯主义的文献中注重的大多是他们杀了多少犹太人。但是法西斯主义的经济纲领到底是什么东西基本上没有人研究。我经常问自己的一个问题是为什么当时那么多的国家信奉法西斯主义。当时信奉法西斯主义的可不光是德意日，还包括拉美的好几个国家，甚至是法国都有法西斯主义运动，在美国也有。我想我得仔细研究一下日本到底和法西斯主义是什么关系。

我的疑问结果在一桥大学的图书馆里找到了答案。东京大学的图书馆已经没有太多的旧书了，很多被战火烧掉了。而一桥大学的图书馆里仍然有很多30年代日本出版的关于德国纳粹的东西。我把这些书找来一看，法西斯主义在经济意识形态方面的东西全都出来了。如果我们借用波兰尼讲的三个不同应对方式来说明法西斯主义与自由主义和社会主义的不同，那么自由主义的应对方式是私人企业主导下的市场经济，社会主义代表的是国家主导下的计划经济，二者之间则是法西斯主义。法西斯主义的经济原则是什么？我把它称为是非政府非市场的治理机制。当时对德国、意大利和日本而言，大萧条代表着市场的彻底失败，同时他们又不想搞社会主义，而且他们坚决反对共产主义。于是他们就搞了一个中间的东西。这个中间的东西是什么呢？就是政府与私人企业通过专业行会的形式合作。日本当时叫"统制会"。

这种应对形式里面的政治经济后果是什么呢？首先，日本政府对经济的干预方式与社会主义国家的计划经济是完全不一样的，你要把它们等同起来那是你认知的错误。日本政府干预经济的形式绝不像我们改革开放之前的计划经济只要计委下命令就行了。其次，尽管日本经济里有大量的私人企业，这些私人企业运作的方式与美国有很大不同。日本的私人企业怎样运转呢？它们经常依靠所谓的非市场治理结构。这不是说日本没有市场，日本当然有市场，也有市场竞争。但是，日本企业在参与市场竞争时经常利用非市场治理机制。这个非市场治理结构包括什么？包括像战争期间的统制会和战后的专业协会，包括主银行体制①，相互持股，以及企业集团。大家知道企业集团的运作可不是靠纯粹的市场原则，而是靠非市场治理结构，包括银行跟企业的关系。

我在《日本经济的悖论：繁荣与停滞的制度性根源》的第四章里几乎把日本经济各种主要制度之间的关系都详细地进行了论述。② 所以，日本的这种模式是介于社会主义和自由资本主义之间的一种形态，它受到战时法西斯主义经济意识形态的很大影响。法西斯主义的基本特点就是从经济上用非市场治理结构来管理经济，既不是依靠单纯的市场，也不是单纯的依靠政府。

有一个德裔美国学者，在比较了二战期间和战后英国和德国的汽车产业之后，得出了同样的结论。他也认为德国的法西斯主义到了战后也没有死，其经济意识形态的精神仍然体现在他们战后的经济制度里。实际上，什么叫欧洲大陆型资本主义，它与英美资本主义有什么不同？其重要根源之一就在这里，它有很长的传统。法西斯主义的思想脉络也不是从 20 世纪二三十年代才蹦出

---

① 这是一个术语，在日本每个企业都有自己的主要银行。

② 高柏：《日本经济的悖论：繁荣与停滞的制度性根源》，刘耳译，商务印书馆，2004。

来的，你再往前追，整个 19 世纪欧洲的很多思想和意识形态都是怀疑市场的。

如果你熟悉日本经济史的话，有一个学术组织叫社会政策协会。它是日本第一个学术的专业协会。这个协会成立于 19 世纪末期。它在成立宣言上明言，说我们既反对社会主义，也反对自由资本主义的市场经济，我们要找的是一个中间道路。战后日本走的路还是这条路。从这里面可以看出日本的经济形态为什么跟西方不同。

现在让我们回到刚才讲的所谓理论建树上，来看一看我的论证逻辑过程是什么。大家先看一下因变量、中间变量和自变量。这个逻辑关系就是自变量影响中间变量，中间变量影响因变量。

当然在现实生活中人们经常发现因变量也会影响自变量。这个道理有点像鸡生蛋，蛋生鸡。但是西方社会科学的方法论持一个立场，即为了分析的目的，我们在一个具体的研究过程中，只侧重分析一个方向的影响。这一点很重要。不是说因变量根本不影响自变量，而是为了回答一个特定的研究问题我们只侧重分析一对关系的一个方向。

下面我就来讨论一下我这本书里的研究方法。我要解释的东西是什么呢？是日本与西方明显不一样的所谓协调式市场经济的经济制度。换句话说，经济制度是我的因变量。那么，我的中间变量是什么呢？是日本政府的产业政策。即从 30 年代开始到 60 年代中期日本政府执行的三个不同的政策范式。我想揭示的是通过一些复杂的政治过程，日本政府执行的产业政策是如何深刻地改变了日本的经济制度的。我终极的自变量是经济意识形态，它与中间变量之间的关系是证明为什么日本政府会在那个历史时期内采取了这样三个主要的政策范式。如果从自变量开始推导，我这本书说的是发展主义这样一套独特的经济意识形态在 30 年代至 60 年代之间出现在日本。而这样一种意识形态通过日本学术界与政界的各种人脉关系和智囊机构，极大地影响了日本产业政策的决定过程。执行和落实这些政策的政治过程——包括政府和私营部门之间的矛盾，导致了日本经济制度发生了深刻的变化。简单地说，我的观点就是这样一个逻辑关系。

那么我是如何参与当年美国学术界关于日本资本主义的辩论呢？我的这个研究在设计上是如何检验辩论双方的理论呢？

自从查默斯·约翰逊提出了发展型国家这样的概念后，许多美国的政治学或者是经济学的学者试图去挑战他提出的这个概念。他们用了各种各样不同的方法。简单地说，他们论争的焦点是日本经济发展到底是政府主导还是市场主导。

我的方法论的逻辑是如果日本资本主义是一个西方社会科学理论意义上的市场经济，我们就应该检验一下这套制度到底像不像西方主流理论说的市场经济的制度。一看不是，好多日本的经济制度与西方尤其是与美国的经济制度有重大区别。那么日本这些不同的经济制度是如何演变来的呢？我们必须要检验一下这些制度的历史。一查历史，就明白了这些制度的形成与演变和日本政府的产业政策直接相关。日本政府有产业政策，关注产业结构，而美国政府既不关心产业结构，也没有产业政策。为了理解为什么日本政府有一套特殊的产业政策，我们就必须要研究一下日本的产业政策史。一研究产业政策史就发现，其实当时他们有各种选择，为此还有十分激烈的辩论。之所以作出这些选择，是因为当时有一套经济意识形态占了上风。最后我们就要分析意识形态。如果你认为日本经济是市场经济，我怎么来证明它到底是还是不是呢？我考察了当年决策过程中的各种主要的经济学观点。这里的假设是，如果后来真正影响了日本政府决策的经济学观点大量地引用了哈耶克，或者是其他新古典经济学的理论，强调资源配置效率，那日本经济至少能和市场经济沾上边。如果影响日本政府决策的是相反的另外一套理论，反对资源配置效率，他们思维的逻辑完全是另外一套，你愣说他是市场经济，那就说不通了。

为了考察日本的经济学家在讨论日本产业政策最重要的课题时提出了什么样的主张，这些主张依靠的是一些什么样的理论，那些理论的逻辑是什么，我搜集了大量的从30年代开始到60年代中期的日本产业政策主要辩论的原始材料，全都是从过去的报纸、杂志、出版的图书中找来的。在这个基础上，又加上大量的政治史、经济史和产业政策史，以及经济制度演变历史的二手材料大概有400篇左右的日文资料。这些就是我的实证材料。

我把这些东西梳理了一遍，发现了影响日本产业政策范式的理论来源主要有四个。

第一个是**德国的总体战争理论**。1990年代中期日本学者山之内靖（Yamanouchi Yasushi）出了一本讨论现代化与总体战争关系的书。包括90年代初关于1940年体制的大辩论，野口悠纪雄那伙人很多都受新自由主义思潮的影响。这批主张改革的经济学家——其中好多人后来聚集在小泉的手下——指出现在的日本经济实际上还是按照1940年体制的原则运行。1940年体制是为了应对二战的战争动员搞出来的，这套东西与日本在1930年代以前的自由主义经济是完全不一样的。换句话说，按照这些人的观点，日本经济制度是因为打第二次世界大战才变成这样的。他们认为日本经济原来也是自由主义经济。现在日本应该把这些战争时期的遗产全部打掉，应该回归自由主义经济的传统。

德国总体战争的理论是在第一次世界大战期间由当年的德军

总参谋部形成的一套理论。这是一个什么理论呢？它主张，过去打仗就靠枪炮，但是现在不行了。现在你要想打仗，必须有现代化的武器。你要想生产现代化的武器，就必须要有现代化的产业。如果你没有重化工业，造不出好的武器，你没有办法打仗，要打也输。德国人认为现在两国之间的战争实质上是两国经济之间的战争。如果你的经济结构不灵，没有发达的重化工业，这个仗还能打吗？这就是德国总体战争理论的一个基本想法。

有泽广巳在 20 世纪 20～30 年代的研究工作基本上就是这个总体战争理论。——大家知道日本的战略家石原莞尔在 30 年代初有一个预测，说 10 年之内日本肯定要跟美国打仗——当时他们在中国的东北三省，也就是当时所谓的"满洲国"搞的实验，就是如何在 10 年之内能把日本的重化工业发展到能跟美国开战的水平。这是日本在 30 年代产业政策的一个重点。

如果你追溯这一产业政策的理论根源，就是德国总体战争理论。有泽广巳 20 年代中期在德国留学了两年。除了读马克思的资本论，没有干别的事，天天研究德国总体战争理论。我考查过昭和研究会的人员构成，发现这个组织有很多人 30 年代在中国的东北待过，后来被调回日本在战争期间做经济规划和战争动员的。

第二个理论来源是**马克思主义的计划经济理论**。在二战期间，许多日本政府的官僚被秘密警察逮捕。为什么呢？因为这些人老读马克思主义的东西。这帮人在法院的申诉中说我们现在要打总体战争，你不读计划经济怎么进行战略动员，怎么打总体战争呢？当时的满铁调查部有一个苏联研究室，是全世界最大的研究苏联计划经济的机构。它在短短的几年之内翻译出版了 80 多本关于苏联计划经济的书。马克思主义的计划经济理论是理解日本产业政策的第二个思想来源。在我那本书的封底，查默斯·约翰逊写道：

"高柏这本书是关于那些在战后日本真正地指导了经济高速增长的经济思想家和战略家的第一个认真的研究。他们中的很多人是具有民族主义倾向的马克思主义者。这一事实是我们在理论上理解在 20 世纪下半叶发生的世界上最重要的力量转移时的关键。"① 实际上我在书中讲了几个理论来源，他只是把马克思主义挑出来支持他自己的理论。

马克思主义一直到柏林墙倒掉前，在日本的学术界一直有重大影响。日本的一个杂志在 50 年代末期曾经做过一个统计，当时在日本大学经济学系教书的学者中百分之七十是信马克思主义经济学的。柏林墙倒了以后，马克思主义在日本的学术界失去了正统性。所谓的近代经济学家有一些是战前留下来的，更多的是从 50 年代以来开始在美国当访问学者后，开始接触新的西方经济学理论的。但是他们的影响在冷战结束前一直不大。马克思主义在日本的影响力是不得了的。

第三个理论来源是**熊彼特的创新概念为核心的竞争优势理论**。熊彼特是一个极为独特的经济学家。熊彼特是一个犹太人，过去一直在德国教书。1929 年日本东京帝国大学试图要挖他，给了他一个教授的职位，但是他没有接受。熊彼特在去美国的过程中专门跑了一趟日本，举行了一个讲座。这次讲座的讲演稿就是他那篇著名的关于经济周期的文章。这篇文章最初是在日本以讲演的形式问世的。在熊彼特的学术生涯中，他教了三四个日本学生，这几个学生在战后日本都成为大名鼎鼎的学者。其中中山伊知郎最后做到一桥大学的校长，是"御三家"之一。"御三家"有三

---

① Bai Gao, *Economic Ideology and Japanese Industrial Policy*：*Developmentalism from 1931 to 1965*，New York：Cambridge University Press，1997.

个人，两个是熊彼特的学生，另一个是东畑精一。熊彼特到美国后任哈佛大学教授，是1949~1950年美国经济学会的会长，他也担任过美国计量经济学会的会长。在熊彼特1951年去世之前，中山伊知郎已经翻译过他一两本书了。等到他一去世不要紧，这几个学生合伙，包括都留重人——熊彼特在哈佛时候的学生——把他的书全都翻译出来了，这批著作一翻译出来，熊彼特在日本的影响就更大了。

1956年日本政府发表的"日本经济白皮书"的执笔者叫后藤誉之助（Gotō Yonosuke）。后藤早年就熟读熊彼特的著作。他在1955年拿到美国基金会提供的一笔钱，到欧美游学。这期间他对美国的自动化印象特别深刻。于是，他把这次游学中形成的一个想法写进了1956年的经济白皮书中。这一年的白皮书有一个特别有名的概念就是"已经不再是战后了"。这是什么意思呢？它的意思是到1956年为止的日本经济发展主要依靠的是战后的经济恢复。日本在二战中被打得稀里哗啦。战后开始重新建设，自然就会有经济恢复带来的增长反弹。后藤认为到了1956年日本经济要想再进一步发展已经不能再依靠战后反弹式的恢复了，因为它已经没有带动日本经济足够的动力了。他主张从现在开始日本的经济发展必须要依靠技术革命。**技术创新**这个词就是在1956年的日本经济白皮书里第一次被提到日本的官方文件里。

他提出的这个概念成为当年的流行语，一时间40多家日本企业把他请去讲这个白皮书观点的来龙去脉。我的书里有一章关于50年代的，提供了一些当年的实证数据。在50年代初的时候，日本纺织业的工资水平与英国和美国比差几十倍。如果讲所谓的比较优势，即按照资源禀赋的比较优势，日本当年在廉价劳动力方面还有很大的优势，可以接着发展劳动力密集型产业，就像龙永图主张的中国应该再做 20 年的衬衫。但是在日本当后藤提出技术革新的观念后，日本的产业政策在 50 年代后半期就开始重视重化工业。后藤把技术革新与经济现代化画等号。他当时理解的现代化是什么意思？主要是科学技术的现代化。他主张日本的企业必须在技术创新方面全面赶上欧美。所以日本战后从 50 年代到 70 年代仅从美国进口的技术许可就有两万多项，全面追赶。

　　第四个理论来源是**凯恩斯的有效需求管理**。这个是官厅经济学家下村治（Shimomura Osamu）提出来的。下村是一个很厉害的人物。他的故事你自己去书里看，很有意思。凯恩斯的那本著名的著作《就业、货币和利息通论》是 1936 年出版的。当时下村治被日本政府的大藏省派到纽约事务所工作。有一天他路过书店的门口发现许多人都在那儿排队买书。他不知道怎么回事，也跟着排队凑热闹买了凯恩斯那本名著。①

　　这个老兄买完了真的是认真学习，一学就是十几年。到了1952 年的时候，他写了一篇关于凯恩斯经济学的长文章，寄给当时东北大学的安井琢磨（Yasui Takuma）教授。安井在当时被认为是日本经济学界研究凯恩斯的头把交椅。下村把自己写的东西寄给安井请他给指点指点。安井一看这个人关于凯恩斯的理解已经超过了所有他知道的日本专家，就建议东北大学授予下村治经济学博士学位。这在当时的日本大藏省还是头一遭，一个官僚拿了一个博士。当时的大藏大臣是池田勇人（Ikeda Shigeto）。这个池田勇人在 60 年代初当了日本首相。他当然记着下村治，下村治就成了他的首席经济顾问。在为池田内阁策划经济政策时，下村

---

　　① John Maynard Keynes, *The General Theory of Employment, Interest, and Money*, London: Macmillan, 1936.

治把熊彼特的创新理论与凯恩斯的有效需求管理给捏到一块儿，使它们变成支持日本产业政策的理论基础。他是怎样把二者结合的呢？大家只要学过经济学的都明白有效需求这个概念。凯恩斯经济学认为经济危机的出现就是因为有效需求减少。没有需求了，就要出现供给过剩，经济就要面临衰退。这个时候怎么办？凯恩斯开的药方是增加公共投资，创造有效需求。下村治是如何把凯恩斯的理论与熊彼特结合的呢？他说政府可以通过扩大公共投资来支持科技现代化，这也是一种制造有效需求。他把这两个理论捏到一块儿，搞出来那个著名的国民收入倍增计划。

支撑日本政府的产业政策的主要理论来源主要就是以上四个。第一个算不上是什么经济学理论，但是后三个都是经济学理论。支持日本产业政策的理论基础没有任何所谓的自由主义经济理论。我在研究的过程中采访了宫崎义一（Miyazaki Yoshikazu）。他是我北大同学的老师。宫崎义一送了我两本书，其中有一本是他于1968年为《东洋经济新报》做的一个长篇系列采访。当时他采访了日本战后十大有名的经济学家。我这本书里面对这十个人都讨论过。采访人小泉明和宫崎义一在书的最后有一个对谈。在那个对谈里面他们对这十大经济学家的立场进行了归纳。他们发现，这十个人的经济理念或者是马克思加熊彼特，或者是熊彼特加凯恩斯；没有一个人受哈耶克的影响。他们把哈耶克作为代表自由市场经济的代表人物。他们指出这十大经济学家代表着指导整个战后日本经济增长的主要学界人物。这帮人的思想脉络全都是从马克思、熊彼特和凯恩斯那里来的。他们的这个归纳与我的分析十分吻合。我的大量实证分析把他们做的这个归纳给历史地再现出来。小泉明和宫崎义一是在1968年采访这帮人后得出这个结论的，而我则是通过对他们在30年代、40年代、50年代初的各次辩论中所持的观点进行分析后得出相似的结论。

　　为什么实证材料重要？实证材料实际上满足的最大读者群是日本问题专家。在与日本问题专家讨论日本时，你实证材料如果不过关，你根本就无法与他们讨论，因为他们会认为你根本不懂日本的事情。这里面有一个很有意思的小插曲。当年我去杜克大学进行工作面试，讲我的研究成果时，底下坐了一个老先生，是经济系的教授。我当时讲的是日本的高度增长是如何受到下村治经济理念的影响的。等我讲完了，这个人就站起来说，我当时就在日本，我怎么不知道这个事啊？我心里话日本这么大你不知道的事多了去了。你怎么可能知道日本发生的所有事呢？当时我的反映还比较快，没等他说完就跟了一句"你不知道我可以告诉你啊"。结果底下听众听了全都笑了起来。总之，你经常会遇到这种就实证材料向你发出挑战的事。所以从实证的角度看，你要掌握的材料越多，日本问题专家就会服你。在美国政治学系研究日本的写博士论文，日文的文献能读上七八十篇基本上就算是多的了。我这里有近四百篇。如果你一下子就占有这么多的实证材料，这帮人基本上没有办法挑你的毛病。我想这也是这本书能够获奖的原因。因为评选委员会的人都是日本问题专家。

　　如果说实证材料可以满足日本问题专家的话，社会科学的专家注重的则是你的分析方法和理论上的逻辑关系。

　　美国的学术界有很多人既不是特别关心日本，也不关心经济社会学，他们就是从媒体上听说日本最近这些年挺强大的，想看看日本到底是怎么回事，想看一下你怎么解释。面对这些读者，你的理论，或者说你的分析框架就要起特别大的作用。

　　我采取的策略是，只要读者关心人类社会在 20 世纪的共同历史经验，我这儿就为你预备了一道菜。这道菜是什么呢？就是波兰尼所讲的在大萧条后各国应对危机的三大不同类型。我不是第一个，也是很少的几个人中的一个，指出日本战后的那套经济制度里面有法西斯主义经济意识形态的成分。法西斯主义是什么呢？它不仅仅只是杀犹太人这个问题。法西斯主义代表了人类社会在遇到大萧条这样一个大危机的时候一个独特的应对类型。这个应对类型在经济方面的主要特点是用非市场治理结构来协调经济的运转。当你把日本的经验放到一个更大的历史视野中来看，30 年代有一个大萧条，马上接着打了二战。在那个过程中日本为了应对当时它面对的危机，搞出了这么一套东西。这套东西在战后仍然管用，尽管经过了很多的改革，但是其核心部分仍然存在，而且这个部分对战后日本经济制度的演变发生了重要的影响。

我的第二本书《日本经济的悖论：繁荣与停滞的制度性根源》①把这种历史视野进一步扩大，把分析框架再往前推，从全球化钟摆运动的角度来分析日本经济的涨落。我们现在经历的全球化进程在西方社会科学的文献里是属于第二波。第一波是 1870 年到 1913 年。1914 年金本位垮台，第一次世界大战爆发。这标志着第一次全球化浪潮开始全面逆转。逆转的后果是大萧条与第二次世界大战。我的第二本书就是从这样一个新的视角出发看日本。

我是属于社会学里制度学派的学者。制度学派关心的制度到底是怎么回事。关于制度有杂七杂八的各种理论。为了让制度学派的学者在我的书里能找到他们关心的东西看，我强调历史在塑造制度的过程中发挥的作用。在制度学派里，我主要是跟着持组织制度学派观点的老师学，这一派别特别强调人的认知对整个制

---

① Bai Gao, *Japan's Economic Dilemma: The Institutional Origins of Prosperity and Stagnation*, New York: Cambridge University Press, 2004.

度形成的作用。这就是我为什么用终极自变量是意识形态。意识
形态就是认知。什么是制度？制度包括众多的人共同享有的一些
规则，你脑子里对某一个事务的认知本身就是一个潜在的规则，
它会影响你的行为方式。从严格的意义上来讲，这就是制度。

在第一本书里，我强调了四个观点。这四个观点每个都是着
眼于一个特定的读者群。这些观点在告诉读者，我这本书与你有
关系，有关系是这里有关系。实际上整个的书讲下来大概就是这
么一个过程。剩下的就是具体的故事了。具体的故事就像我前边
说的基本上是为了满足日本问题专家的。你要想知道当年到底是
怎么回事，我可以给你讲很多很多的故事，而且很多故事都是只
有为数很少的人才能写出来的。但是我的这些故事不是为了讲故
事而讲故事，否则就变成就事论事了。我是把这些故事最后组织
到一个分析框架里，并提供给你一个大视野。这些故事之间都有
变量的关系，都是为了揭示变量之间的关系服务的。每个故事之
间都有严密的逻辑关系，每一章里面都把这个关系再现。这本书
整个分析下来，就是这么一个样子。

【讨论】

主持人：现在大家可以利用这个难得的机会与我们高教授
互动。

高教授：在美国会马上有人起来提问，我希望大家积极发言，
什么问题都可以。

学员：我是清华大学人文学院学比较文学的，我想请问一下
美军占领日本的时候，对日本经济政策有影响吗？

高教授：有，你要看书的话，那里面都写着呢。

你的问题提醒了我一个非常重要的问题。做定量分析时，你

脑子里的思维基本上被计算机给管住了。因为你只能分析你收集的数据，它不允许你干别的。做定性分析一个最大的挑战是你的材料杂七杂八的东西什么都有，你必须选择什么东西不看。刚才你提到美军占领的因素，你说这是不是重要的因素？当然是重要的因素了。但是它是不是决定战后日本经济体制演变方向的最重要因素？我认为它不是最重要的决定性因素。我认为我选择的那些因素是更重要的决定性因素，而且我也在书中的第四章里证明了它。如果你要是没有读过这一章，说起来要占用的时间就太多了。总之，做定性分析时在选择处理材料的分析框架时我们必须要选择不包括什么东西，你不可能包括所有的东西。

给研究生上课，很多教授要求学生写文章，然后判分。我一般不让他们写文章，而是写开题报告。你可以选择任何一个主题，然后去读文献，讨论哪里可以改进，然后形成你的研究计划。

我发现一个经常发生的现象是许多学生在看文献时往往被材料牵着鼻子走，偏离自己原来设定的主题。有一年我们系让我开一个定性研究的方法课。我第一天上课先讲一些一般性规则，然后让学生选一个研究问题，下次来谈。第二次来的时候，大家都能够把自己的研究问题说得很清楚。我说你既然已经选了这个研究问题，你在一个星期之内要读有关文献，下次来告诉我有关文献关于这个问题是怎么回答的。等他们再回来，你就发现好多人就开始走样、跑题了。为什么呢？他们看文献时忘了自己提的研究问题了，看着文献就跟着材料走，开始想文献中提到的其他问题。人家的文献写的是人家自己的研究问题，他看完以后觉得有意思，就跟着走，越走越远。

我刚到杜克的时候，我的一个同事当时有一个研究亚洲商品链的研究小组，他把我找来帮着把关。我的任务是从方法论的角度关注他们的逻辑论证过程。我只关心从一般社会科学论证的逻辑上能不能说的。你要是说不清楚你到底想做什么，或者是无法为你的观点提供有力的证明，你那个东西就是没有想明白，你就回去接着想。讲一个材料是能牵着你偏离你原来设定的研究问题的例子。有一个学生说他要研究制衣业在亚洲的产业链。我说可以，问他打算怎么研究？他说我要用商品链理论。我说这没有问题，你下一步做什么？他说为了研究产业链的作用我去了一家纺织厂。我说你看到了什么？访问了谁？我去了以后采访了许多纺织女工。我一听这个就有问题了，工厂在产业链中的作用跟纺织女工有什么关系呢。他说我跟女工一聊，发现她们的家庭生活特别有意思。我说你这就更离谱了。你到底想研究什么？你的因变量是什么？你的自变量是什么？这是一个典型被材料牵着走的例子。整整一个学期，每个学生每次上来都是这个过程。到最后他也学会了。别人一上来他就问你的因变量和自变量是什么。我说你还真学会了，那你自己就按照这个做吧，最后你一定能做出来。这个老兄经过了好几年才回来答辩，最后答辩的成果还不错。

　　做定性研究时，你要不学会怎么控制自己，学会不看哪些东西，你就很容易被文献或者材料牵着走。一旦被材料或者文献牵着走，你整个的分析框架就乱套了，就会失去一个清晰的逻辑主线。

　　有的学者会强调日本战后的改革很重要，他们也可以给你一些证明。当然可能不像我刚才讲的例子那样极端，但是很可能有证明逻辑上的问题。我自己为了突出自己独特的分析框架，我选择没有用美国占领这一块来作为主要因素。我在书里已经交代了为什么没有看这块。简单地说，美军在占领期间做的改革，包括劳动法改革，财阀解散，和选举，其目的都是根除日本军国主义。

但是，这些改革并没有一个在改变战后日本经济制度方面发挥太大的作用。因为后来财阀重组，变成战后的企业集团，也是发生在美军占领期间。朝鲜战争一爆发，美国对日本的政策彻底变了。我的因变量是日本经济制度的特点。如果你认为这些特点受到美军占领期领导的改革的影响，你必须要用特别强的逻辑和证据给我证明。你必须显示就是因为美军占领时期的战后改革，日本的经济制度与战前相比发生了重大变化。而这种证据你是找不出来的。基本上就是这个道理。

学员：我是清华大学的，听了您的讲座我很受启发，但是我马上考虑到另外一个问题，您认为日本在三个模式下其实是选择了德国的那种模式。

高教授：对，日本受到德国强烈的影响。

学员：日本是受到德国的影响，但是德国实际上也受到了社会主义的影响。当时的纳粹也强调这个。要想证明是不是因为自变量影响了因变量，我觉得德国也可以是一个案例。如果您这个理论成立的话，那么德国经济政策的特点应该与日本比较相似。

高教授：对。我曾经想写一本书，比较德国、日本和美国是如何应对大萧条和二战的。日本的材料我都搜集齐了，因为做这两本书下来日本的材料都全了。美国的材料我也收集的差不多了。但是最后卡在德国的材料上了。我前边谈到我在一桥大学图书馆里找到很多关于纳粹的东西，但那毕竟是二手的。后来我专门跑到德国待了三个星期，咨询了德国经济学会下属的历史分会的主席。他说你这个题目德国人都做不了。我说为什么呢？他说好多材料都被战火给烧了。因为你想研究再现当年的历史情境，这就需要特别扎实的实证材料。如果你不想严格地证明可能还好办，但是你想用社会科学的实证写法恐怕不行，因为找不到足够的实证材料。我当时的想法是美国占领军在 1940 年代末对日本的经济结构做了许多研究，出版了好几大本书。美军也占领了德国，也应该有分析德国经济的材料。结果我去找，始终没有找到。两年以后我在新加坡开会时碰到了一个德国学者，他说他知道可能有，但我已经把那个研究设想放弃了。

回到你刚才说的话，你要是比较经济制度的话，那么当时日本的制度叫统制会，德国的这类机构名称很难翻译，因为它用的词不是产业协会，但是是一种强制性的会员制组织。德国的强制性比日本要厉害得多。每一个企业必须是这种组织的会员。德国还有希特勒制定的领导者原则，它那里是直接的政府干预，比日本要厉害得多。

我曾经考察过在意识形态上到底德国和日本有什么区别。结果发现一个很有意思的现象。实际上日本人当时对法西斯主义懂得并不是那么多，他们把很多共产主义或者是社会主义的东西与法西斯主义的东西混淆在一起。也就是说他们所谓是社会主义的那些东西好多实际上是法西斯主义的。我看了几本关于法西斯主义意识形态源泉的书。法西斯主义的意识形态有两个不同的脉络。一个脉络相对来说比较宽松，它强调非市场治理结构；可是后来希特勒上台，纳粹上台以后又有了一个强硬派，即鹰派的脉络。这第二个脉络里政府直接干预经济的成分变得越来越多。如果把法西斯时期的德国政治过程与日本政治过程做一个比较的话，你会发现日本的产业界在对抗官僚直接干预方面的能力上比德国的产业界要强，纳粹对德国产业界的控制显然比日本的控制更有力度。

这个是用来解释两国之间的差异的，两国的经济制度从战后来看也仍然有差距，但是他们之间相同的部分远远比他们之间相异的部分更为重要，尤其是当你把美国与他们进行比较的话。

日本和德国在意识形态方面相似的地方很多。我想强调的是：第一，他们二者都怀疑市场。第二，他们都不想搞共产主义。换句话说，什么叫法西斯主义？法西斯主义的第一条是仍然承认私有产权。到了社会主义就没有私有产权了，这是其一。其二，法西斯主义虽然承认私人产权，但是私人企业必须要接受政府的领导。这其中的制度性安排是什么？就是通过各种的非市场治理结构，像统制会等等。虽然我放弃了写这本书，但是我把有关材料写成一篇英文的文章。如果大家感兴趣的话我可以给你们寄过来。我在那篇文章里把日本的经验与美国和德国进行了一个简单的比较。因为没有材料，对德国我没有办法做详细的分析。

学员：高老师我有两个问题向您请教。您的两本书我都非常感兴趣，受到的启发比较多。这两本书翻译成中文之后，您的材料后面的注释都是英文的，好多文献可能本来是日文的。我想了解一下在美国研究日本的情况，是不是这些书都已经翻译成了英文版呢？

高教授：你是说日文的文献？

学员：对。

高教授：没有。

学员：我看您都写的是英文的。

高教授：那是假名的罗马字表记。

学员：这个我知道。

高教授：情况是这样的：凡是日本人写的英文著作，或者说他们自己用日文写完雇人翻译成英文出版的文献我都用英文标出来，因为这些文献本身就属于英文文献。如果是日语文献，我都把假名给罗马字化了。

学员：我是想了解在美国翻译日文著作的情况。也就是美国日本研究的基本情况，比如说著作翻译了多少。最近几年中国把很多美国研究日本的著作，包括您的著作，翻译成中文。美国对日文著作的翻译的量或者是研究情况是怎么样的？这是第一个问题。第二个问题就是您刚才谈到，包括两本书里也都谈到了，马克思主义在日本影响很大，而且势力很强。与中国，俄罗斯以及德国相比，马克思主义产生于西欧，产生于德国和英国，为什么在中国、俄国、日本影响这么大？我想向您请教的是，按您的理解，这里面是存在偶然性呢还是必然性呢？或者说这些国家存在文化上或者是制度上的土壤使马克思主义在这些国家得到迅速发展？相对而言，在美国、西欧就没有这么好的土壤。马克思主义虽然是在那儿产生的，但是没有发展起来。它在中国、俄国和日本的影响很大，我不知道您是怎么理解的？

高教授：我先回答第一个问题，第一个问题是说美国翻译了多少日本的文献。有一些，但是从绝对数量来说并不算太多，也不算太少。其中一个原因是当全世界在 80 年代关注日本的竞争力以后，日本人也正是处于不差钱的阶段。因此他们花了一大笔钱，许多日本学者自己雇人把他们的日文著作翻译成英文。但是从量上来说，要想纯粹依靠英文材料研究日本，你拿出来的东西在日本学者的面前恐怕站不住脚。

关于第二个问题，首先，马克思主义思潮在 1930 年代确实是影响很大。这不只是一国范围的现象，它在很多国家都有影响。其原因是什么呢？这就变成另外一个研究问题。我刚才讲过，在我这本书里，意识形态或者是学术范式是自变量。我刚才也讲过，西方社会科学的一般做法是为了一个特定的研究项目，研究者一般是限定几个影响因素，不考虑别的。如果你现在讨论影响意识形态的时代条件是什么——你提的问题实际上是这个问题，那么你会发现什么呢？1930 年代以后，强调政府干预经济是一个全世界的现象，不一定非得是马克思主义。它可以是凯恩斯，也可以是其他各种各样的学派。为什么呢？这是因为大萧条被全世界认为是代表着市场的失败。既然市场失败，政府就必然要干预。至于说怎么样干预，干预到什么程度，这取决于你那个理论关于政府的经济工作中的作用是如何界定的，这是第一。

其次，你刚才提到另外一个问题是为什么马克思主义在西欧不像在俄国、日本和中国这样有影响。别忘了，欧洲有好多国家是受法西斯主义影响的，这是对大萧条另外一个类型的应对模式。当时不仅仅有马克思主义这一种应对的选择。欧洲人可能觉得全靠计划经济、政府这样强烈地干预，太过分了。但是与此同时我们必须看到，欧洲人也认为不干预不行，他只不过是要有一种相对宽松的形式，即非市场治理机制的形式。我不知道是不是回答了你的问题。

学员：我之所以提这个问题是因为按照中国原来的观点，包括列宁的理论，是说马克思主义在贫穷的国家，在中国扎根了。马克思本身说必须在资本主义发展到相当阶段以后才能实现社会主义和共产主义。列宁提出在贫穷的国家也可以实现。中国就是利用列宁主义的这个论断，说我们在中国最后也可以走上社会主义道路。这两个国家选择社会主义，包括在日本的马克思主义影响比较大，应该说有它的共性的东西。接受马克思主义的土壤是什么？或者说制度基础是什么呢？

高教授：首先我们需要区分一下，我这本书里谈的马克思主义只是马克思主义中的一小部分，即计划经济的思想。它并不包括其他的东西，比如所有制和阶级斗争。我们不能把那些东西拉进来，那些东西与日本人当时关注的马克思主义完全不是一回事。日本人在 30 年代关注的马克思主义仅仅是计划经济的思想和实践。我刚才谈到日本人大量研究苏联模式的事。日本的管制经济的实践部分好多都是从那儿学来的，虽然理论的部分是从马克思那里过来的。马克思主义是一个比较宽泛的概念，我们要加以界定后来使用。日本人研究的就是计划经济。至于你刚才问什么因素影响马克思主义在哪个国家能扎根与否，那完全是另外一个研究问题，它远远超出我在书中回答的范围。我没有就这个问题进行过研究，也无法回答你这个问题。

　　但是就日本部分我可以回答为什么日本人喜欢马克思主义。计划经济这一块当时在日本很有影响。因为大萧条以后，人们普遍认为市场失败了。日本人开始从各种理论中寻找解决手段。只要是通过政府干预可以减轻市场失败的选项他们都干。日本的实践可不光是计划经济，它也包括美国的田纳西水坝的管理工程以及德国纳粹的东西。德国人干的好多并不是计划经济。日本人把各种涉及政府干预的成分捏到一块儿，最后搞出管制经济那套东西。当时的大环境，即时代的条件，决定了当时市场必须被干预。

　　学员：我是社科院亚洲—太平洋研究所的，我想请教两个问题，您这个书里强调了日本的创新，我想请问，比较一下日本的创新和美国的创新有没有什么差别。有一种说法认为日本的创新只不过是把美国的创新拿过来进行产业化。

　　高教授：对，商品化。

　　学员：那日本和美国这两种创新制度上的区别是什么？再有一个相关的问题，也有一些研究认为日本经济中发展比较好起来的恰恰不是日本政府管制很强的产业，而是政府没有特别多管制的产业。

高教授： 请具体说一下是什么行业。

学员： 比如说像钢铁制造这一块是日本产业政策鼓励的，但是它在后来的发展反倒表现的不是特别好。我希望您能做一个简单的评价。第二个问题就是非市场治理机制，我对这个挺感兴趣的，请您谈一谈它和社会学当中谈到的社会资本有没有一些相关的联系？

高教授： 第一个问题，你说的对，从客观事实上来讲，日本在战后大部分所谓的创新实际上是商品化的创新，把美国原创性的技术引进后应用到具体的产品。很多技术发明美国人有了专利以后自己并没有用，比如说液晶显示。我在过去的四天里一直在深圳为研究山寨手机采访，我发现了很多特别有意思的现象，而且山寨手机里有中国人的创新。但是中国与日本当年有一点区别。中国人把不同生产要素的组合给创新了，所以可以生产山寨手机。创新并不局限于在实验室里的研究。就日本而言，创新是什么意思呢？是把已经有的生产专利，创造性地进行商品化，日本人的创新实际上是这样的。

刚才我提到日本战后进口了两万多件技术专利。从美国引进技术的最经典案例就是液晶显示技术。液晶显示技术是美国 RCA 公司的工程师在午休时玩儿，玩儿出来的。他们申请的专利被夏普的总裁访问美国的时候看到了。他一看到这个东西就说我要这个东西。夏普买了液晶显示技术后就把它用在电视上。这是一个最典型的案例。

第二个问题看你怎么去界定非市场治理结构。首先讲社会资本里面有不同的学派，像普特南（Robert Putnam）强调一种公益性的问题；而我的同事林南强调的是中国的人际关系这套社会资本，更多的侧重个人层面的利益。

　　谈到社会资本，这里面有不同的界定。如果你用普特南的定义，就与非市场治理结构有很大的关系。你搞一个非市场治理结构，很多时候涉及信任。这个时候社会资本就要发挥一定的作用了。比如你想建立一个卡特尔，社会资本就会起作用。

　　让我们按照普特南的定义再举一个例子。大家知道中国与澳大利亚和巴西的铁矿石谈判，每次都输，现在还正僵持着呢。我们要降价40%，全世界在那儿等着看热闹呢，为什么呢？他们对付中国的办法永远是跟你来各个击破。你的大企业宝钢在那儿谈，他就找一些小钢厂谈。人家小钢厂降13%就接受了，最后就把你整个行情打破了。按照普特南的说法，中国就是缺少社会资本。这要在日本，没有人敢自己降价。当日本人的钢铁业正合伙跟对手谈判时，你很难找到一家企业把那个局面给破坏了。所以你说社会资本有没有用？当然有用。如果你想利用社会资本的概念来研究非市场治理结构的形式是可以做的。

　　第三个问题是在日本的产业当中政府管制与产业发展与否的关系。这里有两点我需要向你介绍一下。第一，我的导师的导师是制度学派在美国的创始人，他就教给我的导师说，你千万别试图证明经济增长是由一个具体的政策导致的。千万别试图证明这一点，因为你证明不出来。他认为这种思路很危险，从逻辑上是根本证明不出来。我可不是在证明为什么日本会出现经济奇迹，我是在证明日本经济制度变迁，或者日本经济制度变化的原因。换句话说，为什么日本的经济制度变成那么一个形态？这与日本产业政策的政治有关。第二，关于日本政府的管制与产业发展的关系，我要给大家推荐一本书。我对这个题目非常关心。我刚才讲的那些文献都是批判查默斯·约翰逊的，后来还出现几个支持查默斯·约翰逊的，我也希望大家了解一下。有一本是日本一个特别有名的学者叫村上泰亮（Murakami Yasusuke）写的。这个人62 岁就去世了，很可惜。他写了一本书叫《反古典政治经济学》，1990 年出版的，好像不止一本，是两本还是三本。① 西方的学术界认为他在这几本书里作出一个关于日本这个类型的发展主义最系统的理论表述，大家可以去读一下。第二本书是戴维·威廉姆斯（David Williams）写的，这个你可以在我的书后面查证索引，参考书里面就有。这本书叫《日本：超越历史终结论》（*Japan：Beyond the End of History*）。② 这本书是 1994 年出版的。这个人是政治哲学家，他从政治哲学的角度认为发展型国家是有它的道理的。

最绝的一位是萨蒂亚·披坎南（Saadia Pekkanen）写的书。这是她在哈佛的博士论文。她这本书的书名叫《选拔胜利者》（*Picking Winners*），是斯坦福大学出版社 2003 年出版的。这本书是我给审的。最开始交给剑桥大学出版社审，我强烈支持，结果被另外两个评审给枪毙掉了。结果又交给斯坦福大学出版社审，这回大家一致同意给出了。这本书有意思的地方在哪儿呢？她做了大量的定量分析。刚才咱们不是在讲按照西方的证明逻辑，你要用一个案例证明，人家说你的说服力不强。刚才你提的问题就与这个逻辑有关。你说日本政府在钢铁业的干预没有成功。但是这个作者收集了关于各个产业的大规模的统计数据，然后进行分析。她的分析结果证明，日本的产业政策与产业的发展有很强的相关性。你可以去看看这本书，很有意思的。

---

① 村上泰亮「反古典の政治経済学（上）進步史観の黄昏」、『反古典の政治経済学（下）21 世紀への序説』，东京：中央公論社，1992。

② David Williams, *Japan：Beyond the End of History*, London：Routledge, 1994.

学员：我想问两个问题：您用意识形态作为您的研究框架中的自变量，您也提到那个时代有其他的因素的影响，所以我想问一下为什么在这个框架中意识形态是作为自变量，而不是中间变量？是预设的价值判断呢？还是在研究方法上的概念化或者是类型化的一种便利呢？这是一个问题。第二个问题是用意识形态的因素解释经济体制的形成，这种理论的解释力有多强呢？尤其我想问一下，您怎么看待在中国这样一种解释呢？最近有一些人想用意识形态解释中国的改革前和改革之后的发展。可是我怀疑在改革的年代，意识形态的理论在多大程度上能解释中国改革的历程。比如说前两年有人说中国的改革是新自由主义下的所谓"华盛顿共识"的指导的历程，也把中国市场化过程中的很多问题归结进去，因此提出了一些"北京共识"的问题。但是事实上中国整个改革比如说回顾到 30 年之前，发生在安徽小岗村的包产到户的这样一个作为改革的标志性的起点，这些农民知道谁是凯恩斯吗，谁是海耶克吗？他们不知道。他们行为的动机只是为了生存，为了吃饱饭。中国的改革是一种自发的行为，逐渐到了中央的层面。这种市场化的改革有多大程度是由意识形态决定的呢，这是我的第二个问题。

高教授：OK，先回答你的第一个问题。我刚才讲过，各个变量之间的关系可以转换，你影响它，它也可以影响你。但是当你为了分析一个具体的课题，你可以选择。我在这本书里用分析的自变量是经济意识形态。回答你的问题，我为什么选择了这个？我刚才提到我接受的训练是经济社会学理论中的制度学派。制度学派中的组织制度学派强调的是认知。如果你看了这本书的《总序》那部分应该会有所了解。认知作为一种制度性的力量会约束你的行为。这本书是我编的一套经济社会学丛书里面的一本，已经出了五本，另外还有四本大概在今年年底的时候能出来。其中我编的已经出版的五本书里面，你可以看到有一本是专门讲理论的，专门讲制度学派的理论的，那里有很多关于如何看待认知的讨论。实际上我在这本书里做的无非是把认知这个变量给具体化为意识形态了。这里的意识形态被界定为人们关于经济如何运转的认识，这个定义不一定与我们在国内原来理解的意识形态是一样的，当然有相通的部分。

你的第二个问题是中国的改革开放可不可以用意识形态来解释，我的回答是完全可以。为什么呢？你要研究它整个的过程，你得研究最重要的转变过程。小岗村重要不重要？重要。问题是有多重要。你如果说小岗村对中国的改革十分重要，你需要举例子证明它为什么重要。你想一想这个问题。我正在做一个研究，在写一本关于浙江义乌的书。义乌有一个小商品城，全世界百分之六七十圣诞节的装饰品都来自那个地方。那个地方有多少商店呢？58000 家批发商。怎么来的？好多人说那里过去有很强的商业传统。但是这里的问题是这种过去的商业传统为什么以前并没有催生出来一个小商品城呢？我在这本书的《前言》中说政府的作用特别重要。但是说政府的作用重要并不等于什么事都是政府干的，这是两个完全不同的概念。说政府重要是指政府在小商品城的发展过程中发挥了很重要的作用。

要是没有"十一届三中全会"，你能解释改革开放吗？解释不了。你可以有单个的例子。投机倒把也好，小岗村也好，你可以干，那是因为你没有被逮住。为什么这种事情到了中国改革开放后就可以干了？那是因为"十一届三中全会"以后国家的政策发生了变化。"十一届三中全会"为什么能够发生？因为中国当时发生了重大的意识形态改变，由过去的以阶级斗争为纲转变成以经济建设为中心。对不对？

我作的另外一个项目与外资有关。我在研究中国的改革开放过程中外资的重要作用。中国引进外资有过三次浪潮。第一波出现在建立特区，吸引外资的 1980 年代初。第二波出现在邓小平南方谈话以后。当时的开放是全面开放，所有省一级都全部开放。第三波出现在加入 WTO 以后，外资开始大规模涌入，中国变成世界工厂。我研究的问题是中国吸引外资为什么会形成三波呢？我的答案是每一次都是因为改革遇到麻烦了。在座的可能只有曲老师、李老师和我大概是 1970 年代末、1980 年代初的学生。你们回想一下，邓小平这一代领导人对整个"文革"十年的倒退做出一个全面的拨乱反正。这代表的是什么？是意识形态的根本性转变。原来是以阶级斗争为纲，现在变成是"一个中心、两个基本点"。"一个中心"就是中国共产党坚持以经济发展为政策的核心。"两个基本点"就是既要坚持改革开放，又要坚持四项基本原则。在我看来，你要是用意识形态来解释改革开放以来中国经济发展的道路，你不应该用"新自由主义"这一种意识形态去解释。因为那只能解释一半，还有另外一半。中国共产党的政策两个基本点，而不是一个基本点。中国在 1979 年以来的变化是两个基本点，就是一边是要改革开放，一边是坚持四项基本原则。每次大的变动都是这两大势力互斗，最后由一个政治的合力才能解释。只看一个是解释不了的。以经济建设为中心，两个基本点是既要改革开放，又要坚持四项基本原则，这两个离开哪一个都解释不了中国的事，你们想想是不是这个道理？

主持人：好，今天就到这里。让我们对高教授精彩、生动、博大精深的报告表示感谢！

【补充说明：高柏教授在次日（6月27日）的课程中，先对第一讲的内容作了回顾和补充，现附在第一讲"讨论"部分后面，以保证每讲主题的相对统一。】

昨天课后有人问我才发现这个问题。我昨天课程设计是假设大家在课前把资料都读了一遍。如果没有读的话，很多东西就不会很清楚。今天把昨天所讲的内容稍微补充一下。

我的《经济意识形态与日本产业政策》① 这本书的逻辑结构概括地来说，就是看几个变量，日本的经济体制是因变量，产业政策是中间变量，日本发展主义的经济意识形态是自变量。整个变量在跨度40年的分析过程中，从实证的角度来看分成了四个阶段，1931～1945年的15年战争是一个阶段，战后40年代末是一个阶段，50年代是一个阶段，60年代前期是一个阶段。在对这四个阶段的分析中，其实每章的写作结构基本都是一样的。就是说，我在每一章都首先介绍一下每个阶段的一般历史背景，接着讨论需要解释的因变量，即这一时期日本主要经济制度发生的演变。然后，我追溯分析日本当时的世界观，民族主义和经济意识形态如何影响了政府的产业政策这一中间变量。再然后讨论制定和执行产业政策的政治过程如何影响了日本经济制度的演变。

大家来看黑板上的这个表。为了看清叙述的逻辑，你们从左边往右边看。左边是自变量意识形态。在30年代和40年代这两个时期，尤其是30年代，总体战争的理论占有很大的比重，还包

---

① Bai Gao, *Economic Ideology and Japanese Industrial Policy*：*Developmentalism from 1931 to 1965*，New York：Cambridge University Press，1997.

括讨论的时候我们曾提及的马克思主义计划经济的概念，当时苏联计划经济的实践，罗斯福新政，以及纳粹德国对日本的影响等等。基于这样一些理念上出台的政策范式叫管制经济。在管制经济政策执行的政治过程中，并不是像有些人认为的那样，好像一旦日本政府决定了的事，基本上就原封不动地被执行了。

政府的确是想制定硬性指标的。但是在执行贯彻其产业政策的过程中，私人企业并不是完全要听政府的，他们经常与政府进行谈判、斗争。在制定执行当时的产业政策的过程中，政治的合力最后导致了整个经济体制、经济制度在每一个特定历史阶段都发生了变化。

这里我只是列了30年代这一个阶段。因为内容太多我们无法把四个阶段全都列出来。但是，你只要选择一个变量，我都可以给你指出它在第一阶段，第二阶段，第三阶段，第四阶段是如何演变的。这个基本上就是这本书的论证逻辑。

这本书得出的结论是，所谓现代日本的经济制度，也就是我们在80年代末期可以看到的那些经济制度，实际上是60年代中期基本稳定成型的；而60年代的这套东西是哪来的呢？我们可以一直追溯到40年代的战时体制，可以继续追溯到30年代的大萧条带来的一系列变化。它显示当时的日本是如何受德国总体战争理论的影响，如何受计划经济思想的影响，搞出一套管理经济体制的政策范式，这个政策范式在制定和执行的政治过程中发生了一系列的事件，而这些事件极大地改变了日本经济体制。

举例来说，在1931年《重要产业统治法》颁布之前，日本政府对经济的干预虽然与美国相比要比美国积极的多。但是与日本自身后来的做法相比，你可以讲日本政府基本上还是一个规制型的政府，而不是一个发展型的政府。在 30 年代以前，日本政府不太在乎产业结构。它当时主要是强调殖产兴业，富国强兵，但是没有具体到要发展哪个产业，它并没有花力气去鼓励个别的产业。

《重要产业统治法》颁布以后，这个局面就完全变了。日本政府不仅是在 15 年战争期间要干预产业结构——那个时候干预的目的是为了支持战争，即使是在战后也是如此。在历史跨度长达 40 年的时间里，日本的发展主义从战争型最后过渡到和平时期的贸易型。它的起点是战争这样一种特殊的历史环境，通过战争的过程它的当代经济制度雏形开始出现，后来在各种时空条件的制约下，在战后继续演变，到了 60 年代中期基本成型。我并不是说日本的经济体制到后来就不再变化了，而是说它最主要的特征到了 60 年代中期就全部形成了。这本书的整体结构，从变量的角度来讲，就是这么一个结构。

昨天有同学问到美军占领对日本战后经济的影响。昨天由于时差脑子转得不够快，我昨天回去一翻书发现需要补充一点。让我们从日本企业管理体制的角度来看一看两种不同的力量在推动日本经济体制变化时的互动。

西方的学术文献一直在探讨终身雇佣制的起源。学者们一般认为三井、三菱等大公司在 20 年代开始有这种实践，那时候主要的目的是为了稳定工人结构。但是第一，这种实践不具有普遍性，只是少数大企业采用；第二，他们仍然可以随时解雇工人，并不是保证你怎么样。终身雇佣制的雏形真正变成一个比较普遍的实践是在 30 年代后半期开始的战争期间。当日本进入了所谓非常时期后，特别是 1938 年通过国家总动员法以后，解雇也好，罢工也好，政府一律不允许。这时候，终身雇佣制就有了它的雏形。

当美国占领军到达日本后，工会在美军占领政策的支持下变成特别强大的政治力量。那时的日本工会是经常罢工。当时美国占领军的理念是什么呢？美国罗斯福新政的一个基本原则就是支持工会，工会是罗斯福新政重要的政治基础。在日本的美国占领军里面有很多罗斯福新政的信奉者。他们也支持日本的工会。他们觉得，战争期间由于日本政府的强制性干预，严禁企业解雇工人，也严禁工会罢工。这是战争期间非常条件下的强制性手段。现在日本已经民主化了，应该允许工会罢工。

所以你看，在战后初期，一方面是战争期间形成的终身雇佣制的雏形，另外一方面是美国占领军支持的工会罢工。如果美军占领期间的民主改革真的决定了日本管理模式的发展方向的话，日本的工会就不应该像后来与公司大力合作了。

为什么战后美军占领时期代表的支持工会罢工的方向后来没有成为主流，而战争期间开始的劳资合作反倒被继承下来了呢？说起来这里边还有一个比较复杂的过程。美军占领初期，工会的政治影响力的确很大。这个局面到什么时候发生了变化呢？1947年刘邓大军挺进大别山，迫使美国重新开始检讨它的对日政策。当时美国人预测国共内战的结果可能是共产党在中国要赢得最后的胜利。在中国共产党内战胜利这一假设条件下，美国对日政策必须要从彻底根除封建军国主义转变为把日本建成亚洲的反共堡垒。所以1947年的"二·一"大罢工被美国占领军禁止后，当时好多日本工会的领导人无法理解，连哭带闹。他们原来一直认为美军占领当局是他们重要的支持者，突然一夜之间就变了。从1947年起，没等占领结束，美军占领当局就改变了许多最初的对日政策，包括财阀解体。财阀解体最开始的动作很厉害，可是到最后，被分解的财阀数目大幅度减少，并在占领结束之前又允许他们重新变成企业集团。这一系列的东西即使把美军占领的这个变量引进来分析也只是加进一些插曲。由于种种历史条件的限制，日本经济体制变化的方向仍然是沿着自己的轨迹发展的。这是对昨天要补充的内容。

第二讲 关于日本经济逆转的辩论

——以《日本经济的悖论：繁荣与停滞的
制度性根源》为例

现在开始讲第二本书的内容。第二本书的内容我想还是按照昨天的讲法，从知识社会学的角度开始。昨天我讲过，任何一种学术范式是受当时的历史、社会、政治经济大背景的变化的影响。1990 年代发生了什么样的变化，使得在 1990 年代后期爆发了第二次的辩论？

大家知道，第一个重要的变化就是冷战的结束，柏林墙的倒塌。这里如果对当时的时间序列和历史事件变化的实际过程不加以分析的话，好多东西看不出来。冷战的结束，这里面以柏林墙的倒塌为标志，这个事情发生在 1980 年代末期。对中国来说又如何呢？我举一个具体的例子来说明，1991 年圣诞之夜苏联总统戈尔巴乔夫在电视上宣布苏联解体。两个星期之内发生了什么事？邓小平南方谈话，想想为什么？因为"六四"。大家想一想那个过程，"六四"发生在先，东欧发生变化在后，东欧的变化发生在 1989 年 9 月和 10 月。如果倒过来的话，也许"六四"不会发生呢，也许是另外的结果。90 年代初中国在搞经济调整，政府的判断是只要苏联不倒就不会有大事。但是苏联一解体，中国就要受到强大的国际压力。尤其是在所谓共产主义合法性的问题上，一夜之间各种声音都有。对邓小平南方谈话我的解读是，到此邓小平认识到不能像过去的 3 年那样了，调整已经不行了，会严重危害国家安全和共产党的合法性。中国必须赶快把改革开放继续往前推进一大步。所以好多历史事件要注意那个时间序列，注意前后因果关系。只有这样才能看出那个意义。冷战的结束对整个国际政治经济格局，甚至包括对具体国家的评价，都有很大的影响。

1990 年代初第二件大事是什么呢？是日本泡沫经济的破灭。其具体标志应该是 1990 年元旦日本人过完新年一上班后股市就开始下跌。但是有意思在哪儿呢？一直到亚洲金融危机爆发，无论是日本国内还是西方对日本经济形势的估计和预测都没有后来这么严重。当然，在日本国内关于 1940 年体制的辩论 1993 年就已经开始了。野口悠纪雄的书，冈崎哲二（Okazaki Tetsuji）的书在 1993～1995 年之间陆续出版，他们已经看出泡沫经济破灭之后问题的严重性。日本学者对日本经济里发生的深刻变化毕竟要比西方学者反应快得多。我可能是在英语文献里把这场大辩论第一个写进书里的。在日本内部就这个问题进行辩论的时候，日本人对日本经济体制的认识已经开始发生较大的变化。他们认识到日本经济体制本身有问题。如果不改变、不改革恐怕以后要出大问题。

但是在 90 年代的大部分时间里，你要是看英语文献，对日本经济的问题反映就没有如此强烈。我在写这本书的过程中，用各个章节做过很多讲座或者会议发表，经常与听众互动。每当我提到日本经济体制面临的问题时，美国的听众很少认为日本经济出了大问题，他们还是侧重于日本经济是如何的强大。在他们看来，日本经济面临的问题只不过是经济周期的问题，过两天转过来就没有事了。在亚洲金融危机之前西方国家基本上大多数人对日本都持这么个认识。这次日本经济泡沫的破灭先是对日本人产生了很大的影响。我正好是在 90 年代中期去日本为写这本书作调查。

当时西方学术界的出版物对我有直接影响的是关于全球化加速这一深刻变化的讨论。全球化加速这个问题今天没有时间太展开。因为明天还要涉及这个问题，我在这里先简单地提一下。全球化加速的标志是什么呢？有几个，其中与我们主题最相关的就是全球生产方式的出现。这里面有一系列的问题与日本有关系，比如对外投资主要的激励机制和目的等等，我明天会多讲一些。过去以美国为代表的跨国公司投资经常以占据对方国家市场，消灭竞争对手为目的。他们想把任何潜在的威胁都扼杀在摇篮里，不让对手强大起来。这些跨国公司在拉美则是以攫取资源为主要目的。到了全球生产时代，跨国公司投资则是与日本早期与东南亚的合作类型类似，主要着眼于利用当地的廉价劳动力，从而减少它整个生产过程的成本，加强它在国际市场中的竞争力。

到了 80 年代，这个理论被哈佛大学商学院的教授迈克尔·波特（Michael Porter）——后来成为克林顿的经济顾问之一——提炼成为国家竞争力这一概念。他的那几本关于竞争力的大作在美国商学院是必读书，中国国内都有翻译。他提出价值链生产的概念。价值链就是把整个生产过程分解成一个个具体的步骤。对于一个企业来说过去是事无巨细必须全都干。现在则要进行详细的分析，你这个企业在价值链哪一个部分能干得最有效率，你就干这块，别的环节统统外包。通过最有效率的企业之间的组合，你生产出来的产品肯定是最便宜的，这样你的企业才有竞争力。

这样一来日本人当年在东南亚开始的，以减少生产成本的对外投资的模式开始向全世界扩散。中国世界工厂的出现，与这一类的投资模式有直接关联。现在在西方一提到全球化加速，其重要的标志是冷战结束、日本泡沫经济破灭，然后就是中国作为世界工厂的崛起。在日本有一种说法是中国和日本的命运基本上是反向的关系。对西方国家的注意力而言，只要中国变强了，日本的地位相对就下降，西方对日本的关心就要减少，对日本态度就要变化。反过来也是一样。如果日本变强，中国就变弱，西方国家就更多地关心日本。日本人的思维就是这么一个逻辑。这个有没有道理？可能有一定的道理。这些东西都影响后来西方学术界研究日本问题的学术范式。

西方社会科学的学术范式在 90 年代出现了哪些变化呢？我认为出现了两大变化。第一是政治学的理论里理性选择变成一个占统治地位的范式。为什么？理性选择这个概念最早是从股东和职业经理的关系发展出来的。你是股东，你雇来职业经理，比如首席执行官（CEO）替你管理企业。但是在 30 年代中两个美国人发现，股东与职业经理之间的利益是相互冲突的，它们经常是不一致的。这样的话就产生了一个概念叫代理成本。为什么这样讲？既然两者的利益不一致，如果股东无法建立起对职业经理有效的监督机制进行控制的话，你的利益就会受到损害。因为这些职业经理只会为自己的利益着想，不会为你的利益着想。由此带来的对股东利益的损害部分就是所谓的代理成本。这是股东经常要付出的代价。

后来政治学家把这个概念引入关于政客与选民的关系的研究中。他们觉得政客们是被选民们选出来代表他们来管理政府。然而，政客们经常是并不代表选民的利益，因为他们也经常有他们自己的利益。很多政治学家发现把这套理论放到政治学里面很好使。一时间理性选择理论在政治学开始变得如日中天。这里的一个原因是，随着冷战的结束，随着历史终结论的提出，人类社会关于政治经济制度选择也就随之终结了嘛。既然只剩下民主政体和市场经济了，民主政治就是选举，只要有选举就会面临这种代理关系，理性选择理论也就理所当然地变成一个在美国政治学里面特别强有力的占统治地位的学派。在整个90年代，全美各个大学的政治学系都经历了一个经常是十分惨烈的转型过程。理性选择理论不断地攻城略地，在很多政治学系里与其他学派打得不可开交。最后理性选择理论在全美大学的政治学系基本上占了上风，一直持续到今天。

西方社会科学的学术范式在1990年代出现的第二个大的变化是政治学里比较政治经济领域里出现的关于资本主义的多样性的分析。我在昨天讲的那本书里面提到，在冷战期间西方国家为了维持西方阵营的团结，需要保持意识形态上的一致性。那时，他们不强调资本主义之间的区别。但是到了冷战一结束，这种政治压力没有了，西方的共同敌人消失了，他们就开始彼此说我的政治经济体制比你的好，于是就开始争论。比较资本主义这一学术范式就是在这种环境下出现的。我们进入日本问题本身之前要从学术的大背景上做个交代。刚才交代了一些历史的大背景，学术方面的背景就是理性选择和比较资本主义这两个学术范式的出现。

那么，这个时期在日本研究的领域里发生了什么事呢？首先理性选择这一学术范式在1990年代中期也波及到日本研究领域。当时哈佛法学院有一个教授——也是一个传教士的儿子，日语说得相当地道，在日本长大。90年代在美国的法学界最流行的东西叫法经济学，即用经济学的观点研究法律问题。这一领域当时在法学院是横扫千军如卷席，几年之内所有美国的法学院都必须要有人教这门课。从经济学的观点看法律问题也很有趣。比如他们以物价理论来讨论法，把法律上的惩罚等同是价格信号。你要是惩罚的比较重，就等于是预示着物价上涨。小偷是惩罚的消费者。他们根据价格信号来调节自己的行为。一看价格贵了，惩罚太严厉了，就少买，就少犯罪，就是这么一套理论。他可以用经济学的物价理论来解释各种各样的法律问题。这是与理性选择并行的学术范式。我们可以看出，在全球化为时代大潮流的年代，学术界的范式也都是倾向于市场与效率的。

哈佛法学院的那个教授把选举中的代理理论搬到日本一看，马上就和查默斯·约翰逊的理论正面交锋了。他在把代理理论应用到日本时加以改头换面，这么一换，就换出毛病了。本来，代理理论在西方是用来解释选民与政客之间的关系的。他把这个关系换成政客与官僚的关系。在他看来，既然日本国会的议员是民选官员，通产省官僚只是政客的代理人而已。政客应该是可以管住官僚的。等他的书出版后，约翰逊马上就不干了，他开始给所有的日本问题专家发邮件，警告他们代理理论的危害性。我还在这场论战中无意中蹚了浑水。当时我刚刚开始工作，接到亚洲研究周报的询问，问我愿意不愿意为哈佛教授这本书写个书评。我刚当教授嘛，也需要作点贡献，就说行。结果我完全是按照一般的专业标准写法客观地介绍了一番他的观点。约翰逊一看到我的书评马上把他准备的材料寄来了，把这个人骂得狗血喷头。我这才知道日本研究领域里正在进行着一场激烈的争论。后来几年这场大辩论在日本学界打得一塌糊涂，整整有四五年。

约翰逊也是给我第一本书的书皮上写评语的人之一。他看到我这本书的原稿后就高兴了。他原来以为我是一个倾向理性选择的。等一看我这本书他才明白，我的研究是证明日本经济的发展没有受到新古典经济学任何影响的，我的研究等于是从经济意识形态的侧面支持了他的发展型国家的理论。

　　就在这样争论的过程中出现了亚洲金融危机。亚洲金融危机一出来可是不得了的事。我想在座的各位可能大多数人当时还是中学生，你们当时可能对亚洲金融危机没有太大的感觉。但是要是从国外来看，那可是不得了的事。你想想泰国、韩国等那四国受打击最大，货币一夜之间贬值了40%～70%，这是一个相当大的打击。就在那个时候朱镕基总理提出中国货币不贬值。为什么中国在东南亚的地位后来大幅度提高，就是因为亚洲金融危机。为什么我们要加入世界贸易组织（WTO），也是因为亚洲金融危机。我们已经承诺人民币不贬值，把大话说出去了。但是，当时中国下岗的问题很严重。如果出口严重下滑，经济增长必然要受到严重影响，这会影响社会稳定。怎么办？中国政府决定调动国外市场的力量，用开放来倒逼改革。你只有继续开放，不开放没有办法。关于这方面我明天会继续讲。回头来看，中国政府的这一决策是非常英明的。

　　亚洲金融危机一爆发，从根本上动摇了人们，尤其是西方人对日本经济的看法。原来人们都认为日本虽然泡沫经济破灭，也不会出什么大事。这不过是经济周期而已。日本经济90年代初泡沫破灭以后是不是一直一路下降呢？不是。后来的文献证明，日本在90年代的上半期改革并不是特别积极。尽管如此，到了1995年日本经济增长率已经达到2.8%，这已经是相当不错了。然而，为什么日本经济后来就一蹶不振了呢？这里面有几个因素。

　　第一，当时的日本首相桥本龙太郎做了一个错误的决定，正是这个决定把事情给弄砸了。桥本龙太郎当时决定重新搞所谓的行政改革。日本的行政改革从1980年代初就开始了，其主要内容是控制预算赤字——在70年代所有发达国家都经历了大幅度的预算赤字——后来总是在讨论行政改革。行政改革的主要内容就是减少政府预算的赤字。当 1995 年日本经济增长率恢复到 2.8% 以后，桥本龙太郎认为现在又应该强调预算对赤字的控制了，而不能像现在我们中国这样依靠政府砸钱刺激经济增长，这是一个因素。

第二，日本开始履行国际清算银行条约第八款签约国的义务。根据第八款，你只要签约，凡是从事国际业务的银行必须要有 8% 的自有资本率。通常，日本的银行向外借的钱都是客户存进来的钱，而不是银行自己的钱。为了保证银行能够应对突然的变动，比如客户突然出现大规模挤兑的浪潮，国际清算银行第八款签约国要求银行必须有 8% 的自有资金。日本的商业银行从来就没有这么多的自有资本。在 80 年代末签约的时候日本经济正处于泡沫状态，日本人认为这是小事一桩。当时房地产价格涨得特别快，日本的商业银行有很多的地产，手里有好多钱没有事。结果到了泡沫一破发现要保证 8% 的自有资金很难。这个条约规定如果资本自有率不够 4%，政府必须要通过一系列的措施限制你的业务。这是很严格的规定。到 1996 年日本必须开始承担这个义务了。这两个因素加在一块对日本经济的打击已经很大。而就在这当口又爆发了 1997 年亚洲金融危机。这与当时中国的局面特别像。中国当时是搞国有企业改革、工人下岗，住房改革、医疗改革全面铺开。这些因素加在一块，使经济本身吸收这种金融危机打击的力量变得十分弱。所以中国在 1997 年之后面临的也是通货紧缩的威胁。日本也是如此。日本 1997 年、1998 年两年经济是负增长。原来是停滞，停滞指的是增长率低于 1%，到了那两年就变成负的了。

当时的美国经济正好相反，正是互联网泡沫最膨胀的时期。美国的经济形势一片大好。在这种环境中，一看日本都变成这样了，美国人当然很高兴，在各种公开的国际场合指责日本人说你们怎么把自己的经济弄成这样。

这就对研究日本的学者们提出一个大的挑战，日本出现了这么大的转变，你们怎么解释？到了 1998 年出来三本书。第一本的著者叫理查德·卡茨（Richard Katz）。这个人的经历很有意思。1999 年我请他来杜克讨论我的书稿时跟他一聊才知道，他从来没有读过博士学位，一直是一个记者。他是日本《东洋经济周刊》英文版的编辑。正因为如此他每天可以接触到大量的经济统计数字。他作为记者手很快，把这些数字汇到一块就出版了。他那本厚书我不知道有没有中文版。书虽然很厚，但是从学术的角度看漏洞太多。但是作为第一本解释日本为什么遇到麻烦的书在 1998 年就出版，你不能不说是生逢其时。

他的观点很简单，可以叫做发展阶段论。他认为，当战后日本经济原来处于以幼稚产业为主的阶段——幼稚产业就是指一个产业还没有全面发展起来的阶段，相当于人的幼儿园时期——在经济结构中有大量幼稚产业的时候，根据德国历史学派的理论，政府进行干预是合理的。你如果不实行保护，外资进来很容易就可以把你击垮。在这个阶段，政府通过产业政策干预是合理的。到了 70 年代以后，当日本经济中的这些幼稚产业变得很成熟的时候，你还接着保护麻烦就来了。他就是这个观点，相对来说很简单。

第二本书的著者是罗伯特·布伦纳（Robert Brenner），是加州大学洛杉矶分校（UCLA）的历史学教授。这个人利用马克思主义的理论分析德国、美国、日本战后的经济发展。布伦纳的分析要比理查德·卡茨深刻得多。这个人很聪明，他的理论是战后资本主义利润长期低下化。要想了解详细的信息可以读我的文献回顾。

第三个是美国的政治学家叫 T. J. 潘培尔（T. J. Pempel）。这

个人是二战时候美军专门负责收集日本情报的，直到几年前还是
加州大学伯克利分校东亚研究所的所长，原来是西雅图华盛顿大
学的教授，再原来是康乃尔大学的教授。在这三个人之间，他是
唯一真正的日本问题专家，这辈子就研究日本。他研究的是体制
转移。相关内容也在我书的文献回顾里面。他之所以写这本书是
因为自民党在 1993 年失去政权了。尽管是很短的一段时间，但毕
竟是失去政权了。他是政治学家，所以要回答为什么日本政治中
的"55 年体制"竟然崩溃了。自民党一直长期执政，一党独大，
怎么会崩溃？他认为随着整个日本经济结构的变化，政治的重心
由农村向都市转移，这就导致了 55 年体制的崩溃。他的书里提供
了一大堆详细的论证。他认为这是导致日本经济泡沫破灭的政治
原因。

当时在我看来，这三本书有两个共同的特点：第一，它们都
采取一个宏观的分析框架，把整个日本的体制作为一个分析单位，
把国家作为一个分析单位，而不是像过去查默斯·约翰逊的批评
者们只分析一个产业，或者分析一个政府部门。他们用比较系统
的概念，就是日本的政治经济体制。这是三者共同的一个特点。
第二点，他们都以 1970 年代初作为前后变化的转折点。

我读了他们的书以后得出以下两条结论：第一，这是一个系
统性的问题，不是哪个单独的政府部门，也不是哪个单个的企业
的问题，是整个日本政治经济体制的问题。第二，前后发生变化
的转折点并不在 90 年代初，而是在 70 年代。

下面我讲一下这本书是怎么写出来的。

我先从美国大学终生教职这个制度讲起。这个制度一般给你
六到七年的时间看你能否符合终生教职的条件。各个学校对你干
多少要求不一样，但是一流大学都要求你必须要完成两个大的研

究项目。第一个是你的博士论文，你应该把它或是以一组文章，或是以一本书的形式发表。第二个项目是你毕业以后发展出来的与博士论文没有关系的新的研究项目。因为博士论文有导师的指导，这第二个项目是看你有没有独立的科研能力。第二个研究项目到评定终生教职的时候也要以一组文章或是一本书的形式发表。每个人一开始工作，除了想着把博士论文发表外，还必须想第二个研究项目干什么。我是 1993 年秋季开始教书，当时还没有完成博士论文答辩，属于没有拿到学位先开始工作的。后来回去答辩，于 1994 年 1 月拿到学位。

我从 1994 年初就开始着手设计第二个研究项目。最开始我想研究的，实际上并不是后来出的这本书，只不过用了大量通过这个项目收集来的材料。

我原来想做什么呢？我想做日本的反垄断法对日本经济组织的影响。日本的反垄断法在战后经历了几次特别重大的变化，而且每次变化之后对产业组织，特别是对企业集团都有特别大的影响。我最初就是想写这么一本书。我分别在 1995 年、1996 年两次去日本，一次在一桥大学待了八个月，一次在横滨国立大学待了六个月，把所需要的实证材料全部拿回来了，剩下的就是怎么写的问题了。

就在这个当口，亚洲金融危机爆发了，所有人对日本经济的看法发生了变化。然后我前边提到的这三本书也出来了。这时我就想，我这本书必须要选择一个能引起人们广泛注意的角度切入。原来日本的经济体制被认为有很强的竞争力，对西方是一个威胁，如果我能从其反垄断法的角度分析这个经济组织的来源应该有很多人关心。但是现在，金融危机爆发，人们普遍认为日本的经济威胁已经消失了。在这种新的环境中，我手里有这么多实证材料，能不能利用这些材料写一个针对现在人们关心的大问题呢？正在这时，我碰到了我们杜克大学政治系的同事，罗伯特·基欧汉（Robert Keohane）。他原来是哈佛政府系的讲座教授，担任过美国政治学会的会长，美国国际研究会的会长。前几年美国政治学界搞了一个大型调查，他在当代最有影响力的国际关系领域的学者中名列第一，是一个特别有名的学者。因为他太太到杜克大学做校长，他跟过来在这里做教授。我在自己的学术生涯里只碰到过两位真正有跨学科知识的大学者，一位是基欧汉，另一位是我在普林斯顿时的老师之一保罗·迪马基奥（Paul DiMaggio）。你跟他们谈日本，你会觉得他们比好多日本问题专家更懂日本。为什么呢？他们是理论家，大理论家。

1997 年我在系里面负责每星期五的讲座，组织什么题目我说了算。我就组织了一次座谈会，讨论政治学的理性选择制度学派与社会学中的组织制度学派的异同。我从政治系请了两个专家，一个是罗伯特·基欧汉，另一个是彼得·朗（Peter Lange）。他们两个是政治学里面制度学派有代表性的人物。我就是通过这次活动认识了基欧汉。

后来在杜克校园的一个会议上，我们俩又碰到了。他问我最近在做什么。因为我当时正在做反垄断法的影响，必须要涉及法经济学。当时法经济学中研究反垄断法的分支涉及交易成本经济学。我告诉他说：在我观察日本经济的时候，我发现日本企业治理结构的特点是重视协调，轻视监控。重视协调就是重视把交易成本降到最低，这样大家可以彼此密切合作。与此同时，轻视监控就意味着代理成本高。我认为当布雷顿森林体系垮台以后，当汇率由固定汇率变成浮动汇率以后，日本这样一种轻视监控，代理成本特别高的企业治理结构就面临着更大的风险。为什么呢？

你轻视监控就很容易出事。特别是在金融全球化，自由化之后，如果一个经济体制的企业治理结构代理成本高的话，它很容易乱借钱，乱投资，最后导致金融危机。哈佛大学有个教授是商学院的副院长，他曾经写了一篇文章讲，日本企业组织的发展在历史上一直重视降低交易成本，而美国的企业组织则一直重视降低代理成本。到头来，美国的企业变成交易成本高而代理成本低，而日本的企业组织则是交易成本低而代理成本高。他一听就说：你一定要参加我领导的全校的关于全球化与民主治理的研究小组。这个小组每星期从全国到处请名人来讲。

从那时起，整整一年的功夫，我和他一起吃午饭讨论我这个项目不下十几次。这个过程对我来说是一个非常好的学习过程。第一次他给我提出了一堆问题，我只能答出三分之一，剩下的全不知道，根本无法回答，因为他提了大量关于国际关系和国际政治经济学的问题。那我怎么办呢？看书，学习。那一年里我大量阅读了有关文献。一年后最后一次和他见面时，他问的所有问题我都能对答如流了，而且他都挺满意。我觉得我可能已经准备好了，从一个美国主流社会科学的角度来看，我研究日本的分析框架可以过关了。

现在我们就来看一看这本书的分析框架。

首先讲一下这本书和昨天那本书的区别，从时间跨度上讲大家可以看到有重叠性，只不过今天这第二本书一直分析到 1990 年代，而上一本书是到 1960 年代。但是，这两本书的视角已经完全不一样。为什么不一样呢？我在社会学里属于制度学派，而社会学的制度学派分组织制度学派与历史制度学派两种。我第一本书的中文版里有我为那套丛书写的总序。我在总序里详细地介绍了制度学派和历史学派的重要区别。我的第一本书用的是组织制度学派的分析框架，而第二本书用的则是历史制度学派的分析框架。

这二者主要区别在哪儿呢？组织制度学派强调认知的作用，认为人们认知这种制度性的力量会影响人们的行为。而历史制度学派的观点是什么呢？它认为人的利益的存在形式不是像经济学或者理性选择学派主张的那种抽象的概念，而是存在于一个具体的制度性环境中的。只有理解具体的制度，才能解释和理解利益。历史制度学派认为利益永远是历史的，是由具体的时空条件来界定的。

我第二本书用的整个分析框架是一种历史制度学派的分析框架。它证明的逻辑是什么呢？这要从我对前边提到的那三本书的批评开始。我在前边提到过，所谓的理论是两个变量之间因果关系的一种系统表述。一个理论必须要有所谓的因果机制，只有通过这个因果机制第一个因素才能影响第二个因素，自变量才能影响因变量。看过他们三个人的书我就想，他们的观点存在的一个共同的问题：如果你把他们提供的逻辑一直推到今天，马上就会发现其问题所在。

理查德·卡茨认为在日本经济以幼稚产业为主的发展阶段，政府可以通过产业政策干预经济活动，但是到了日本经济实现了全面赶超以后再干预就不行了。他得出的结论是日本必须改革。然而，他无法解释为什么日本经济会在 1980 年代出现泡沫——泡沫是经济快速发展的一种特殊表现形式，以及为什么泡沫会破灭，并在 1990 年代出现停滞。卡茨五年以后又出了第二本书，在那本新书里他又说 2003 年的日本在小泉的领导下已经改革成功了。记不记得 2003 年日本经济开始好转？他先看到经济好转，然后得出结论这是日本改革成功的结果。因为我后来的研究兴趣转向中国，再没有就日本问题接着写东西与他辩论。但是我当时的看法是日本之所以在 2003 年经济好转，其根本原因不是因为改革成功，而是中国经济过热，为它提供了强大的外部需求。按照理查德·卡茨的说法，因为日本经济体制改革了，所以 2003 年经济才恢复了。如果这个理论是正确的，我们应该看到日本经济从那时起就一直快速发展才对。为什么现在日本经济又不行了呢？实际上还是外部因素造成的变化。2003 年中国经济过热，导致对日本的钢材进口需求大增，日本经济当然好转。当时新日铁的工人没日没夜加班，而且是多少年以来第一次这样。当时的日本经济能热到这个程度，钢材都运往中国市场。没有这个外部需求，日本再改革也没有用。

因果机制必须得能够经过这种检验，罗伯特·布伦纳说战后资本主义从长期趋势来看一直是利润下降，你仔细检查数字的话，实际上美国的企业也好，日本的企业也好，后来利润都出现过大幅度改善的情况。他的书是 1998 年出版的，研究工作是在 1997 年前结束的，定稿是 1997 年送去印刷的。而美国互联网的泡沫经济是在 1998～1999 年达到高峰的。那时候美国企业的利润率好得一塌糊涂。布伦纳没有能够预测到后来的问题。

T. J. 潘培尔的观点也是同样的道理。他强调大的结构性变化对日本自民党下台的影响，但是问题是后来的因果机制是否同样起作用。如果我们把在城市地区选民成为重心作为解释自民党下台的理由的话，那么我们又怎样解释自民党后来又上台的原因？

为了真正的为日本在 1970 年代前与后的变化提出一个能经得起检验的解释，我把找出变量之间的因果机制作为这个项目的一个主要着眼点。

现在请大家看第二章的几个表，一个是在第 35 页，然后第43、44 页这三个表，因为空间有限制没有办法做成一个表，另外也便于论述起来更清晰。实际上这是一个表。这本书的自变量是什么？是国际经济秩序的变化。怎样测量这个变化呢？有两个方面，一个是金融制度，一个是贸易制度。变量必须要变，必须要有两个阶段。那么在这本书里什么是第一阶段呢？第一阶段就是以布雷顿森林体系中的固定汇率代表的国际金融秩序，以及以美国与其盟友实行的非对称合作代表的国际贸易体系。什么是非对称合作？它指的是在1950年代，为了冷战美国需要盟友。怎么争取盟友？美国对这些盟友开放它自己的国内市场，同时还允许他们继续对美国产品关闭他们的国内市场。也就是说，美国对盟国提供市场并没有换来盟国对美国开放市场，因此是非对称的。这样他们就有利益的交换了。在与苏联的冷战中，美国的盟友必须站在美国这边。当然我的书里面讲了不止一个原因，但是冷战是其中一个重要原因。

另外一个因素我在书里面指出，二战以后欧洲国家、日本都被打得稀里哗啦，没有外汇储备，买不起美国的货物。怎么办？美国只好先借给他们钱。怎么借？我让你往我这卖东西，我买了，你的经常账户里就会有顺差，我有逆差了。这就等于是变相借钱。与中国和美国现在的关系是一个道理，只是地位相反而已。

所以自变量是国际经济秩序，两个测量，一个是金融秩序，一个是贸易秩序。金融秩序在第一阶段是固定汇率，贸易秩序在第一阶段是美国与盟国之间在贸易方面的非对称合作。

到了第二阶段，金融秩序由布雷顿森林体系下的固定汇率变成美元本位制下的浮动汇率，同时，国际贸易体系也从非对称合作变成美日之间的贸易摩擦。当美国在70年代开始出现经常账户的赤字后，他们不想再单方面地开放市场了。大家想一想美日贸易摩擦从70年代初开始越打越厉害。一直到1995年汽车谈判后才基本稳定下来。其中一个道理就是中国变得日益重要，美国与日本的关系又变成冷战时候的逻辑了。在亚洲为了能够制衡中国，美国不能过度地打压日本。当时哈佛的两个人，约瑟夫·奈和傅高义在美国政府这个政策上发挥了重要作用。他们警告美国政府，说这样下去的话，日本恐怕要站到中国这边来了。1995年汽车谈判破裂以后，美国又开始从安全保障的角度来讨论日本的价值，而不再是贸易摩擦了，因为到了这时，日本泡沫经济也破灭了，在经济上日本已经不再值得美国担心了。这跟1947年刘邓大军挺进大别山以后，美军占领当局把根除日本军国主义的对日政策转向建立在亚洲的反共堡垒是一个道理。

我选的自变量——国际经济秩序，在第二时期发生了深刻的变化。第一阶段与第二阶段的转折点就是70年代初布雷顿森林体系的崩溃与第一次石油危机。我把日本的经济体制作为中间变量，看它是如何随着自变量的变化而变化，又由于自身的变化导致因变量的变化。我找出来一条别人没能找出来的解释路径。当时大家普遍的困惑在哪儿呢？是我们辛辛苦苦研究日本，研究了近20年，好不容易找出一堆制度性的因素用来解释日本为什么成功，怎么一夜之间这些制度就失灵了呢？我们还有什么脸面见江东父老？

不论是约翰逊的发展型国家论，还是市场派的理论，到了90年代末都解释不了日本的变化了。我过去也是研究日本发展主义的，我也面临同样的挑战，即你怎么解释过去导致日本经济高速增长的制度突然失灵了。我的答案是，导致日本经济增长与导致它走向泡沫经济的是同一套制度。只不过这套制度有两面性。在第一阶段，由于自变量处于第一阶段的形态，中间变量所处的环境与第二阶段有本质的不同。因此，日本经济体制本身的弱点在当时那个特定的历史条件下被外部的条件给掩盖了。现在到了第二阶段，自变量的形态发生了根本性的变化，日本经济体制的弱点不仅不再能被掩盖，而且还被放大。这实际上不过是一个硬币的两个面而已。这样处理变量之间的关系就把矛盾解决了。否则的话你找一堆制度，说是日本经济因为它们成功。等它失败时，又找一堆别的东西。这样在逻辑上就存在根本性的问题。因为如果是原来的那个制度导致了过去的成功，只要那个制度还在，从理论上来说日本经济就应该继续发展才对。这证明的逻辑与我们批评"日本人论"时用的逻辑是同一个道理。

只有当你找到同一制度的两面性后，你才能解释，为什么同样的一套制度原来好使而现在则不好使了。那是因为原来的国际经济秩序这个外部环境与现在不一样。因为日本的制度本身有两面性，在以前的那个环境下这个体制发挥了积极的作用，而在现在这个新环境下这个同样的体制开始发挥消极作用。换句话说，当我们把成败的两面性合二为一时，我们就可以解决这个问题了。我的证明就是依靠这么一个逻辑。

下面咱们就用表来说明一下。大家看第43、44页。这本书在结构布局上听取了 T. J. 潘培尔的建议。他说你分章的时候一定要把布局弄得紧凑一些，以转折点为核心，以前后两个阶段来分章。我本来想用一个编年史的结构。我第一本书是按那样分的。为了凸现变量前后的不同表现，我听了他的建议，把70年代初到80年代末的发展按照生产与分配浓缩成两章，取消了原来70年代和80年代各写一章的计划。现在这样的结构对大家读书时理解变量前后的变化特别有帮助。

下面我就来谈一谈实证分析的几章。第一章是全书的介绍，第二章是理论，第三章等于交代了一下日本现代经济制度的起源。

这就与第一本书接上了。介绍了这些制度在 1930 年代是怎么发源的，从第四章起我就进入分析变量的第一阶段。第一阶段的时间跨度是从战后初期一直到 1973 年。在分析第一阶段的这两章里，我也改变了上一本书用的动态的，编年史式的断章形式，把内容浓缩成一种涵盖 20 多年的动态变化的静态论述。也就是说，这两章不是讨论每个单个的制度在 50 年代变成什么样，在 60 年代变成什么样，而是把它们从 40 年代末到 70 年代初形成的一个整体做一个静态的分析，着重在逻辑上分析各个经济制度之间的相互关系，以及它们如何在特定的国际经济秩序下导致了日本经济的高速增长。

大家看第 43 页的表，这是一个比较完整的变量关系图。整个国际金融秩序在第一阶段处于固定汇率和限制资本自由流动的状态。这样一种国际金融秩序是如何影响日本政府的政策呢？我在这里用了弗莱明—蒙代尔三维悖论来解释布雷顿森林体系对一国经济政策的影响。这里面还有一个小插曲。我这本书是 2001 年 9 月中旬出版的。它出版后不到三个星期，罗伯特·蒙代尔（Robert Mundell）就获得诺贝尔经济学奖。他获奖的原因就是因为这个三维悖论。这可把剑桥大学出版社负责我这本书的编辑高兴坏了。因为我在蒙代尔获奖之前就在用他的三维悖论来解释日本经济。编辑说你太英明了。蒙代尔的三维悖论是什么呢？他认为在开放经济中，一国的财政金融政策必须要解决三个政策目标：汇率的稳定，货币的可自由兑换，以及调节国内经济目标的手段。他认为在这三个目标之间任何一个国家哪怕干得再好最多也只能实现其中的两项，永远无法三项同时完成，所以说这是一个三维悖论。基欧汉告诉我实际上好多国家只能实现一项，连同时实现两项都办不到。

既然只能实现两项，就得在三项政策目标中进行选择。英美主导了战后的国际金融秩序的谈判。当时凯恩斯是英国政府的代表，怀特是美国政府的代表。布雷顿森林体系基本上就是由这两个人谈出来的，谈了整整一年多。凯恩斯有一个基本的想法，二战后英国必须要建立福利国家。要想建立福利国家政府就必须要有干预经济的政策手段。战后的福利国家里一般都有较大的国有企业。有了国有企业政府就能更有效地利用自己的宏观财政政策去刺激经济发展。一旦经济不增长了政府就增加公共开支，创造有效需求。这就是凯恩斯的理论。有了固定汇率，又要有干预经济的手段，三项目标里已经占了两项，他们只能放弃资本自由流动，也就是货币的自由兑换，因为只要货币能自由兑换就意味着资本可以自由流动。中国到目前为止资本账户还是关闭的。你可以洗钱，但是只能通过非法的地下渠道，中国还没有实现资本的自由流动。

在整个 1950 年代，西方国家在三项政策目标中选择其中的两项，即固定汇率与干预国内经济的手段。他们放弃了资本的自由流动，即货币的可兑换性。然而，到了 1958 年，欧洲各国纷纷实现了货币的自由兑换。这样一来，等于他们是三个目标都想实现。但是这在实践上是不可能的。在这个情况下国际金融秩序必然要出现问题。这就是为什么后来发达国家纷纷选择浮动汇率，等于是放弃了货币的可兑换性。

1950～1973 年这样一种外部环境中的固定汇率与资本不可自由兑换对日本政府有什么影响呢？在这样一种外部条件的约束下，日本政府采取了一个政策组合，即扩张型的金融政策加紧缩型的财政政策。这两个政策的方向必须是相反的，才能保持平衡。如果方向都一致了就又出问题。如果都变成扩张型的就要出现严重的通货膨胀，如果都变成紧缩型的就要出现严重的通货紧缩。

在战后日本的财政史上，道奇计划的执行使得日本政府无法再采取扩张型的财政政策。当时日本被迫实现预算平衡，日本经济顿时就进入萧条了。如果没有朝鲜战争爆发带来的美军大量军需订货这一天赐良机，日本就更惨了。这是因为如果没有朝鲜战争带来的外部需求，日本政府在执行道奇计划后无法用扩张型财政预算刺激经济增长，日本就要出现大的经济危机。战后初期日本一直每年由美国人提供 500 亿美元补贴财政。但是到了 1940 年代末美国的纳税人不干了，说我们凭什么老给他们政府钱。当美方通知日方这个钱没了，你们得赶紧想办法，要实现经济自主、自立。1949 年道奇计划正式实行，一下子就把财政赤字缩成零。在 1950 年 6 月朝鲜战争爆发前，日本经济是一片萧条，失业人口半年就多出 100 多万人。眼看着日本的局面就要失控。就在这个情况下朝鲜战争爆发。

当时池田勇人是财政大臣，他说既然美国人不让日本政府通过财政手段刺激经济发展，咱们就发明一个新手段。在通货膨胀与通货紧缩之间，他搞了一个非通货膨胀（Disinflation）。这是什么意思呢？就是利用金融手段，利用日本银行向日本都市银行扩大信贷，靠这个渠道向私人企业提供资本。政府现在没有钱了，你上银行借去。私人银行那里如果没有足够的存款，中央银行就向它们提供信贷。他搞的这个手段很有效。一直到 1965 年日本第一次决定发行国债之前，日本政府一直是一个小政府。当时同查默斯·约翰逊辩论的好多人都指出这一点，说你认为日本政府这么厉害，那么厉害。你看看日本政府的财政上根本没有那么多钱。但是约翰逊本人并没有主张日本政府的产业政策依靠的是政府财政，这些人是在歪批三国。

在扩张型的货币政策保证了中央银行对日本都市银行的稳定货币供应的同时，大藏省还对私人银行实行所谓的护送舰队式的管理。我处处都管着你，一旦有破产的苗头，我马上就给你下家，马上并购。大藏省这样做的目的很明显，为了保证日本经济增长，必须使日本的企业有稳定的资金提供。为了保证产业的发展，银行是不能乱破产的。如果你今天倒一个银行，明天倒一个银行，老百姓谁也不敢存钱了，那政府又不能用财政手段支持经济增长，日本就要遇到大麻烦了。于是大藏省搞了一个护送舰队式的管理体制，各种利率，所有金融手段都受大藏省的窗口指导，处处看着私人银行。这样就保证了大量资金的稳定的提供。

通产省在干什么呢？我那几年研究日本反垄断法正好把这个给搞明白了。当时许多西方人对日本产业政策有一个误解，总是把日本等同于法国。法国当年干的是什么呢？是在各个产业里找一个全国冠军，由政府大力支持。日本却没有这么干。日本没有实行法国式的产业政策。日本的产业政策是政府在相关产业里找四五个企业，都给支持，让它们之间互相竞争。日本政府的想法是只有在国内市场的竞争中能生存下来的日本企业在国际市场上才有竞争力。如果作为全国冠军去培养，要钱有钱，要什么有什么，那样的企业必然没有竞争力，最后整个是一个废物。计划经济下的全国冠军不就这样吗？日本鼓励的不是垄断，而是寡占竞争。

以上讲的是政府的层面。中间层面的制度是如何运转的呢？我们先来看间接融资。什么是间接融资？间接融资是与这美国式的直接融资完全相对的企业融资方式。在美国，企业融资一般是到华尔街发行股份或者企业债券。而战后日本企业的融资方式主要是从银行贷款。这里面到底有什么样的区别呢？这里面有大量的文献介绍我就不多说了。

下一个制度叫主银行制度。什么是主银行制度？即每家企业都有一个主要负责它金融业务的银行。这个主银行不一定非要独家提供企业所有的资金，该企业即使向其他银行借钱也要由这一家银行出面帮助解决。

我们再来看相互持股。这是一个颇具日本特色的制度，与反垄断法有直接的关联。日本允许企业之间相互持股。相互持股就是说你有我5%的股份，我也有你5%的股份。当企业之间，特别是同一企业集团内部的企业之间，相互持股，它们就变成利益共同体。成为利益共同体后，再合作起来就没有任何障碍了。这就是为什么我说日本企业重视协调。从这种制度安排可以看出来，日本企业治理结构的确有较低的交易成本。日本企业集团通过相互持股的方式，通过在每个集团内都有主银行，通过间接融资的贷款形式使得企业之间的协调变得特别强。

日本经济体制里的这些制度性安排有一种内生的鼓励企业扩张的机制。为什么呢？因为它们产生了一种人质效应，而这种人质效应大大地削弱了股东对职业经理，债权人对债务人的监控。企业既然相互持股，就相互变成机构股东。相互持股后，银行作为机构股东给企业融资的时候就不担心企业会欠账不还了。为什么呢？因为你有他的股份，他也有你的股份。如果你做砸了他也要受损失，所以你不怕，你尽可以放心大胆地借给他钱。既然是相互持股，他干好你也有利润。

与此同时，既然是相互持股，我如果真想监督你，你也得监督我。一旦咱们互相监督，大家谁也干不成事了。怎么办呢？索性就谁也别监督谁，反正我们相互持股我赔你也赔，你赔我也赔。日本的这套制度在加强协调的时候特别有利，但是在实行监控的时候就变得特别弱。

为什么这样一套监控功能很弱的体制在 70 年代之前没出事，而且还支撑了日本的经济增长？那是因为国际经济秩序外部条件没发生变化，是固定汇率。在这种环境中，日本政府一直坚持财政政策与金融政策的方向相反。与此同时，银行也好，企业也好，都无法进行汇率方面的投机。那时候也没有金融自由化，没有资本自由流动。钱不能自由流动当然出事的几率要小得多。这就是为什么在 70 年代以前这样一种鼓励企业扩张的机制最后把资金都引向新技术新产品方面的投资。

书中的第 43 页讲日本的经济体制强调协调，轻视监控。这在政府层面亦如此。为什么呢？在固定汇率和限制资本流动的条件下，扩张型的货币政策，主要是由中央银行为都市银行提供稳定的信贷。这就鼓励银行过度放贷。你没有足够存款时就找中央银行要。对银行来说，只有猛放贷，才能有利息可赚。既然中央银行保证提供信贷，你为什么不放贷呢，不贷白不贷。

我在上海财经大学上课的时候，他们告诉我，上海财经大学是全国大学中的傻帽。学校每年有 7000 多万元盈余。他们说现在中国大学里有几个不靠借贷过日子的。谁扩张，跑马圈地做的多，谁的影响就大，排名就高。而上海财大则完全是一个会计的心态，处处想着收支平衡，每年必须有盈余，整个一个小农思想。

日本的经济制度里鼓励扩张的机制遍地都是。大藏省对银行实行护送舰队式的管理，银行根本不担心过度放贷，因为我要破产有大藏省接着呢。

通产省也是一样。它为什么在 70 年代以前可以执行比较有效的产业政策？那是因为它掌握着外汇额度。他要想刺激哪个产业发展，就给那个产业里的企业发更多的外汇。有了外汇企业才可以进口设备，才可以买专利，才可以买原材料，才能有更快的发展。同时，通产省又实行鼓励寡占竞争的产业政策。它的外汇额度只给一个产业里最大的几个企业。为了拿到外汇额度，日本的企业拼命往大了做。规模小的根本没有戏。这与中国的大学合并潮有点类似。十年前所有的大学都争着变成综合型大学。原有的专门学院都改成综合性大学。原因很简单，只有变成更大的大学，才能从政府那里拿到更多的资源。

企业间接融资的金融制度为什么会削弱股东对管理层的控制？因为间接融资的结果是产生大量的机构股东。如果是个人股东，股票价格一跌，大家就急了，马上就会卖掉股票。但是，机构股东对股票价格的起伏要麻木得多。反正你是别的企业或者银行的股东，他跟你相互持股，不怕你乱来。这样就削弱了监控体系。

主银行制度也削弱银行对企业财务的监督。为什么呢？因为作为主银行，你如果天天看着你的企业，企业就不找你当主银行，他就跑了。而且每个日本的大企业下面都有一堆所谓的系列企业。比如说丰田是大的汽车集成商，他有一堆中小型企业做他的零部件提供商。日本的商业习惯是一旦一个大企业的银行是三井，所有的零部件供应商都要用三井银行，你不用三井银行就违背日本的习惯了。为什么主银行不愿意轻易监控大企业，你一管如果大企业跑了要带走一批企业，而不是只失去一家客户。当整个一个系列都跟着走时，你的业务必然要遭受比较大的损失。因此，主银行体制也削弱债权人对债务人的监控。

还有一个现象如宫崎义一指出的所谓企业集团的全方位投资。他发现日本最大的企业集团在什么产业都投资，只要他们认准是新兴产业全都投。追求大规模，全方位，这样企业集团之间竞争起来就不得了。日本有所谓的过度竞争。什么叫过度竞争？过度竞争就是所有人一拥而上，全投资同一领域。中国实际上也有同样的现象。我们这一次在深圳调研，了解到全国各地正在争先恐后地上马大屏幕电视。中兴答应在武汉生产大屏幕电视，武汉市政府投了30亿元，好像相当于总投资的10%。据说是投30亿元就能带动200多亿元的地方经济，所以全国好多大城市一窝蜂地在抢这种项目。这个道理同日本的过度竞争是一个道理。

连终身雇佣制也有推动日本企业扩张的功能。这个机制很有意思。道理在哪儿呢？既然企业实行的是终身雇佣制，这就意味着日本大学毕业生一进来就要在这个企业干到55岁。如果企业的规模不扩大，管理的位置就那么几个，往上升升不上去怎么办？企业是年年要进人的，怎样才能为员工提供升迁的机会？干脆把企业往大了做，做大了以后管理的位置就多了。这是日本人自己的解释，我想很有道理。在日本企业里面可以经常见到什么部长级待遇，科长级待遇。你把企业往大了做，做得越大对雇员就越有激励的作用。

总之，整个日本经济体制最大的特点就是鼓励过度竞争。这样就出现一个问题，为什么过度竞争在1973年以前没有出事？这主要是外部环境的不同。不仅仅是日本经济，整个西方国家的经济在1973年以前都是在与美国实行非对称合作。美国的进口市场越变越大，容纳盟国出口的能力似乎是无限的。当时日本的出口是刺激经济发展的最重要动力之一。1973年以前日本经济也会有萧条，但都是短期的。这样一来，哪怕日本企业再过度竞争，再存在过剩的生产设备，最多挺过三个月，半年，马上就可以恢复，而且下一轮的经济增长速度更快，规模更大。

可以说，1973年之前的日本经济高速增长是离不开那样一种特殊的国际经济秩序和国内经济制度的。高速增长是如何实现的？

是依靠过度竞争导致的过度投资。请大家看这个图。这个图有一条细细的曲线，还有一条有黑色的小方点组成的线。细细的曲线是 86 个国家的平均投资率，即投资占 GDP 的比率，而黑色小方点组成的线是日本的投资率。大家可以看到，日本的投资率远远高于 86 国的平均投资率。它表示什么？它表示日本人的经济高速增长是一个没命投资的结果。日本经济之所以发展比别的国家快，就是因为日本的投资比谁都多。为什么日本投资多呢？是因为日本的经济体制鼓励过度竞争。企业为了往大了做猛投钱。投资是经济增长的第一要素，没有投资哪来的经济增长？这么大一堆制度分析后我们可以得出一个结论，正是因为日本经济体制强调协调，轻视监控，它造就出来过度竞争的因果机制。过度竞争导致企业疯狂的投资，疯狂的投资导致了经济的高速增长。中国现在也一样，中国经济体制存在与日本十分相似的问题。中国的企业投资，特别是在地方政府支持下的企业，投起资来比谁都疯狂。正因为如此，中国经济一直高速增长。即使是面临目前这样的金融危机，全世界的经济全都停摆了，中国经济还可以以百分之九点多的比率增长，这还是近 30 年来最慢的。

有人会问为什么日本这样一种经济体制到了 1973 年后就变得运转失灵了呢？现在请大家回到第 44 页这个表，主要是看轻视监控在新的环境中如何变化。我在前边提到过，1973 年后我们的变量就进入第二阶段。我们可以看到，当固定汇率变成浮动汇率，当限制资本自由流动变成金融自由化后会发生什么样的后果。这两个事一出现，对企业而言，海外资产开始随时有汇率变动带来的贬值风险。什么叫海外资产？海外资产是以其他国家货币形式存在的资产，而不是以本币。日本人在海外的投资以美元形式投的比较多，不可能是日元形式。在固定汇率的条件下，企业海外资产的价值受中央银行的保护。只要中央银行不调整汇率,海外资产就没有贬值的风险,十块钱就是十块钱。当国际金融体制变成浮动汇率以后,用汇率表现的海外资产价格随时在变。如果美元兑日元由 220 日元兑 1 美元突然变成 110 日元兑 1 美元,日本企业的海外资产一夜之间就翻番了。这就是为什么 1986 年日本的国富转眼间就增加了近三分之一。因为日元从 260 日元兑 1 美元升到 120 日元兑 1 美元。同样的钱,同样的东西在汇率变化后,价值一下子就变了。但是别忘了,汇率的变化是双向的,一国的币值不仅会升也还会下降。在浮动汇率的时代,企业都想有把海外资产从一种货币变成另外一种货币的自由,因为它们必须有避险的工具。以前这样的风险由中央银行来管,可现在已经没有人管,企业必须要自己负责。这样它们要求非规制化就是理所当然的了。我得自己为自己负责,你要限制我的自由我就麻烦了。这是金融自由化的第一个推动力。

第二个推动力是银行业。银行的业务是天天摆弄钱。原来在固定汇率的国际金融体系中,银行在外汇市场上主要是为外贸的企业服务。现在变成浮动汇率了。在这种国际金融体系中,银行只要看准时机,把本身吸纳的存款从一种货币变成另外一种货币就可以赚利润,所以银行也高兴。这样,银行和企业在发达国家里同时推动政府搞金融自由化。从英美开始到欧洲其他国家,从 70 年代后期开始一直到 90 年代,沿着英美—其他发达国家—发展中国家的顺序,金融自由化是一波接着一波。最后到了亚洲金融危机爆发人们才突然发现,发展中国家跟着乱干很可能要出大问题。输了一次还接着干的韩国这次又折进去了。韩国以前就因为短期外债比率过重出过问题。第一次还没有吸取教训,还没有改变短期债券的比重,所以这次又进去了。

大家可以看到，到了第二阶段，到了浮动汇率和资本自由流动的时代，整个经济运作的外部环境发生了天翻地覆的变化。我们在前边提到弗莱明—蒙代尔三维悖论。在整个 50 年代，西方国家在三项政策目标里选择汇率的稳定和干预国内经济的手段，而放弃了货币的自由兑换。等到 1958 年底欧洲国家恢复货币自由兑换后，国际金融秩序开始出现混乱，最终导致布雷顿森林体系在 1970 年代初崩溃。西方国家纷纷采用浮动汇率，这等于是在以上三项政策目标中重新选择，他们这次放弃了汇率的稳定而追求资本的自由流动和干预国内经济的手段。

前边提到，浮动汇率导致金融自由化。在金融自由化的条件下，日本经济体制的运作条件发生了深刻的变化。原来大藏省对金融业实行护送舰队式的管理。在 1973 年之前，那个管理方式是为了保证日本经济的高速增长，银行业即使出点毛病也不用担心。因此日本的银行可以没命地往外放贷。等浮动汇率一来，各国推行金融自由化，流动性大幅度增加，资本在全球范围内到处流动，金融风险大大增加。在这种环境中，护送舰队式的管理方式肯定要出问题。

寡占竞争的体制也是同样的道理。当大企业玩命做大的时候，面临的金融风险必然增加。1973 年以前日本企业的疯狂投资基本上是用于生产领域。到了第二阶段大家还是玩命借钱，还是玩命投资，轻视监控的弊病越来越严重。这是导致日本出现泡沫经济的一个最重要的原因。

为什么日本经济出现泡沫？

这要从 1980 年代初说起。当时美国经济面临着所谓三高，即高贸易赤字，高财政赤字，再加上高利率。只要有前边那两个赤字就得借钱，要借钱你只有提高利率，因为只有提高利率才能借到钱。大家一看美国这里的利率高，国际上的流动资本就都往美国来。来美国投资就需要美元。大家都抢着要美元，美元就变得十分坚挺。整个 80 年代上半期的美元都十分坚挺。美元坚挺就意味着日元疲软。日元疲软意味着什么？意味着日本产品在美国市场上特别便宜。而日本产品特别便宜美国人就使劲买。这样一来，美国与日本队贸易逆差就越来越大。你看一看统计，整个 1980 年代美国的贸易逆差迅速扩大。美国政府想了种种办法不管用，最后搞了个广场协议。这个协议要求签约的五国中央银行同时干预货币市场，把美元压下来，以便减少美国的贸易逆差。

结果这一干预不要紧，日本 1986 年的制造业利润率下降了百分之四十多。出口一减少，日本经济马上就面临着进入萧条的危险。中曾根为了当选首相，搞了一个大规模的，号称是日本历史上最大的财政刺激法案。前面我说过在整个经济起飞阶段，日本政府一直采用扩张型的金融政策与紧缩型的财政政策。但是到了 1987 年，这两个政策都跑到扩张的方向，不仅中央银行的利率放到最低，同时还采用了历史上最大的财政刺激法案。这两个扩张型的政策大大提高了日本的货币供给。大笔的钱流向了股市和房地产。

纵观这整个过程，日本重视协调、轻视监控的经济体制其实一直变化不大。然而，在两个完全不同的外部经济环境下，这个体制存在的同样的弊端却导致了完全不同的后果。这本书基本上就是这么一个逻辑。

【讨论】

学员：我对您的研究过程挺感兴趣。刚才听了您的介绍，我想问一下日本的经济重协调，轻监控这个结论是怎么得来的呢？

高教授： 怎么得来的说来话长。1995 年我参加美国的社会学年会。大家知道，年会上一般有很多的分会，每个分会根据人数决定可以有几个会场。每个人要愿意开年会就往自己文章符合的方向投稿。我刚才讲过，我最开始要研究的是日本的反垄断法。为了寻找一些理论来构建我的分析框架，我接触了法经济学的文献。读完以后我就写了一个文献回顾，讨论法经济学、法社会学还有经济社会学在分析反垄断法与经济组织之间的关系时有什么不同。我写了这么一个文献回顾的文章，当年的美国法社会学分会是唯一我能投的地方。法社会学分会很小，那一年只有一个会场，只能选四篇文章。由于这篇文章专业性比较强，我只能在这个分会撞一撞运气，即使那里被选上的几率很小。这个东西如果投到别处被接受的可能性更小。投出去后居然被选上了。

后来开会的时候他们告诉我，你这个东西对我们来说太重要了。为什么呢？他们说研究法社会学的很少有人看法经济学和经济社会学的东西，我的文章一下子把三部分文献放在一起分析，使彼此之间的异同和好多脉络都搞清楚了。正是由于当时我读了很多的法经济学的文献，而交易成本的理论是法经济学里研究反垄断法常用的分析框架，我就了解了交易成本和代理成本这些经济学概念。

你问我的结论是怎么得来的。我是在把法经济学里的理论用来分析日本反垄断法的实证材料归纳出来的。做研究的时候我们要进行理论建构。概念化是一个重要的过程。你如果做定量分析，必须把要检验的假设事先想清楚，然后设计一个调查，把分析得来的数据看一看是否支持你的理论。

但是做定性分析时的路子与定量分析的路子完全不是一回事。你要机械地照搬就麻烦了。定性分析一般要怎么办呢？首先是如何选择因变量。我们先讲一下这个问题。好多人在选因变量的时候都只是说对什么东西感兴趣，比如说你对日本经济感兴趣。但是，你到底对日本经济哪一部分感兴趣呢？你也可能说我对日本经济下面的一个具体产业比如说汽车行业感兴趣。但是你还是没有说清你要研究什么。我们经常看到的做法是你索性去读只要能跟日本汽车沾上边的东西，这是比较常见的做法。但是，这只不过是你研究的对象，严格地说还不叫因变量，只能说是你研究的对象。汽车行业里面的什么东西与另外的东西有关系，你还没有提出这个问题。所以，好多人在第一步设计研究问题时就过不了关。最常见的情况就是你说你对一个什么东西感兴趣，然后就看了一大堆东西，看完了以后还是做不出来。或者是你能做出来，也写了一个描述性的东西，但是没有任何分析。在西方的社会科学界，这根本就不会被接受，因为它完全是描述性的。

你一定要选择一个研究问题。你必须要问自己一个问题。有了问题以后，就可以找两个变量之间的关系了。比如你可以问，为什么日本汽车在美国市场上特别有竞争力？提出了这样的问题后，日本汽车在美国市场的竞争力就变成了因变量，你拿来解释竞争力的东西就变成了自变量。这才形成一个研究问题。

有了研究问题，你就要进行文献回顾了。回顾完了，你应该形成一个自己的分析框架。这个时候你在对待既存的理论方面可以有几个不同的策略。就是说当你熟悉了既有文献中的理论后，你可以选择完全推翻、重新组合，或者支持其中的一个不支持其他的，或者界定其中的哪个理论在什么样的条件下更有价值等等，有不同的处理方法，你都可以选择。最后，你可以找出一个属于自己的分析框架。分析框架无非就是你选择的自变量与因变量之间的因果机制。通过这个因果机制，自变量可以影响因变量。

再下一步，你要进入实证阶段。当你看实证材料的时候经常会发现你原来的想法可能需要调整。经常是你必须作出调整，如果不调整的话，道理可能在逻辑上说不通。与定量分析相比，定性分析一个大的区别就在这里。对做定性分析的人来说，你脑子里面的分析框架经常要根据你所发现的实证材料来调整。理论与实证材料是要对话的。最后当你把分析框架调整到最能支持实证材料的时候，道理就可以说得最清楚，这样你就达到你的目的了。

回到你刚才问的问题，我的结论是从哪儿来的？最开始我是要研究日本的反垄断法。后来发现亚洲金融危机爆发后，人们对日本的认识开始发生很大的变化。我想，既然大家都关心亚洲金融危机，而这个危机与全球化有直接关系，我应该把我的分析框架也调整到全球化问题上，这样，日本就不再只是一个案例，它对其他国家也有更为广泛的意义。所以我调整来调整去，分析框架的自变量变成了国际金融秩序和国际贸易秩序。由于国际经济秩序发生了重大变化，才导致了国家层面的政策变化，最后再导致企业的政策变化。我得出结论的过程就是一个对理论与实证材料不断加以调整的过程。

我在与罗伯特·基欧汉交谈的时候我的分析框架只是把国际经济秩序处理成一个背景，主要的侧重点还局限于国家层面和企业层面。这也可以解释日本的反垄断法对企业的影响，但是那完全是另外一个研究问题，分析框架里没有国际经济秩序这一大块。在我把国际经济秩序加进去后，我的分析框架的解释力就大大加强。最后就是这么一个过程。

学员： 高老师，刚才您讲的时候谈到了过度竞争的问题，您在这本书里面对过度竞争也有一定的解释。这本书里面的第四章的标题就是协调，过度竞争，与高速增长。刚才您讲课的过程中说协调产生的因果机制导致了过度竞争。对这个问题我不是特别理解。协调本身从组织的角度讲应该是可能抑制一些竞争。我是从这个角度去理解的。另外一个问题是对过度竞争的解释，刚才您说的其中一个特点就是过度投资。

高教授：过度投资是过度竞争的表现形式。

学员：过度投资怎么理解我觉得应该有一个参照物。刚才您举例说中国现在存在过度投资的问题。这个过度投资是从哪个角度讲？我觉得对过度投资定义应该有一个长期角度。比如说我现在大部分时间都在投资，但是如果这种生产能力没有超过实际要求的话，没有造成过剩的生产力的话，就不应该理解为过度投资。在讨论过度投资和过度竞争的时候，对过度应该有一个定性的解释。

高教授：有，我在书里具体谈了。什么是过度竞争？英语文献里没有这个概念。要竞争怎么还能过度呢？但是日本学者对它加以界定了。什么是过度竞争呢？必须要与英美进行一个比较，这个东西只有与英美比较才能说清楚。什么是正常的竞争呢？正常的竞争是企业之间为了盈利而进行的竞争。而所谓的过度竞争是企业为了市场占有率不计成本的竞争。这是日本学者的定义，不是我的定义。这是在日本大家都接受的一个定义，与所谓正常的竞争的关键区别就在这里。

学员：如果说过度投资是过度竞争的一个具体的表现，那么这种过度投资促进了企业生产力的增长。但是总的来讲，过度投资不是构成日本1990年代以来萧条的根本原因。

高教授：我要解释的不是萧条，我要解释的是为什么过度竞争带来的过度投资在第一阶段导致了经济的高速增长，而在第二阶段导致了泡沫经济。萧条只是作为一个尾声加上的，因为只要是泡沫必然要有破灭。萧条在这里不是变量在分析的两个阶段的情况。我并没有说由于过度竞争导致萧条了，而是由于过度竞争就出现泡沫了，泡沫破了就萧条了。一旦泡沫出现只不过是时间长短的问题，最后总会破灭的。我清楚地认识到我不要解释经济泡沫破灭前和破灭后的变化，我解释不了。我要解释的是为什么同一个经济体制原来可以支撑经济高速增长，而现在却导致了泡沫经济。这是我要解释的。萧条是作为泡沫破灭后的一个延伸，一个自然的后果。

学员：刚才您说的协调本身……

高教授：我来回答你这个问题。你可能是认为，过度竞争是日本现象，协调也是日本现象，这两者之间有什么关系呢？你如果看过中根千枝的"日本社会"那本书马上就明白了。日本社会是分成小集团的。在团体的内部讲的是和谐，而团体之间争得一塌糊涂。日本社会是这么一个关系。也就是说，过度竞争是在各个隶属于不同企业集团的企业之间的竞争，不是说同一集团内企业之间的竞争。你看一下三菱集团的成员构成就明白了。一般而言，一个企业集团在每个产业只有一家成员，所以过度竞争是与其他企业集团的企业竞争，就是这么一个道理。竞争是团体之间的竞争，而协调是团体内部的协调。正因为如此，中根千枝把日本社会叫做"纵向社会"。

学员：我的疑问是，如果说这种组织化本身容易形成寡头垄断，四五家的竞争激烈程度和有 100 家的竞争的激烈程度是不一样的，怎么能把这四五家定位为过度竞争呢？

高教授：OK，我明白你的意思了。这是另外一个有意思的地方。这个与日本 60 年代的产业政策辩论有直接的关系。为什么要有产业政策呢？你要是看了两角良彦（Morozumi Yoshihiko）的著述就明白了。他是通产省的一个官僚，一直做到次官。日本政府关于产业政策的理论都是他搞出来的。日本为什么有产业政策？在他看来，恰恰是因为日本有过度竞争。日本政府认为，如果就这么样地让企业竞争的话，日本在国际竞争中就完蛋了。日本式的过度竞争的直接后果是资源分散。为了防止资源分散，通产省才用产业政策去协调。但是它想协调并不意味着它就能协调成功，道理就在这里。过度竞争是什么意思呢？它意味着除了四五家寡占企业之外，还有好多中小企业在那里跟着争，每个后面也都有银行跟着。通产省支持四五家企业并不等于那个产业参与竞争的只有四五家企业。这个道理你明白吗？

学员：我明白。但是与美国比较，美国没有这种产业政策，美国也存在竞争，为什么单纯把日本定义为过度竞争呢？

高教授：一把美国加进来，这个区别马上就出来了。在美国可以有 100 家企业在同一领域竞争。用不了两年，90 家破产了。不赢利，最后就破产，这个道理很简单。最后是大鱼吃小鱼，形成了一个寡占的格局。在日本恰恰是由于协调的机制，总是有银行借给你钱，你不会破产。当银行不要求你盈利时，你当然可以老在那竞争了。这不就是过度竞争了吗？这就是区别。

学员：美国有一个人曾经谈到恶化型经济增长，可能是跟过度竞争差不多。他讲的是投资在提高产量的过程中可能导致产品价格下跌带来的损失比你产量增长带来的收益更多。本来你生产 5 件产品，可以赚 50 块钱。现在你生产 10 件，结果每件的价格变成 3 块钱，你最后只能赚 30 块钱。日本在经济泡沫时期也面临着价格下跌，因为产量特别大，价格在下跌。所以说这就属于过度竞争。而中国的产业紧接着也会出现这种情况。

高教授：不是紧接着，而是历来就有。

学员：中国的这种模仿可以把摊子铺开的特别迅速。我们的出口，现在各个地方都在生产纺织品。产品出口的件数增加了，但是外汇储备或者是单个行业创造的顺差是在减少。这个实际上就属于恶化型的经济增长。

高教授：过度竞争是指企业，恶化型增长是宏观层面的概念。

学员：我的意思就是说所有企业加在一起，这种增长是对各个企业生产的数量的一个加总。

高教授：对，就是加在一块儿实际上的效益很差。我过去这两年一直在研究义乌。中国模式与日本模式不同的地方在于中国人更相信资源配置的效益。在义乌，一双袜子只有一厘钱的利润他就干。大家都做，肯定结果是越来越便宜，变成一厘钱。人民币不升值没事，一升值就全完了。即使不升值，根据义乌人的说法，像中国人的这种搞法，七八年肯定能做死一个产业，很容易。大家就是这么玩命地无序竞争，没有任何技术含量，利润率越来越低，最后就死了。过度竞争中国人也很典型，只不过是机制不一样，但是也很典型。

学员：是不是一个产业最后的成本太高了，如果利润这么低的话，应该有很多的资源配置到别的产业去。

高教授：理论上说是这样的。就是说当第一个产业过度竞争太厉害了，可能导致资源向别的产业流动。

学员：在这个前提下，日本好歹找到了产业政策去解决这个问题，中国政府有什么解决方法呢？

高教授：中国政府也有一系列的办法去限制、解决过度竞争的问题，但是很多时候日本也不敢保证已经解决了这个问题。

学员：我觉得相对来说中国的效果还是不错的。

高教授：比如说手机吧，我刚从深圳回来，手机产业在 2007

年取消了生产许可制，变成了注册制。原来的许可制是什么概念呢？你必须有 3 亿元以上的资本金，你得有完整的国内销售网络，你才合格。要没有的话根本不考虑你，申请也没有资格。变成了注册制以后，你只要有七八千万，有一些销售网络就可以了。这就是产业政策的影响。在生产许可制的条件下，这个产业的门槛相对来说很高，所以竞争的程度肯定是不如现在。现在山寨手机遍地都是，互相之间打得十分惨烈。原来山寨手机刚出来的时候，一部手机赚 20 元出货，打到今天变成了 5 块钱，只要 5 块钱就出货了。

学员： 那政府不是在鼓励竞争吗？

高教授： 是鼓励竞争。别忘了中国的首要问题是要解决就业。这样一来日本手机就从中国市场被挤出去了。广东省信息产业厅之所以支持这个项目，道理就在这儿。他们现在要做大平板电视，只要做成了就解决了就业问题。他们想复制山寨手机的生产模式。让我们论证大平板电视领域可不可以复制山寨手机的生产模式。

学员： 我想请问一下战后日本经济的问题，比如说对东南亚的政策与别的地方有什么不一样吗？那个时候对东南亚的经济政策牵扯到了日本战后赔偿的问题，我想请您讲一下。

高教授： 我不是这方面的专家，但是我在写这两本书的过程中涉及了有关的问题。当年美国政府在冷战全面铺开以后想通过军事援助来武装东南亚。日本人想出一个绝招，说你美国把给他们的军事援助都给我，让我来替你生产，做好了以后卖给东南亚。他们可以用你美国给他们的军事援助的钱买，这样日本也赚钱，他们也能拿到武器。在战后，50 年代初日本就想出这么一个办法来，在美国和东南亚之间的关系中插了一杠子，从中间获利。

这个事情后来就开始实行并取得了一定成果。最后，日本对东南亚的最大影响还是它采用的对外投资的形式，即以减少劳动力成本为目标，利用东南亚国家的廉价劳动力生产电子产品，然后输往美国国际市场。通过这样一种投资过程，日本才彻底地深化了与东南亚的关系。这个与昨天和李廷江老师谈到的一个问题类似，就是当年日本在东南亚面临的是很多中国现在面临的问题，这也是东南亚国家当年对日本企业的仇恨是怎么形成的。

有一本英文的书是关于日本在东南亚的投资状况的，以后我可以告诉大家。

学员：我是中国社科院研究生院的。我有两个问题。我想问一下美国人怎么看中国的山寨产品，现在有些国家已经封杀了中国的山寨产品，包括印度已经不进口中国的山寨手机了。在中国国内一提到山寨，大家心里的感受都很复杂。比如说山寨春晚被封杀，网上有很多人在攻击。山寨是一种多元文化，有它存在的空间。我想知道美国对中国的山寨手机是怎么看的。

第二个问题，在美国现在是如何看待马克思主义经济学的。我们讲中国的马克思主义经济学，我们从小就接受这个最根本的观点。我看到西方有一些批判马克思主义经济学的著作。他们把经济学太简单化了，等同于吃饭。我想了解一下外国特别是美国怎么看待马克思主义经济学，特别是现在美国社会学界怎么看这个问题。

高教授：马克思主义经济学，说老实话我不知道。因为现在在美国的经济系可以说没有一个人的专业是马克思主义经济学。在其他学科中，像社会学在80年代中曾经有新马克思主义的浪潮，但是早就过了。马克思主义的思维方法还有各种各样的新形式出来，这种东西还有。但是一般来说，与我研究题目不直接相关的文献，我很少去看。到目前为止我研究的这个题目与马克思主义相关的东西不多，所以我了解得很少。

至于你说山寨的问题，美国的媒体陆续开始有这方面的报导。比如说《纽约时报》有一篇文章的解释就是你的山寨产品就是侵权。仔细推敲起来，首先我们必须得定义什么叫山寨。说道山寨就要回到《水浒传》。山寨与官府是相对的概念。山寨产品指的是一个产品的生产过程。山寨手机是有特殊定义的，它关系到手机生产商是不是在政府进行了生产手机的注册，这个手机生产商是不是纳过税，它生产的手机是否通过国家监测中心的质量测试等等。判断一部手机是否是山寨手机，其最严格的定义要按照这三点来进行判断。如果不符合这些条件，就是山寨手机。你要符合这些标准的话就不是山寨。大家对山寨可能有很多误解。实际上在深圳有很多山寨产品，这是事实。但是好多产品你们认为它是山寨，但是它们在实际上不是山寨，因为它们完全符合这三个标准。

后来我们在研究山寨手机时还看到人们经常使用一个相对来说更宽泛的定义。山寨是与官府相对的，而官府是一个完全被制度化的东西。那么什么是一个产品的制度化的东西呢？品牌啊，品牌是被制度化的东西了，是被很多人共同认可的东西。你要根据这个宽泛的定义看手机，有好多手机生产商是合法的企业，做得不错，它们只是没有自己的品牌而已。所以这个东西怎么说呢，很复杂。

学员：刚才您说 80 年代的时候日本在货币政策上是比较宽松的，在财政政策上是属于紧缩的，这两个必须是方向相反的。

高教授：到了 1987 年这两个都跑到一边去了，中曾根康弘（Nakasone Yasuhiro）采用了一个最大的财政刺激法案。

学员：我问这个问题是因为现在您在研究中国，注意到中国现在正好是两个跑到一边去了吗？

高教授：对。你别忘了，现在政府要"保8"。但是，这两个政策只要方向一致，肯定就要出现通货膨胀。根据经济学的原理，这两个政策都变成扩张型，就要出现通货膨胀，都变成紧缩型就要出现通货紧缩。现在为了"保8"，在全球经济大幅度下滑的时候，为了采取最大力度的刺激方式，只能这么办。这是一个紧急情况下采取的一个特殊手段。你实际上要问的另外一个潜在的问题是说我们现在面临的局面跟日本 1987 年的形势相比哪个更严重。

学员：这个"保8"的根据是什么，会不会造成通货膨胀？

高教授：采取刺激措施在是西方普遍的。不能说是百分之百的共识，但是至少是超过 50％的共识。在过去不到一年中，各国政府都砸进很多钱，不出现通货膨胀都怪了，肯定要出现，只不过是时间的问题。这就是为什么大宗商品最近这几个月涨得一塌糊涂，就是这个道理。当然关于石油涨价在西方有一种解释说是因为中国的战略储备，利用低价进行战略储备。他们说中国的战略储备的能力已经到了现有的极限。当中国不再买油了，价钱可能就下来了。另外一种解释是 3 月份以来国际炒家又回来了，过去油价飞涨就是炒家干的。

学员：我问的是探讨性问题，美国的次贷危机引发了金融危机，由金融危机演变了经济危机，由经济危机导致了社会危机，这说明一个什么问题呢，美国、欧盟鼓吹的价值观加上市场经济所支撑的现代文明也会遇到同样的经济危机。

高教授： 明天我就要讲这个。

学员： 换句话说，任何一个发展模式都存在危机，中国的这种发展模式清华大学的相关机构也做过一些研究。最经典的一句话是：中国模式支撑了中国这20年10%以上的经济增长速度。我想问一下中国这种模式是不是未来也会产生和出现一些危机，如果出现危机的话是结构性的危机还是制度性的危机，还是其他方面的危机？

高教授： 这是明天的题目，我先讲了明天就不用讲了，明天我回答你的问题。

学员： 我的问题是一个比较大的问题，我觉得您在学术研究领域里的归类一个是社会学，一个是日本研究。我想请您介绍一下美国的日本研究做了哪些研究，研究了什么样的问题，这种研究对西方的研究范式有没有什么挑战？是什么样的挑战？我想这对我们研究中国是很有借鉴意义的。我们研究中国问题是不是要在西方的范式里面进行？如果说日本研究已经对这个范式提出了挑战，那很有可能在中国研究领域这些范式也不太适合。

高教授： 你说的完全对。我昨天给你们讲了这个问题。我为什么五年前开始研究中国，是因为西方人对日本已经不再关心了。不再关心的道理在哪儿呢？是因为经济上日本已经不再重要了。不重要就不再关心了。当你不重要的时候，你的挑战也好，不挑战也好已经不重要了，即使是挑战，挑战的力度也受到严重影响。中国不一样，中国处处显示出对西方的挑战，现在用中国的案例挑战美国的主流理论是最有效的。

在很长一段时间里，中国经济成长比谁都快，中国又是共产党领导的国家，就这一条就使中国研究最有资格挑战西方的主流社会科学理论。我来举一个我认为很荒唐的例子。我曾经研究过中国的外资。在美国政治学里的有关研究中有人提出很时髦的观点，说民主政体才能吸引更多的外资。这个人也有他的因果机制。他的因果机制是在民主政体下要想作出大的政策改变比较难，因为存在很多能否定政策改变的行动主题。既然大家都有说话的机会，所以想打乱套重来就比较难。这样的话，外资的利益在那个国家就比较容易被代表，就不会在进入之后天天担心政府突然改变政策。有没有道理？不是一点道理也没有。但是，你要发明一个关于外资的理论，总要能够解释中国这个在发展中国家吸引最多外资的个案吧？它解释不了。如果连中国都解释不了，那么这个关于外资的理论有多少价值呢？我再给你们讲一个小故事。几年前，美国的《商业周刊》驻墨西哥城的特派员，拿到一笔墨西哥政府发的经费来中国访问两周。回去以后他写了一篇文章，不长，就一页。他说我到中国一看就明白了为什么专制政府比民主政府在经济发展上要快。墨西哥城有一个首都机场扩建项目在他们的议会里讨论了 10 年还没有达成一致，到他写文章的时候，扩建还没有开始呢。他说你到中国去任何一个城市都有现代化的机场。当然了，他不知道中国在这些大型的建筑项目里可能产生农民失地、最后上访的这些矛盾。他可能不知道这一面，他也用不着知道这么多，因为他已经知道在中国的体制里政府想干的话就能干，而在民主政体天天讨论来讨论去，打来打去的结果是什么也干不成。因此，你如果把民主作为能发展的先决条件是说不通的。

就拿中国和印度两国的比较来说，麻省理工学院的黄亚生和一个印度同事写的那篇文章掀起一场大辩论。大家在辩论中国和印度到底谁更有发展的后劲？争来争去，现在还太早，看不出决定性的结果。但是至少有一点，不断有消息报导外资在印度遇到的麻烦比在中国遇到的多得多，三天两头出问题。尤其是印度的工会确实关心工人的待遇，但是外资如果不去的话，增长的机会也没有了。我有一次与我们学校的一个印度学者吃午饭聊天，聊完以后我们两个人都觉得太有意思了，因为彼此原来都不了解中国和印度是怎么回事。坐一块儿一聊发现中国和印度关于发展的意识形态完全不一样。他们的学术范式主要研究贫困问题。你只要与印度人一谈发展，他们就和你讨论如何解决贫穷问题。你和中国人谈则是如何解决发展的问题。中国的思维是只要经济发展了大家都有钱，就用不着谈贫困了。而印度人觉得要是不解决贫困问题，发展这个事没有办法干。中国人在这个问题上实际上与日本人是相通的。我的这本书的另外一半是关于就业和分配。我今天没有时间展开谈。

日本人如何解决就业和分配的问题呢？日本人的办法是在经济里不断发展新产业，同时又不淘汰旧产业。按照一般人的理解是产业需要升级换代，旧产业必须要淘汰。在欧美好多产业都已经被淘汰了。美国把大量的产业比如说做衣服、做鞋、做玩具，都输出到其他国家了。你在美国已经找不到多少工厂还在做衣服了。这就叫产业的升级换代。

日本人怎么办呢？他们是永远往经济体里加新产业，同时又留着旧产业。为什么呢？你如果要升级换代的话，剩下旧产业的那帮人往哪里放呢？你如果没处放，日本不是福利国家，最后不是要打起来了吗？1960~1961年的"三池争议"就是一个典型的例子。当时他们也要升级换代，减少用煤发电，改用石油和核电。有泽广巳当时就是核能委员会主席。既然要产业升级换代，原子能发电肯定要取代煤。三井集团有一个矿山叫三池。他们想把这个矿山的6000多工人都给解雇。结果这一下不要紧，资方与工会在全国规模上打了一年多，还死了人。这场抗争打完了以后两败俱伤，最后是资方赢了，但是有300多天，天天在那儿打，他们也受到了很大的影响。

为什么到了60年代中期日本的终身雇佣制基本成型？其中重要的一点就是通过"三池争议"，资方认识到再来这套的话对他们将会非常的不利。当然这里面还有一个结构性的原因，就是在日本的劳动力市场上，从1963年开始你找人找不到了，对劳动力的需求太大了。因为经济高速增长，所以工人找不到。你怎么想办法把工人稳定下来呢？长期雇佣，你搞终身雇佣制人家才会有归属感、认同感，才能在你这儿待着。要不天天往外跑来回换工作公司不就麻烦了吗？

回到你刚才的第一个问题，研究日本的学者做了哪些工作？做的东西很多，但是绝大部分还是地域研究的思路。夏威夷大学有一个女学者，她是一个老资格的，今年大概是退休的年龄了。她为国际交流基金做事，在北美编写日本研究专家名录还有写日本研究的发展史等工作，国际交流基金都委托她组织。她曾经在一篇关于日本研究在北美的发展史的文章中提出了一个很有意思的概念，我在我昨天的那本书里曾经提到过。她说，到了1980年代初，日本突然失掉了不相关性？什么是不相关性呢？在日本经济变得特别强大之前，美国人根本不关心日本，你爱怎么样就怎么样，我管不着，也没兴趣。在当时的美国只有少数对日本文化和历史感兴趣的学者在那儿研究日本，别人根本连想都不想，你爱怎么样怎么样。但是等日本经济一下子起来以后，你必须得想日本到底是怎么回事了。这就是为什么查默斯·约翰逊那本书，连批判他的人都承认那本书是被最广泛地阅读的由日本问题专家写的书。因为他提出了一个完全不同的范畴，把政府的类型给增加了一类。所以你要说日本研究对美国的社会科学做了多大的贡献，约翰逊的这本书是一个有代表性的案例。等到后来日本经济衰退了，日本研究就出现麻烦了。你再说什么也没有人关心了。现在研究中国是一个机会。当然这里面涉及一个意识形态的问题。日本是一个资本主义国家，民主政体、市场经济，你要是跟美国人竞争的话，他相对来说还好接受一点，到了中国这个事就不好说了。因为中国是共产党当政，美国在意识形态上就接受不了来自中国的挑战。

当然有一点，就是中国的客观事实是放在这儿的。美国从中国借了一万多亿美元的债务。你说人家的制度不行，你的制度行，为什么你去找他借钱，他不找你借钱呢？你说老张家不会过日子，自己会过，那最后总得有事实证明才行吧。你说你比人家会过，最后你穷得叮当响，还要管人家借钱。

这就是为什么说最反华的是美国国会议员的那些年轻助手。这帮人最反华，因为他们是精英，总要与他国一争高下。而一般美国老百姓对中国没有什么恶感。当然，一旦到了经济危机失业了，老百姓的态度也可以变，也可以到处骂别人。

学员：我有两个问题。第一个就是昨天您上课的时候举了一个例子，就是夏普公司的总裁到美国以后发现了液晶技术还没有被产品化，他马上决定要买这个技术。日本为什么有这种发现还没有被产品化的科技种子的能力？这是第一个问题。第二个问题，因为您现在在搞中国经济，对日本经济又很了解，我的观点是觉得由于过度竞争和无序竞争，所以导致了对技术创新投入的降低，可能会用廉价劳动力来继续这种恶性循环。日本虽然过去也曾有过这段经历，但是它依靠产业政策还有产业界的行为改写了历史，使得日本经济腾飞了。中国政府有什么政策或者有什么想法，或者是产业界应该做什么能够改变这种恶性循环呢？比如说山寨手机的出现，平板电视又想走这个模式。现在使日本的手机整个从中国市场退出，这对日本产业，尤其是家电产业，手机、电视、冰箱、空调、还有数字产业等这些日本经济的支柱产业，以后对日本产业会有什么影响？

高教授：你要看我昨天谈到的那本书的第五章，那里强调的是技术创新。中国要强调技术创新，让它成为一个根深蒂固的理念。

学员：还是由意识形态来解决？

高教授：对，你要有这种思维，才能引导你的行为。中国有没有这种思维？中国当然有。你看华为，任正非可以说绝对是要在中国经济史上留名的人。为什么呢？亚洲金融危机之后，特别是美国互联网泡沫破灭以后，人家裁人都裁不过来，他每年往华为招5000人，全都从名校过去的。清华有很多人在那里，都是中国最好的人才。5000人连着招三年，我就要做老大。任正非还有另外一个本事是农村包围城市，这点我要讲。

这次我们去采访联发科驻北京的总裁，可以看出两岸的业界都承认两个共同点：第一，毛主席的农村包围城市是这些企业普遍认同的基本战略；第二，集中优势兵力各个击破竞争对手。这两点是多少家企业都在谈的问题。我当时对联发科的人讲，世界上有30亿的人口在1990年以后进入了全球资本主义生产过程中，30亿啊。但是从这30亿人的收入的角度来制定战略的企业还很少。好多人买不起品牌手机，但是在这个数码时代，他也要用通信工具。怎么办呢？联发科自己还遮遮掩掩的，怕西方国家骂他们支持了中国的山寨手机。我说你们应该理直气壮地对国际上说，你们干的事实际上是有现代高度的企业伦理的。为什么呢？因为你们在为世界上大多数的穷人服务。这就是西方国家也不好意思否定的企业伦理。借用昨天佳能在这里演讲的那个人用的词就是"如何为社区服务"。我说你们可以理直气壮地说，用不着遮遮掩掩。在美国也有一场极大的争议，是关于沃尔玛的。在美国已经出了若干本关于沃尔玛的书。沃尔玛的批评者们认为沃尔玛导致了美国中产阶级的消失。因为沃尔玛天天卖最便宜的东西，把那些卖特别贵东西的小店都给挤垮了。

但是，你必须看到事情的另一方面。我有一天看电视，电视上出现了一家叫"直接购买"的公司的广告。这是一家直销建材和家具的仓储商店。与房子有关的东西他都卖。他的销售渠道不是经过经销商，所以一下子可以把东西便宜出很多。这家公司的广告里专门攻击零售商的"mark off"。这是什么意思呢？mark off 指的是零售商把一个从批发商那里进货的产品加价，也就是零售商自己要获得的利润。据直接购买这家公司的广告上讲，家具零售商的 mark off 可以达 40%，地板木和墙纸等可以达 25%。换句话说，你要是在那些零售商店买，就要吃这么大的亏。那些零售店是谁开的呢？就是所谓美国的中产阶级。所以你看，这两种不同的经营哲学代表的是完全两种不同的企业伦理和道德。凭什么说我卖便宜货就是侵犯知识产权，凭什么你就要卖那么多钱。不指导大家是否知道，苹果手机出来三个月以后就降价三分之一。刚出来的时候卖 600 美元。三个月以后降到 400 美元。结果当初花 600 美元买苹果手机的那些消费者一下就怒了。他们说原来我以为你的产品是高科技，需要研发，所以值这么多钱。闹了半天你们赚了我们这么多钱。你们也太贪婪了。从伦理道德的角度说，联发科可以理直气壮地说我们干的是好事。农村包围城市你千万不要以为是一件简单的事，好像我在城里卖不出去产品，只能去边远地区卖。你也可以完全从正面来理直气壮地说你干的是一件为穷人谋利的事。我就为他们来说这个道理。等我做的山寨手机的研究完成后，我就要把它用英文发表，替他们来说。

第三讲　全球金融危机
背景下的日本

今天讲的东西跟前两天讲的有所区别，今天讲的是正在做的东西，还没有做完，好多东西可能是不成熟的。所以，今天讲的更多的是视野，有一些实证材料。我已经给大家发了四个链接，上面涉及了很多我要讲的东西，大家看了以后应该有所了解。

今天我基本上是讲两个部分。第一部分，今日世界中的日本。在 2009 年看日本，我们的参照系是否发生了什么变化？很显然，最大的一个参照系变化就是世界金融危机的爆发。昨天讲的是 1990 年日本泡沫经济的破灭。这一次金融危机的爆发对我们认识任何一个国家的参照系都要发生一个变化。

每当国际政治经济局势发生重大变化的时候，每个国家的经济制度与商业实践也会随着发生变化。回过头来看，刚刚发生的全球金融危机对我昨天讲的分析框架提出了哪些挑战？

我昨天给你们讲出一套理论，我说正是因为日本经济体制里重视协调，轻视监控，日本在 1980 年代产生的泡沫经济并且在 1990 年破灭了，然后经历了 10 年的低迷。现在全球性的金融危机爆发了，我们在这一新的背景下看看你当年说的东西对不对。所以我要问大家这个问题，就是结合全球金融危机这个大背景，你们回想一下我昨天说的内容，你们认为哪个地方站不住脚呢？

学员：非市场治理。

高教授：为什么呢？

学员：因为您一直强调日本政府在经济中的作用，而全球化则代表着市场经济的进一步发展。

高教授：全球化只代表着市场经济的全球化吗？它有没有其他的侧面？我在前天那本书的丛书的《前言》里从经济社会学的角度出发，指出我们国内社会学界在未来研究中国经济的时候值得注意三个重点，即理性的社会建构、国家的作用以及非市场治理机制。刚才这个同学提出，全球化讲的不就是市场的作用吗，对不对？既然全球化讲的是市场的作用，那你为什么还讲政府的作用或者是国家的作用呢？大家应该想一想，自 2008 年 8 月以来，在发达国家发生了哪些事情？他们的应对是证明国家的作用增加了呢还是减少了呢？有多少人认为国家的作用是减少了？可能很少有人认为是减少了。

全球化的一个重要特点是它的钟摆现象，即它总是在在释放市场力量与保护社会之间摆动。

我有一篇文章 2008 年 1 月份发表在《21 世纪经济报道》上，讲的就是这个问题。我为什么写那篇文章呢？我在 2007 年 12 月去上海讲学的飞机上，读了一份《金融时报》。那是英国最有名的经济类报纸。其中头版上有一篇对美国民主党总统候选人希拉里·克林顿的专访。克林顿说如果我当选总统，我会重新审查所有美国到目前为止签订的自由贸易协定。她完全认同萨缪尔森在 2004 年题为《在李嘉图、穆勒理论视野下，辨析当今主流经济学家所支持的全球化主张》① 一文中提出的观点。萨缪尔森讲的是什么呢？就是古典经济学和新古典经济学强调的"比较优势"这一概念。他认为这个概念到了今天已经不能帮我们理解21世纪的国际贸易了。为什么呢？简单地说根据比较优势的理论，各个国家应该根据本国的自然禀赋去生产本国有更多生产要素的东西，然后各国之间进行贸易，所有的人都受益。按照这个观点，发展中国家应该生产劳动力密集型产品，发达国家应该生产资本技术密集型产品，这应该是国际分工的基础。但是，萨缪尔森指出，由于中国和印度的崛起，这个概念不好使了。为什么呢？这两个国家既能生产劳动力密集型产品，也正迈向资本密集型和技术密集型。你可以考察一番中国在过去15年中贸易结构发生的变化，看看中国每年出口到美国市场的前十大产品。这十年之间的变化，把统计表拿出来一看就会对中国产业升级换代的速度一目了然。

当然，你可以说中国的出口主要依靠的是外资企业，大量的电子产品生产从日本、韩国和我们的台湾搬到了中国大陆。这当然不假，但是外资企业带来的就业机会和技术含量正在大幅度提高也是客观事实。所以萨缪尔森得出结论，他说我并不是反对自由贸易，但是自由贸易里面比较优势这个概念已经没法再帮助我们理解21世纪的今天了。这篇文章发表以后在美国掀起了一场大辩论。我在2007年12月初看到这篇专访时心想，一旦民主党上台，美国关于全球化的理解，关于自由贸易的理解可能要发生很大的变化。

---

① Paul A. Samuelson， "Where Ricardo and Mill Rebut and Confirm Arguments of Mainstream Economists Supporting Globalization"，*Journal of Economic Perspectives*，Vol. 4，No. 3，Summer 2004，pp. 135–146.

还没有等就这个事情辩论清楚，全球金融危机就爆发了。我曾经反思，这次危机对我昨天讲的那本书的观点提出了哪些挑战呢？如果你们读完那本书就会发现，我那里讲的是日本经济模式重视协调，轻视监控，而美国的经济体制是轻视协调，重视监控。然而，这次全球金融危机是从美国的次贷危机开始的，美国的体制重视监控也没有能监控住，照样出事。这个事实实际上对我2001年提出的观点是一个挑战。

但是它也无法全面否定我的观点。为什么这么说呢？因为从全球化钟摆理论的角度来看，美国在全球化的上升期也会从重视监控向非归制化的方向发展。我曾经讲过卡尔·波兰尼的观点，重视政府的社会主义和重视市场的自由主义是当年各国应对大萧条的两极反应，而非市场治理结构则是一个中间形态。在那以后这几种应对模式随着全球化的过程都会发生波动。在战后第二波全球化的上升期，以英国、美国代表的这种自由市场经济会走向全面重视市场，他们向市场方向发展的步伐要比其他国家大。而日本、德国等协调市场经济也会向市场化的方向走，但是它们走的幅度比起英美来要小的多。这个道理反过来也是一样。如果情势发生逆转，全球化由重视市场力量向重视保护社会方向发展的时候，协调市场经济往往会向这个方向走得更远。自由市场经济也会向着保护社会的方向走，但是比起协调型市场经济国家来步伐要迈的小。

换句话说，当全球化的钟摆过程全面摆向释放市场力量时，美国作为自由市场经济的最主要代表，在释放市场力量的方面肯定要比任何国家都走得快。为了向那个方向走，它必然把大萧条以来建立的各种监控机制大幅度地削弱。只不过在这次金融危机全面爆发之前，这方面没有引起人们的广泛注意。准确地说，有人注意到了，但是更多的人认为现在是一个新时代了。在那些金融衍生工具最初被创造出来的时候，甚至到今天在中国的金融界，很多人仍然把这些东西视为一种现代性，或者发达经济的标志，而不认为那是一个问题所在。

2008 年全球金融危机促使我们所有的人去反思在过去 10 年里世界经济到底发生了什么变化。过去 20 年里和全球化有关的任何一种观点现在都要拿到显微镜下重新审视了。当年你主张过的观点，当这个新的时代条件出现后，就面临一次严格的检验，看它到底还能不能站住脚。我看了一下我在 2001 年出版的这本书，我觉得我的东西还能站住脚。

下一个问题是在 2008 年全球金融危机这一新形势下，我需要做出哪些调整，使得我过去的表述能更符合今天的时代条件，甚至能预测未来会发生的趋势？今天我要做的就是这个。简单地讲，我正在做的工作现在还没有时间变成文字。从这层意义上讲，你们听的等于是没有出炉的新鲜货，但是也可能是不成熟的。

我先讲一讲**世界中的日本，或者是说对世界而言的日本**。我想就 2008 年全球金融危机与日本的关系讲三点。第一，在美国经济结构转向服务业的过程中，来自日本制造业方面的竞争提供了推动力。第二，日本在东南亚开拓的，以追求减少劳动成本，提供生产效率的对外投资模式成了后来全球生产方式的先驱，而全球生产方式是导致中国作为世界工厂崛起，世界经济出现严重不平衡的重要原因。第三，日本继中东石油美元返还后，第一次开创了作为对美国持有巨大贸易顺差的贸易伙伴通过购买美国国债的形式为美国的贸易逆差融资这一形式。这对养成美国借钱过日子的习惯起到了巨大的作用。

关于全球金融危机的原因在西方正在进行一场特别大的辩论。

这个危机是怎样引起的呢？当然这里有许多基于国内因素的解释，像政府放松对金融业的监管，金融工程的诞生，银行的贪婪，以及美国老百姓不爱储蓄等等。我们就不去讨论了。我关注的是关于国际因素的两派主要观点。第一派叫**储蓄过剩论**，第二派叫**流动性过剩论**。储蓄过剩论是以美国官方为代表，包括美联储的前任主席格林斯潘和现任主席伯南克，再加上《金融时报》的主笔沃尔夫等，都是赫赫有名的人物。许多美国的主流经济学家也都持这个观点。他们认为危机来自中国、德国、日本还有石油生产国或者是东亚国家的储蓄过剩。储蓄过剩要寻找盈利的渠道，纷纷购买美国的国债。国际资本市场上大量资金的存在必然降低了美国的利率。在低利率的诱惑下，美国人就乱借钱，最后就导致了次贷危机的出现。

这种观点有没有道理？有一定的道理。但是，一个巴掌拍不响，有人要借给你钱，你必须愿意用才行。

流动性过剩的观点以美国金融界人士理查德·邓肯为主要代表，欧洲央行的一些研究机构人员也持这种观点。他们认为之所以会发生金融危机，是因为美联储发行了太多的美元，导致流动性的过剩。流动性过剩必然导致利率下降，利率下降的结果是美国的银行制造了太多的信用坏账。最后就导致了金融危机。

关于金融危机国际层面的原因的辩论就是这么两点。大家知道围绕着这两点哪两个国家最重要呢？中国和美国。到目前为止的讨论，与日本的关系不是太大。但是，既然我一直研究日本，特别是专门写过一本国际金融体系如何影响日本的书，现在又在写一本美国战后的冷战体系如何导致了美国经济结构的变化，为2008年的全球金融危机留下远因，我可以看到2008年全球金融危机与日本之间的紧密联系。

我的观点是储蓄过剩与流动性过剩这两者是一个巴掌拍不响，两个都得有。即使中国储蓄过剩，如果美国不愿意从中国借钱，或者中国不愿意借钱给美国，也不会出现美国人借钱过日子的现象。为什么中国愿意借给美国，而美国也愿意从中国借？这是因为美国有美元这一国际关键货币，美国依靠这一优势总是可以借债过日子。如果美元不是关键货币，美国也借不起，中国可能也不愿意借。如果美国不想借债过日子，中国即使想借给它也没有用。所以对金融危机的爆发而言，储蓄过剩与流动性过剩这二者是相辅相成，都起了很重要的作用。

为什么在世界上出现了储蓄过剩和流动性过剩的现象是理解全球金融危机必须搞清楚的根本性问题。你仔细一看，储蓄过剩直接跟中国成为世界工厂有关系，而中国变成世界工厂与全球生产方式的崛起有直接关系。而流动性过剩跟美元本位制有直接的关系。如果美元不是关键货币，世界上也不会有这样多的流动性。分析到这里，我们对于金融危机的理解就已经从一个结构性的分析变成了一个制度性的分析了。如果你只看那些金融数据，它的表现一方面是储蓄数据，一方面是流动性数据，这些只是结构性的条件。但是，你要解释为什么全球生产方式能够崛起，使中国变成世界工厂，为什么美元本位制变成了一种在全世界通行的这种国际金融秩序，这就变成制度分析了。

我给你们的链接中的那篇发表在《21世纪经济报道》的关于美元本位制的文章是2006年1月份发表的。当时国内还没有多少人知道这是怎么回事。编辑告诉我，那篇文章出来以后他们接到许多电话，读者对那篇文章很感兴趣。

我们倒着推，就可以找到关于全球生产方式与美元本位制的答案，这样就可以看出全球金融危机与日本的关系了。

这二者出现的一个重要背景是美国的经济结构在第二次世界大战之后经历了一个由制造业向服务业转变的深刻过程。在这里大家不要产生一个错觉以为现在美国已经没有制造业了，美国制造业今天仍然占美国 GDP 总值的 10%，而且美国制造业占全世界制造业生产总值的 20%。所以，现在美国仍然是世界上制造业的第一大国。但是我在这里想强调的是制造业如今在美国的 GDP 中只占 10%，这与 50 年代初的 27% 相比发生了天翻地覆的变化。

要想理解美元本位制的地位与全球生产方式的诞生，我们就得讨论为什么美国经济在战后从制造业向服务业转变。

至少有两点重要的原因。

第一，从 1950 年代中期起，美国企业开始由重视产品的营销转向重视盈利，也就是说从重视生产技术与商品销售转向资源配置的效率。而这样做的后果之一便是离岸生产的出现。离岸生产是走向全球生产方式的第一步。

从 30 年代大萧条期间开始，美国的企业一直特别重视营销。经济不好，没人买东西，它们要想尽办法把东西卖出去。要想办法把东西卖出去，你就必须要把这个东西做好。到了 50 年代初，我曾经提到过的弗里德曼关于经济学方法论的那篇文章发表。自从那篇文章出来以后，新古典经济学开始变成美国的显学。新古典经济学强调资源配置的效率。

资源配置的效率意味着什么？在 50 年代美国企业管理的具体运作中，大公司里资本运作成为基本的管理方式。当时美国的大公司已经大多成为多部门体制。多部门体制是什么意思呢？

这必须要从福特生产体制讲起。福特公司是世界上第一个用生产线制造产品的公司。它为了满足生产汽车的需要——因为那是一个大规模的大机器生产，在公司的内部进行了严密的分工。

福特在历史上第一次把企业组织按照生产过程中的职能分成了不同的部门，比方说有采购部门，人事部门，研发部门，生产部门和销售部门。这样一种组织结构在英文文献里叫多功能结构。亨利·福特这个老头特别倔。他做的第一款车叫 T 型车（MODEL T）。做了这么一个车型以后他拒绝做任何改动，而且只用一个颜色就是黑的。你要福特车就是黑的，别的颜色没有。

与福特的多功能结构不同，通用汽车（GM）采取了一个多部门结构。多功能结构意味着刚才我讲的按照采购、研发、生产、销售等功能来成立各个部门。GM 的多部门结构是按产品来设立部门。你做一款汽车，我就给你成立一个事业部。比如说你要做别克，我就专门给你成立一个做别克的事业部。你这个部就有权决定与做别克有关的一切事情。在多功能的结构里，所有的决策最后都要到 CEO 那儿，由最高层来定。而在多部门结构里，下面就可以决策。二者之间的关键区别是决策权越往下放，决策者对市场的变化就越了解，决策就越快。各个产品事业部仍然共有通用汽车的采购，销售等部门，但是在设计、研发、生产这些都是分开单干。通用汽车依靠这么一个多部门结构，30 年代在大萧条的时候一举变成美国汽车业的老大，而且一直持续到最近。

然而，当美国企业在 50 年代中期开始以资本运作的原则管理企业后，我刚才讲的多部门结构中的各个事业部与公司总部的关系就变成了有点像银行与客户的关系了。公司总部把自己看成一个银行，把事业部看成是它的客户。他不管你造什么车，只要最后能拿回来利润就可以。不能赢利的部门到了一定期限就全部砍掉，所有人都被解雇。你们想一想，如果你是一个职业经理，公司不再注重产品了，只注重回报，你应该怎么办？

第二，当美国企业开始重视资源配置的效率，减少生产成本时，美国跨国公司的对外投资也发生了深刻的变化。美国在二战以后变成了霸主，而当时西欧和日本则被战争打得稀里哗啦。这时，美国公司的冲劲就不如以前了：我已经是天下老大，不用费那么大的劲做就可以维持我的统治地位。另外，战火从来没有烧到美国本土上，而西欧和日本的生产设备则全都被战火烧的差不多了。因此，这些国家在战后经济再建的过程中再盖工厂时采用的都是最新的设备，而美国企业的生产设备则大量是战争期间遗留下来的，更新换代比较缓慢。由于欧洲和日本在战后经济恢复的过程中用的都是最新的设备，他们原来的人力资本也不比美国差哪儿去，所以他们追赶的很快。美国的企业开始面临来自欧洲、日本的竞争。这时候怎么办呢？美国的公司就想出了一个主意，跑到欧洲日本企业的家门口去建工厂，利用自己的资本与技术优势，争取在竞争对手形成对自己致命的威胁前就把他们挤垮。

1971 年，哈佛商学院有一个教授提出了著名的理论叫**产品周期论**，来解释美国企业的这种投资行为。他说美国的跨国公司具有研发的绝对优势。最开始他们做出东西以后是依靠对外贸易把自己做好的东西卖给外国。但是，当生产技术成熟，生产过程标准化以后，掌握这个生产技术就变得相对来说比较简单了。到了这个时候，像西欧、日本这些拥有相对便宜的劳动力，技术发展水平又与美国接近的国家就可能形成对美国公司的威胁。既然他们也有技术实力，他们可以做到同样的水平。但是由于他们的劳动力成本低，他们就卖的更便宜。在这种场合，美国的企业就去欧洲、日本投资。他们带着研发与资本的优势跑到一个相对落后的国家去建厂，做出来以后消费者也认可，因此具有一定的优势，可以继续把自己的市场占有率维持一段。

蒙代尔在 1958 年曾经发表了一篇重要的文章。他认为以占有投资对象国市场为目的的对外投资，对贸易有替代作用。这里的道理很简单。本来我做汽车是为了往你那儿卖。现在我把厂子建到你家门口，做完了直接卖给你。这样一来，我在本国生产的车就卖不出去了，出口必然下降。中国现在也很少有从国外进口的汽车。当然也进口一些高级车，但是数量很少，因为世界九大汽车厂，全球生产商全都在中国生产汽车了，这就是离岸生产对贸易的替代作用。

离岸生产对出口有替代作用对资本输出国而言意味着工作机会向海外转移。我想这个道理大家都懂。既然福特在欧洲投资设厂造汽车，原来福特在美国生产向欧洲出口的这部分产量就被替代了。你跑人家那儿去做车了，最后你这里负责生产出口到欧洲的汽车厂就没有活干了，或者是活就减少了。这就是美国制造业向服务业转移的一个推动力。

那么在这个过程中，日本人发挥的作用显而易见。

概括起来讲有两点：首先日本的经济发展模式完全是建立在占领海外市场这样的一个模式上。其次，日本企业特别重视技术革新。日本人既重视技术又鼓励出口，这不能不对美国的企业构成巨大的威胁。几十年下来，最初是日本和德国，后来是东亚四小龙，再后来是中国，逐渐把美国从制造业里的许多领域都挤出局了。在这种情形下，美国人和英国人就开始日益依赖他们手里的强项产业，即金融。这两个国家都是霸权国。在历史上，一个霸权国必须要主导国际金融秩序。英国当时是靠金本位，美国在战后则是靠布雷顿森林体系。对霸权国而言，你的金融业要是不强的话，用不了多久你的霸权就维持不下去了。因此，这些国家是最讲资源配置的效率的。这两个国家当然要把金融作为他们发展的一个主要方面。再结合我昨天讲的，到了 1971 年，布雷顿森林体系垮台以后，各个发达国家的银行都有很强的激励机制去推动金融制度化。到后来金融自由化就越弄越大。美国人通过这个过程发现我不做东西照样能挣钱，我为什么非要做东西呢？所以，来自日本在制造业方面的竞争在推动美国经济结构转型方面发挥了很重要的作用。日本靠出口为主的模式，靠重视科技的模式，建立了自己在制造业里面的强大的竞争力，最后愣是把美国从很多产业给挤出去了。日本也为后来的发展中国家树立了一个榜样。中国在很大程度上，至少在鼓励出口方面，基本上学的就是日本。

下面，我们再来看一看日本在推动全球生产方式，使中国变成世界工厂的过程中发挥了什么作用。

中国改革开放以来的引进外资以加工贸易型为主。最开始都是集中在广东，与香港前店后厂。人家在香港拿来订单，最开始连原材料都拿来，就用内地的廉价劳动力，在广东组装。改革开放以来中国经过三次大规模的外资涌入忽然就变成了世界工厂。要想理解中国的经济结构，你要看有三块——外资、国有企业、和民资。你仔细一想就是这三块。进一步推的话，你可以看到这三块各自占的产业领域还不一样。他们彼此实际构成真正的竞争领域并不是很多。这三种资本结构现在已经变得越来越清晰和独立了。

民资企业，像我研究的义乌，每天从义乌出口 1500～2000 个标准集装箱。你想想那是一个什么规模？每天 2000 个标准集装箱，运往全世界。所以民资也是中国出口的主力军，外资就更不用说了，中国进口的 80% 左右是零部件和原材料，完全是围绕作为世界工厂这个东西来进行的。在走向世界工厂的过程中，我们积累了大量的贸易顺差和外汇贮备。这就是中国作为世界工厂与全球储蓄过剩的相关性。

要理解对外开放，我们还必须理解它与改革的关系。改革意味着什么？改革意味着重视市场的力量，重视效率。一重视效率意味着什么？国有企业职工现在下岗了；原来企业提供房子，现在房改了；原来教育不收费，现在收费了；原来有医保，现在也要自己花钱了。你想想改革是什么概念？就是这个概念，原来都是国家提供的，现在是私人必须要承担大部分的负担了。重视市场力量的结果是什么？结果是中国人不敢花钱了，三座大山在这儿压着呢。都花了，出一点事就麻烦了。中国人大量的储蓄哪儿来的？就是这么来的。

一方面，由于是世界工厂我们挣了大量的钱，一方面是几大改革一弄，没有人敢花钱，所以中国就出现大量的储蓄了。

在这个过程中日本起了什么作用呢？前边我已经谈到，日本是第一个以出口为主导的经济发展模式，这个被后来的中国借鉴的可以说是淋漓尽致。与此同时，日本还以技术为核心竞争力，在这一点上中国走的路和它不一样。中国最开始全是劳动力密集型，没有那么多的核心竞争力。但是，中国在制造业方面，尤其是通过吸引外资在进行产业升级换代的能力比拉美国家不知道要高多少倍。你只要看看中国现在能做什么东西，能出口什么，那简直是不得了。在1990年代中的时候，好多电子产品还都在东南亚做，跨国公司说你们中国工人的素质不行。现在再看看，我们已经占绝对的主导地位。

日本模式的重视技术这方面到了5年前也开始影响中国。中国政府开始强调创新型国家的概念。从这点来讲，中国模式也是日本模式的历史延续。

第二，日资在东南亚的投资以追求效率为目的，以减少劳动力成本为追求的目标，而不是像我刚才谈到的美国的对外投资以打败竞争对手为目的，或者是在拉美以攫取资源为目的。日本在东南亚的投资模式代表着一个全新的外资投资模式。它的普及极大地促进了全球生产方式的发展，这对中国变成世界工厂有巨大的影响。日本在东南亚的投资模式对后来在中国改革开放后的投资来说，简直就是原封不动的复制。唯独有一点不同的是中国的外资主要是来自大中华世界。直到现在如果你看商务部的统计，来自香港和台湾的投资每年在大陆仍然要超过一半以上。在1990年代初最高的时候达到近80%。

　　在西方关于对外直接投资的文献中有一种说法，即资本来源有"三个极"。你要获得外资，或者是找美国，或者是找西欧，或者是找日本。如果你与这三个极都连不上，你就没钱。可是中国硬是创造出一个第四极来，即海外华人的商业网络。靠大中华世界的商业网络，中国人愣是吸引到这么多的资金来。

　　现在中国自己也把资本投到非洲去，投到全世界很多的发展中国家。这重新改写了世界对外直接投资的历史。非洲这么多年，除了少数为了攫取他们自然资源的发达国家去投了一些资，基本没有别的投资。因为他们人力资本欠缺，各种基础设施也没有，市场规模也难以吸收多少发达国家的制成品，外资都不愿意去。中国去了，以一个发展中国家的身份，帮他们建基础设施，铁路、港口等等。不是说中国与非洲在这个过程中完全没有矛盾，但是不管怎么有矛盾，非洲仍然认为中国要比欧美的那些国家强的多。为什么呢？因为中国给他们提供了发展机会。美国有分析说，自从中国人去投资了以后，非洲在过去的10年里平均增长率为4.5%，而原来只是1%~2%，你想想这是一个什么局面？

　　日本的对外投资模式以追求效率为原则，这个模式后来导致了全球生产方式的崛起。追求效率意味着可以在全世界的范围内组织生产，在各国做不同的零部件，海运到中国来组装。全球生产方式在亚洲的产业分工形成了亚洲生产网络，这直接导致了中国作为世界工厂的崛起。

第三，日本对制造流动性过剩的美国模式——除了挤压美国的制造业促使美国更加转向金融业之外还有什么贡献呢？日本的另一大贡献是确立了作为一个与美国有巨大贸易顺差的国家通过购买美国国债向美国提供巨额的信贷这样一种模式，这进一步助长了美国借钱花的习惯。

1980 年代初，日本开始大量购买美国国债券。美国在 1973 年石油危机后开始缺钱花。最开始搞了一个石油美元的返还。在第一次石油危机后，石油生产国一下子多赚了几千亿美元。美国人最开始与欧洲人商量，说咱们谁也不能单独与石油生产国谈判，我们必须合伙跟他们谈，否则会被各个击破。欧洲的兄弟们说行，就这么干。可是话音一落，美国人自己就偷着与沙特阿拉伯谈判，达成了两点协议——这是真事，我不是在开玩笑。这是我们普林斯顿的一个政治系的校友写的博士论文披露的，这本书已经有中译本——第一，石油生产国继续以美元标价。当时布雷顿森林体系已经崩溃了，整个世界天下大乱了。再加上第一次石油危机又爆发了，油价增长了 400%。就在这个乱局下，美国要求沙特继续用美元为石油标价。因为只有当美元为石油标价时，各国才会继续以美元作为外汇储备以减少由于汇率波动带来的进口石油时所需外汇的损失。只有当各国还需要美元，美国才能通过发行国债向其他国家借钱。第二，你石油生产国不是挣了好多美元吗，干脆拿到美国这儿来买美国国债，我可以给你一个优惠的利率。通过石油美元返还，美国圈回去大概一千多亿美元，帮助美国在 70 年代这样的大危机中生存了下来。

到了 80 年代初，日美的贸易变得极为不平衡。美国的贸易赤字大幅度上涨。结果日本人开始大量买美国国债，为美国购买日本产品融资。后来，这个办法也被中国学去了。当中国积累了外汇储备后，也开始大量地买美国的国债，买的数量甚至超过了日本。所以你看实际上在孕育 2008 年全球金融危机的长期过程中，日本发挥了十分重要的作用。金融危机以后，我们通过这种逻辑上的倒着推理，可以看到日本的作用。通过理解日本，我们也能知道金融危机为什么会爆发？它的起源是什么？日本的经济发展模式在其中起了什么作用？这就是我到目前的思考。当然还要进一步地去研究，找出实证材料数据支持，但这个思路从逻辑上是推不出毛病的。

以上讲的是从全球金融危机的角度看世界中的日本，下面我要讲**对中国而言的日本**。大家有没有什么问题要提？

学员：您刚才说 50 年代以后美国的新古典经济学兴起，它主要强调资源配置的效率，刚才您又提到美国的对外投资是以占领市场为主要目标的，那么这两者之间存在什么样的关联呢？

高教授：这二者都是一个理论而已。从某种角度看，占领市场也是一种资源配置。它意味着当你手里有钱的时候，用钱投资要达到什么样的目标，这不就是效益吗？你是觉着接着做东西改善你的产品更值得投资，还是想办法把你的竞争对手挤垮更值得投资。这就是说，面对竞争你有两种解决的方法。一种是你做这个，我也做这个，咱们俩比看谁做得好，看谁能占住市场。如果我把你打败了，我就赢了，这是一个办法。另一个办法，我趁你还没有强大，我跑到你家门口设一个工厂，把你挤死，让你根本没有变强变大的机会。从资源配置的角度你考虑哪个更省事。

学员：把对方挤垮的话，确实能够占有市场，但是从效率的角度来说呢那就不一定了。

高教授：用投入和产出来衡量效率是一种方法。而用使用的资源与达到的目的来衡量是另一种办法。我讲的是你面对竞争的时候是注重竞争结果，还是注重竞争手段。竞争者已经出现了，这已经是无法避免的事了。面对这种竞争你怎么办，怎么配置你的资源，哪个最能达到你的目的？当然是把竞争对手挤垮最简单了。当然这不是唯一的解决之道，为什么说认知最重要呢？因为美国人就信这个。为什么信这个？新古典经济学就是这么教他们的。但是你要讲这一套对德国人来说不接受，对日本人来说也不接受。美国人经常说，每个国家到了一定的发展阶段都会变成这样的。我说你别跟我说这个，你去看看人家日本人和德国人就不信这套。这两个国家被美国人称为是工匠国家。他们要做一个东西，就把这个当成他们的命。你去看一看日本人是如何在保护他们的传统工艺文化的，像和纸之类的东西的制作工艺被当成国宝。在 80 年代有一个日本人专门写了一本书题目叫《改善》，译成中文是提高的意思，它讲的是日本企业如何以坚持不懈的态度去提高它们产品的质量，不是今天达标了就完事了，而是不断地提高。

美国人理解的资源配置的效率有一个很经典的例子，美国人相信你做土豆片也赚钱，做计算机芯片也赚钱。只要能赚钱就没有高低之分，一样的赚钱你没有必要非做计算机芯片。我在杜克大学开始教书的时候，班上曾经有过两个麦当劳高管的儿子，是双胞胎，都在一个班里。他们在做小组研究课题时就研究麦当劳，他们就给我讲这个道理。只要你从投资的角度看问题，做什么都一样，照样是挣大钱。我们可以看出这是完全两种不同的经济思维。资源配置的效率经常以投入产出来衡量，哪个最大我就要干哪个。而日本的企业在好多时候不计成本。过度竞争是什么意思？

我不要利润也要争，我就是要市场占有率。在 80 年代，美国的经济学把这两种策略都看成是效率，美国式的叫 X 效率，日本式的叫 Y 效率。

现在我开始讲**对中国而言的日本**。我在过去的几年里基本上是研究中国，日本研究的很少。我在研究中国课题的时候总是把日本当成一个参照系。我当年在加州大学洛杉矶分校（UCLA）学比较教育的时候，曾经读过一本书。书里有比较教育学中的一句名言，即**比较永远是认识本民族的一面镜子**。你想想确实是这个道理。为什么要比较？比较可以使你对自己关心的单个个案有一个更完善，更全面的理解。

在我的第一本书里，我有一个为那本书写的《中文版序言》。我在那个序言里讲的主要是古典发展主义和新发展主义的区别。既然这个资料大家都有，我就不想讲太多了。

我先说说中国模式跟日本模式最大的区别在哪儿。

第一点，我以为中日之间最大的区别在于对外资而言的市场开放程度和对外资的接受程度。中国市场的开放程度明显地要高于日本。不是说日本人不信市场，日本当然也有市场竞争，而且市场竞争得还特别激烈。但是就像我们昨天讨论的，那种竞争是日本内部的小群体之间的竞争。在对待外资上，日本是很保守的。在中国，竞争则是全方位的。中国人是相当开放，尤其是在对待外资的态度上，这一点是十分明显的。

日本人一直在限制外资。就古典发展主义来说，日本和韩国都是不欢迎外资的，你们最好都别来。外资的资本形成率在 80 年代初的日本所占的比例还不到 1%，而在 90 年代的中国是 17% ~ 18%。可见外资在日本占的比例就这么小。另外是进出口的相对位置的比较，我曾经看过一个数据，在 2004 年，日本是出口占第二位，进口则是第六位，而中国当时都是第三位。

第二点，中日之间另外一个最大的区别在于两个模式发展的动力的来源。我们提到日本的模式特别重视科学技术，尤其是技术，日本的模式特别重视高附加价值。跟中国比，这个区别是十分明显的。中国在改革开放以来采取的经济发展模式基本上是强调劳动密集型产业。从这点讲，可以说资源配置效率这种经济思维方式对改革开放以来的中国的思维有很大的影响。这没准也能间接地证明新古典经济学与中国人的思维本来就十分相似。我们在讨论浙商、徽商时也可以看到这种思维的传统。对中国人来说，追求资源配置的效率是很自然的事情。我们也用不着把中国人非要说成是受西方现代经济学理论的影响，因为可能中国人就是这样的思维方式。所以在这一点中国人跟日本人很不一样。

第三点，中日之间的一大区别还在于如何认识和对待分配，就业和社会保障的问题。我昨天没有来得及讲，昨天的那本书实际上有一半是讨论日本经济体制如何在经济发展过程中维持政治稳定的。那些同样的制度性安排在布雷顿森林体系垮台之前和之后发生了重要的变化。我曾经简单地提到过国际经济秩序有两个方面：一个是金融秩序，一个是贸易秩序。在国际贸易秩序里面具体而言就是在冷战期间美国与它的盟友采用了一种非对称合作的政策。非对称合作指的就是美国的盟友可以往美国的市场卖东西，即美国对它的盟友充分地开放市场。与此同时，美国的盟友继续对美国的产品关闭他们各自的国内市场。作为交换条件，美国的盟友在冷战中必须站在美国这一边。非对称指的主要是双方在市场准入方面的不对等。由于这么一个特点，日本得以通过来自美国的外部需求来保证其国内的就业，这样就使得他们在调整日本经济内部结构矛盾的时候面临的挑战要简单得多。

　　在西方文献关于日本的终身雇佣制的讨论里有很多学者指出，你看看人家日本有终身雇佣制，这个制度可以调动雇员的积极性，他们对公司很忠诚，这样对提高产品的质量有很大的帮助。

　　但是，这些人经常忽视的是实践终身雇佣制的企业提供的就业在日本整个就业中的比例只占 30%。换句话说，在日本明确实行终身雇佣制的企业都是大企业，而大企业提供的就业机会只管全体就业机会的 30%。这就产生一个问题，即剩下的 70% 是一个什么状态？不用说，剩下的都是中小企业。中小企业没有名义上的终身雇佣制，那里面的就业状况的变化相对来说要多得多。但是，日本政府保证中小企业就业机会的办法是允许他们组织卡特尔，这就是非市场治理机制了。也就是说日本政府允许中小企业就产品在市场上的最低价格达成协议。这样的话他们用不着争得你死我活，最后大家谁也无法生存。在卡特尔里，各个企业就产品的最低价格达成协议，谁也不能以比这个价格再低的价格在市场上竞争。要是你卖得比这个价格再低，你要受到惩罚。你可以在别的方面竞争，比如提供更好的服务，把产品的质量做得更好，但是价格免谈，到这儿为止，不允许用低价格竞争。这种日本式的方法允许企业组织卡特尔，尤其是在经济的萧条期组织卡特尔。这样一来，日本中小企业的就业相对来说要比欧美稳定得多。要是到了美国，危机一来中小企业该倒闭就倒闭了，没有办法。

　　此外，日本还有一种保护就业的方法。日本有大量的所谓商店街，在这里卖东西的基本上都是夫妻店。这些小店严格地受政府的保护，日本政府在很长一段时间内，一直到上个世纪末，不允许建大的超市与这些中小企业竞争。就是这样的小店保证了另外一大批日本人的就业机会。日本人不让外资进来，因为外资一进来都是大个的。你想要是沃尔玛搬到日本的话，日本人开的小店都给挤垮了，那就没有工作机会了。当然沃尔玛也会提供一定的就业机会，当时那根本无法替代它挤垮的小店提供的就业机会。所以日本根本不让它进去。日本政府有各种条例专门管这些小店，它们能营业多长时间，它们的店铺面积到底有多大等等。这些小店受到政府一系列的约束，整个产业行会都要参与这种管理。所以日本靠这种方法维持了很多人的就业。我把日本这种办法称为福利社会。虽然日本不搞福利国家，但是由于他们搞了这么一套福利社会，大家都有工作。没有失业的话就不需要日本政府的救济。福利国家的重要功能之一是提供失业时的救济，就是你一旦失业就由政府给你发钱。而日本的办法是不让你失业，这样政府就不用提供救济。这是日本人的解决方案，是一个福利社会的模式。

日本福利社会的模式到了1970年代初以后开始受到挑战。因为自从美国出现贸易逆差后，它已经不能再容忍在对日贸易中的逆差了。日美之间的贸易摩擦就是从70年代初开始的。通过整个的80年代的结构性谈判一直到1995年的汽车谈判，美国一直要求日本开放国内市场。当日本的福利社会模式面临日益增长的外部压力，它实现就业和社会保障的特殊制度性安排也开始失灵了。前两年日本出了一本畅销书叫《下层社会》① 下层社会指的是年收入300万日元以下的个人。300万日元换成人民币是多少？大约18万元人民币。以日本的物价来考虑，一个月18万元的话如果有房子还能对付。但是如果没有房子，必须要自己租的话，负担就不小了。所以那本书的作者指出，近些年来好多日本的年轻人连结婚都不敢结了，更不要说什么买房子了。

---

① 三浦展：《下流社会》，光文社，2005。

　　这个与小泉搞的那套新自由主义改革有关。实际上在小泉改革之前，在90年代中期日本就已经出现了所谓"价格破坏"——即商品价格大幅下降的现象。当时如果你在日本看杂志的话，他们天天在讲价格破坏。在经济不景气的环境中，大家也开始竞争了，也允许突破原来的卡特尔规定的最低价格了。所以后来廉价的百元店在日本遍地都是。这样一弄，日本的就业机会也受到了很大的影响。整个经济泡沫破灭以后，日本经济里可以支撑就业的产业变得更少了。

　　我下面讲两个方面，一方面是日本研究可以对我们理解中国、研究中国有哪些启发，或者说积极的借鉴意义；另一方面是讲日本这个模式本身的缺陷。日本的模式并不是十全十美的，我们用不着把它奉做神灵。

　　值得借鉴的方面至少会让你去思考，如果搞清楚日本人在解决某些问题的方案有哪些道理，在选择你自己的方案的时候就可以多一些选择。

　　值得借鉴的第一条就是**处理政治稳定和经济增长的关系**。为什么这样说呢？第一天讲座的时候我们曾经谈到，在1961年的三池争议结束之后，日本的企业和工会都认识到再斗下去两败俱伤，最好彼此开始合作。从此以后终身雇佣制这套实践就被大企业广泛地制度化了。这里面涉及一个什么问题呢？即企业不能为了追求效率就轻易解雇工人。1960年的三池争议后被广泛制度化的终身雇佣制也曾经有过很大的反复。在第一次石油危机的时候，很多日本企业要解雇工人。工会就愤怒了。现在这么大的通货膨胀，你还要解雇工人，我们坚决反对。那一年的劳资纠纷特别厉害。1974年，日本的实际生产率，我要是没有记错的话，只增长了6%，而工人的工资却增长了24%。这么一弄，产品的价格一下子就上来了。后来他们觉得再这样干就麻烦了，日本就没有办法生存了。于是双方达成了一个新的共识，就是再有经济危机，工人不要求涨工资，企业不解雇工人。为了保持政治稳定，宁可牺牲经济增长，日本选择了这样一个处理方案。在第二次石油危机期间，双方的确严格地遵守了这个协议。结果是日本在西方国家中第一个走出危机的影响。西方正是在这次危机中注意到日本这套体制的厉害。与日本相比，中国的非国有企业的处理方案可能与美国的更接近，与日本式的解决方案有很大的区别。当然，这两种解决方案，各有各的道理，但是他给你提供了一个进一步思考的空间。

第二条值得思考的是日本经济中**非市场治理结构**的作用。这个我们这两天已经讲的很多了。中国现在面临的很多困境就与非市场治理结构有直接的关系。比如说中国在铁矿石的谈判中始终被对手各个击破。我们是世界上铁矿石市场最大的买家，占有的市场份额超过50%。尽管如此，中国还是没有议价权。为什么呢？因为没有非市场治理结构把中国企业的谈判给整合起来，在谈判时总是被人家各个击破。这种事在日本不会发生，这就是一个借鉴。

我所接触过的文献材料在涉及产业标准的时候，没有非市场治理结构带来的问题就更严重了。比如说在中国的 DVD 产业，有两家企业争做国家标准。他们各自都搞出来一个产品，都要作为产业标准。打到信息产业部，他们各显神通，最后在信息产业部达成了一个协议，两家的产品都是国家标准。这就制造出一个问题，即下游企业无所适从。因为他们是做 CD 光盘的，在技术标准上随哪家如果随错了最后卖不出货麻烦就大了。就在这两家企业相互厮杀的过程中，索尼的蓝光已经抢走了更大的市场份额。随着手机 3G 技术的发展，我们还要面对更多的技术标准竞争。只要与产业标准沾边，你就可以看到中国经常是在自己的企业争来争去的过程中被外资企业占据了更大的市场。如何利用非市场治理结构把这个问题处理好，日本的做法是有很大的借鉴意义的。

前些天我们在深圳做山寨手机调研的时候，有人给我们提出另外一个问题，即是否有可能让中国生产电子产品、高科技产品的若干家有实力的企业建立一个产业联盟。在这个联盟中甚至可以以政府投入的方式提供研发的基础设施，供大家共同使用。因为你这个钱如果给了一家企业，那个企业肯定要搞对外封锁，不让别人使用，搞出一个自己的产品最后垄断市场。而这种垄断产品肯定没有国际竞争力。那么有没有这种可能，由政府出钱——现在据赵本山讲是不差钱的时代了——提供一个研发平台，让各个企业都可以利用来开发新产品，以产品的质量竞争，而不是通过对资源的封锁来竞争。

广东已经在思考这个问题。为什么山寨手机大行其道？其中一个原因是每一款品牌手机要想通过政府测试中心的检测的话，不仅每一款要付费 30 万元人民币，而且还要等三个月。那些老板说如果让我等上三个月，这个新款的设计就变成旧款了，出来的时候就没有人要了。所以很多人宁可不通过检测，也不要品牌，而是作为山寨产品去市场上卖。深圳手机协会的执行秘书长告诉我，他看到这个问题后就出面与深圳市福田区工商局谈，最后是一家企业出钱给他们在深圳建立了一个检测中心的分部。这样就使得检测过程和速度大大加快。这个例子显示，非市场治理结构能有助于解决很多你原来要纯粹靠市场、靠资源配置的思维方式根本解决不了的问题。

第三条可以从日本得到启发的就是对高附加价值的重视。这一点查默斯·约翰逊早就提出来了。中国人在搞计划经济时对政府作用的理解一点不比日本人差。但是，我们在过去改革开放以来的前 25 年里，对高附加价值重视的比较少。当然最后这几年开始发生较大的变化。当然这里面是有例外的。我那天讲过华为的例子，华为等于是一个不走中国式道路的企业。

第四条就是**能源、环境的政策问题**。在这个方面，日本搞的相当好。第一次石油危机之后，日本政府马上上马了两个项目，一个是帮助企业利用现有技术节能，另外一个是开发新能源利用技术。执行这两个政策后，日本得以减少石油进口，减少对海外资源的依赖度，已经把日本资源依赖度从 90% 左右，降到 70% 几。

如果再铺开一点，**日本教育与社会分层的经验**可能对中国也会有所启发。这一点对中国来说是相当重要的。怎么讲呢？我原来在北大读本科的时候曾经读过日本明治时代的小说家森欧外的一篇小说。那篇小说讲的是一个农村的穷孩子通过考试上了东京帝国大学法学部，从那个法学部毕业后变成了政府的官僚。这部作品反映的是日本的社会结构在明治维新后发生的深刻变化。日本原来的社会结构中士农工商分的十分清楚，等级森严。明治维新后，日本建立了现代的文官制度。在历史上，日本人从中国什么都学，就是没有学科举。但是到了明治维新以后，日本从英国学来了文官制度。这种跨国学习的时间差对日本的命运可以说有重大影响。如果日本很久以前就学中国的科举，很可能这个制度本身的惯性也会在后来变成社会变革的阻力。而在 19 世纪末才选择通过考试选拔官员，日本得以把中国科举这一制度的形式装上了现代西方的内容。

当然，实行文官制度的结果是日本人在确保通过教育体制实现社会分层的公正性方面已经达到了偏执的程度。记得 80 年代我曾经读过一篇英文的报道，说的是日本一家大公司的人事部长接见新社员，当场把东大毕业生叫出队列，然后指着队伍里剩下的其他大学的毕业生对他说，以后这帮人就永远归你们领导了。这个报道可能有一点夸张。但是你与日本人谈东大毕业生在日本社会的地位，大多数日本人都认为这是理所当然的。这样把教育体制与社会分层联系在一起的结果是什么呢？这个社会就确立了一定的秩序，只要通过这种正常的渠道就能获得社会各阶层的上向流动。中国的报纸前两天刚报道有一个什么地方的局长把别人家孩子的高考分数顶替给他自己的女儿。居然能干出这种事，社会没有办法不乱套。

日本人为什么不取消考试第一呢？我原来一直研究日本教育，看到考试第一日本人讲了多少年就是不变。想来不变有不变的道理。就跟中国现在没法实行按美国大学的录取标准，除了看考试分数以外还看别的方面一样。中国舆论担心如果那样就更容易走后门，造假，以至于最后学校很难选择，所以就没法实行。日本人之所以信考试，有一定的道理。

再有一个就是曲老师讲的**产学研**这一块，这个东西在日本确实是搞得比较成功。这对中国现在来说也有很大的借鉴意义。这个东西实际上就是非市场治理结构的一个具体形式，只不过是直接涉及你在进行研发时候的合作。

再往下谈就是**日本企业管理**，日本企业管理我想国内已经出了大量的书，大家自己去看就知道指的是什么了。

现在我更想谈一下日本模式的限界是什么。

因为我长期研究日本问题，当我最初接触中国问题的时候，我看中国的很多做法与日本不一样最开始总是觉得不对劲。如果把日本作为参照系，中国许多做法显然是有问题的。但是等时间长了，随着我研究的个案越来越多，我发现中国人的做法有中国人的道理，日本人的做法有日本人的道理。中国的做法和日本的做法在特定的条件下都好使，只不过是日本和中国在经济发展时的时空条件不一样。

中国的企业有一些是有相当强的创新的想象力的。

我举几个例子，这都是我过去研究中涉及的东西。先讲外包。日本人把外包叫下请，汉字是"下请"。中国叫外包，到美国也叫外包。在发达国家一般说起外包是什么概念呢？是技术先进的大企业把劳动力密集型的生产过程交给中小企业去做，比如生产零部件。这样做的道理在于中小企业的劳动力成本低，大企业可以因此能提高生产效率。通常的做法是小企业生产好了零部件拿到大企业组装。丰田就是最典型的例子，它有一系列隶属于丰田集团的中小企业为它生产零部件，而总装是在丰田那里。这是一个比较典型的模式，它给人的印象是只有大企业把劳动力密集型的部分向外包。

中国人却硬是能发明一个逆向外包的模式来。我干不了研发，我就把研发外包给你，你替我做完后品牌还是我的。奇瑞是这里面最经典的一个例子。奇瑞当初设计不了汽车的发动机，就把设计这一块包给世界上最有名的意大利一家发动机设计公司。奇瑞的条件是我必须派我的团队跟你走研发的全过程。意大利人说你来了也学不会，没有用。但是奇瑞方面坚持这个条件，你爱干不干。意大利的公司最后同意了。奇瑞派去很多的工程师分批去参与设计，去了大概一两年，走过了两台发动机研发的全部过程。这些奇瑞的工程师回来后自己设计出来 16 款发动机。现在倒过来了，意大利最大的汽车公司菲亚特找奇瑞买发动机。所以你看中国人这个办法是不是很有想象力？我们不一定非得像日本人那样，什么都追求自己干，干不了咱们借力，我照样能干。

我们再看看山寨手机。中国人现在在山寨手机生产方面的智慧跟西方人的智慧有明显的区别，从中你可以看出中国人一点都不傻。山寨手机到底代表着一种什么样的创新呢？生产一部手机涉及五个方面，芯片、软件、主板、外观和工艺设计——这个涉及功能的设计和外观的设计，以及零部件生产和组装，就是这五块。此外再加上市场营销。芯片的生产已经完全专业化了。现在即使是世界品牌的手机生产商们也都不做芯片了，而是由专业的芯片公司生产。但是中间这三块，就是软件、主板和工艺设计在世界品牌商那里一般都是自己做。零部件，有的世界品牌商，如诺基亚和摩托罗拉，也已经不做了，也是外包。

那么，山寨手机是如何登上了历史舞台的呢？

台湾企业联发科过去是生产 DVD 芯片的。它于 2001 年决定进入手机芯片市场。当它找全球著名的手机生产商推销自己生产的芯片时，人家根本不买他们的账。为什么呢？因为第一他们是新手，第二人家都有现成的提供商。联发科一火，就找到了大陆的本土品牌手机生产商。双方一接触，这些企业都说软件对他们来说是一大瓶颈。联发科说好，我既做芯片，又做软件，然后还提供售后服务。我把芯片的生产过程服务化，你交钱我就给你做。手机生产商在与西方公司打交道时经常要被人家敲竹杠。美国的高通公司掌握 3G 手机 75% 的专利。你想从高通买芯片，入门费就要几百万美元。手机生产商连一片芯片还没有买呢，就得先交几百万美元的专利费。在此基础之上，手机生产商每买一片芯片还要另外给人家专利费。这就是西方企业的做法。

台湾人想，人家一分钱没有赚，凭什么就先给你几百万？这本身就是不合理的。联发科于是换了一个策略，它不要专利费，它把专利费打到每件芯片的价格里，你买一片就付一片的专利费，这才是合理的。你如果是一个小厂，你只能卖 1000 台，那你就只付 1000 台的专利费。用不着先付几百万，然后每台再付多少钱。联发科不仅把软件和芯片全都生产了，而且还帮助下游企业做售后服务，调试几个基本的功能。

联发科就这样在手机行业引发了一场革命。这场革命完全颠覆了既存的生产分工以及世界品牌手机生产商在其中的地位。一年之间，中国出现了几百家手机方案设计公司。这些公司可以提供全套的主板设计和调试服务。这么一弄，唯一剩下需要研发的就是工艺设计和外观设计了。做手机的企业只剩下决定什么样的款式在市场上最流行，和装上什么样的功能消费者最喜欢了。这样一来，中国的手机生产行业就出现了三个农民就能办一个手机公司的局面。中国人还有另外一大发明，就是办了大量的专业市场。在深圳有 19 家山寨手机的大卖场。在那里你可以买到各种各样的山寨手机。山寨手机的设计人员有很多把研发的办公室就设在这些卖场里，他们天天在那里观察人们喜欢什么样的设计。2008 年，诺基亚共推出了 36 款新机型，摩托罗拉推出了 28 款，而山寨手机则推出了 1000 多款。你想要什么功能就有什么功能。有手机上装上 8 个喇叭可以拎到公园当录音机用的，有买东西拿着手机照一照钱就能验假钞的，有双卡双待，一个机支持两个号码的，有手机可以当打火机用的，有手机能刮胡子的。山寨手机可以说把中国人的创造力体现得淋漓尽致。所以山寨手机在 2008 年时年产 1.5 亿部，中国的手机总产量据说是年产 2 亿部。山寨手机大概占 1.5 亿部，就是这么一个状况。

很多山寨老板，包括台湾的企业家们，共同反映说这就是毛主席农村包围城市的战略。当然山寨手机是没有办法影响精英的，因为需要拿品牌证明自己身份的人不会买山寨品，诸位大概也不会买。但是问题是世界上有好多人，十几亿人只要有一个能通话的手机就可以了。这么大的市场你不去占，非得在那儿挤诺基亚的小市场犯不着。我们采访过的山寨手机公司里面有好几个公司只做国外的业务，根本不做国内的业务。做国内的也都是在三级市场和四级市场上竞争，但是利润也都很好。

日本走的是西方式的品牌道路，像索尼、松下这些品牌都是如此。但是中国人的智慧和他们不一样，完全另走一路，照样管用。日本这个东西是有先例的，中国的企业里有没有像索尼那样的企业，这么相信技术，永远孜孜不倦地去追求的？有啊，华为就是一个经典的例子。现在市面上有好几本关于华为的书，你们可以找来看看。还有阿里巴巴，中国的很多企业也是一干就要干百年老店的，马云不是说嘛，我建了阿里巴巴，至少得干 80 年——没有说百年，但是至少得存在 80 年。

我过去这两年一直在研究义乌。义乌是浙江的，浙江是一个著名的专业市场大省。一帮农民在这里突然盖起了这么一个大市场。按照比较优势的理论，那里什么自然禀赋也没有。可是人家就在那儿盖了这么一个市场，最后变成了一个世界性的大市场。靠经济学是解释不明白的。

在西方虽然还没有完全绝迹，但是已经很少有专业市场了，专业市场被认为是前现代的东西，在现代经济里是没有的。现代的销售渠道都是由大公司直接控制的销售网络，各级代理商，或者是大百货商店组成的。没有由一帮农民，一个人摆一个小摊，聚在一起变成一个大市场的，这种销售的形式在西方根本不存在。

最近书店里正在卖一本书，叫《长尾理论》①，书里说的道理简直与中国的专业市场的道理一模一样。它讲的是什么呢？它讲了一个 20/80 定律。这个定律说的是一个行业里通常是前 20% 企业的产品占据该行业 80% 的市场，极端的时候前 10% 企业的产品占据整个行业 90% 的市场。剩下的就是其他企业生产的产品。虽然消费者对这 80% 的企业生产的产品需求量很小，但是无论你生产什么样的产品，总能满足一定的需求。需求很少是为零的。这样的话，如果把需求量用曲线来表达，它就像一条长尾巴一样，它很小，但不为零。因为 20% 的企业生产的产品就可以获得 80% 的市场份额，大企业追求的都是批量生产和大规模生产，没有人关心如何满足长尾市场的需求的。但是长尾理论认为，在信息革命的时代，如果你能把这些长尾需求凑到一块儿，你的利润可能一点都不少。这里的关键问题是大企业无法满足市场上存在的多样性的需求。很多多样性的，属于长尾需求的部分，只是潜在的需求，而不是现实的需求，因为很少有企业愿意来满足这些需求。如果你有办法满足它们，它们就会变成一种现实的需求。人人都知道，只要存在供给，这个需求就会出现。所以有中国特色的专业化市场分工极为详细。很少有两个摊卖一模一样的东西的。每个人都是做分工特别精细的一小块。这样的好处是什么呢？你想要什么东西那儿都有，全国的采购的人都奔那儿去了。这种风格各异的产品专业市场加在一块儿变成了一个新型的地方经济模式。这个类似日本的"一村一品"。"一村一品"指的是生产，但是销售是怎么卖的呢？如果在日本东京最热闹的地方，搞一个摩天大

---

① Chris Anderson, *The Long Tail*: *Why the Future of Business Is Selling Less of More*, New York: Hyperion, 2006.

楼，把日本全国的一村一品都集中到一个楼里卖，你看看是什么情况？现在日本的一村一品只是在那个村里卖，旅游的人走到那儿才能买，你这样能卖出多少呢？中国的专业市场是在一个空间高度集聚的地方，把大量能满足各种各样复杂的、多样化的需求的产品集中到一块儿。这样做可以急剧地减少消费者收集信息的成本，通过范围经济来增加规模经济，这里面就有经济学的道理了。

所以你看中国的土办法照样管用。义乌那么一个小地方每天出口 2000 个标准集装箱。世界上 70% 的圣诞节的装饰品都是那儿去的，义乌人的日子过得很好。所以中国的模式里有很多中国的智慧，中国的制度性安排照样管用。这是我研究日本以后再研究中国，特别是把中国模式与日本模式来对比的时候发现它们是各有千秋。当然了，我前面提到了好多日本对我们能够提供启发的地方。

我再讲一点，那天听佳能总裁在讲演，我觉得很有意思。你可以看出中国人和日本人在跟美国人打交道时的态度和方法很不一样。你看他自我总结说日本人在美国一待马上变得十分拘谨，什么也不敢说，唯唯诺诺的，生怕得罪别人。从日本文化的角度讲很多都是这样的。中国文化根本就不是这么回事，中国文化在这一点跟美国文化是很像的，有话必须要说出来。反倒是特别坦率地交流使得好多事可以解决。日本人不直接说，绕来绕去，拍一巴掌还不知道你想什么的那种反倒耽误事。跟其他国家打交道的时候，你看两个民族存在不同，两种模式的不同。

还有一个部分是中国应该研究日本的地方是创意产业。

创意产业包括广告、建筑设计、新闻媒体、娱乐、网游，以及服装设计等等。创意产业需要智慧，需要原创性的工作。日本的创意产业搞得相当好，好多时候我们都可以体会到我们可以从日本学到很多的东西。比方说日本的卡通、游戏机，在美国简直火得一塌糊涂。在做卡通方面，连美国人都很佩服日本人。他们认为他们自己的卡通干不到日本人的那个程度。日本的广告业也是很厉害的，这方面美国也很厉害，韩国也在打造创意产业，各种各样的电视剧生产了很多，不断在制造韩流。这个方面我觉得在未来如果大家有兴趣研究日本的话，尤其是研究日本的产业或者是经济，这会是一个对中国来说特别有用的一个题目。

总结来总结去，我对研究日本后看中国的感觉是什么呢？我想是日本这个模式特别强调秩序，而中国这个模式却是大道无形。你看《孙子兵法》，西方人强调定量分析，你要定量分析就得测量。但是，《孙子兵法》里没有什么死规矩，完全要根据瞬息变化的战场情况决定你怎么做。所以，中国的发展模式可能很多东西看起来是乱哄哄的，但是乱中有序，只不过一般人看不出来而已。那种最聪明的商人，他们就抓住了这里面的所谓的秩序或者是规律。他们看懂了就干，就是这个道理。

在今年4月底，我们六位杜克大学研究日本的教授开了一个会。他们的会我已经有好几年不怎么参加了。但是我一看这次会的题目很有意思，叫日本研究是不是正处于一个大危机中？我一看这个题目就想我得听听是怎么回事。结果等我去了以后发现有两派，一派观点认为现在美国老百姓对日本文化的兴趣还是不减，上饭馆吃个寿司啊，家的后花园里弄个日本风格的石头啊，用一堆细沙子表现流水呀等等。很多就是与创意产业有关联的东西。另外一派认为，日本研究在美国已经面临一个大的危机，现在美国主流的社会科学已经根本不再关注日本了。虽然日本研究在过去作出过贡献，但是现在没有人关注日本了。大家都问在这种情况下怎么办呢？我的答案就是我刚才讲的这一大堆，就是如果你想让别人关注日本，你必须能说出来日本与别人的联系。只有当大家认为日本与他们还有关系，人家才认为有研究日本的价值。

就目前而言，既然大家都在研究金融危机，既然大家都认为储蓄过剩和流动性过剩是导致金融危机的重要因素，经过我今天这样一种推导，我们就可以看出日本人在整个这个历史过程中的作用。你说研究日本有没有意义？当然有意义了。因为研究日本将会有助于你认识现在世界上正在进行中的一种深刻的历史过程。所以说到底，能不能让世界各国继续研究日本，能不能让中国国内的读者对日本研究保持一个比较高的兴趣点，实际上是取决于在座的各位能不能把日本这样一个研究对象跟其他国家的历史经验之间的共通性给抓住。你把这个共通的部分抓出来，每个人都会认为日本是跟我们相关的。如果你就日本研究日本，关心的人就相对要少了，这是我的一个体会。

最后，我想提几点。这些不一定说是建议，这是我个人的信念。三天下来你们听我讲我自己的研究，听我讲有关日本的东西，那么我作为一个研究日本的社会科学的研究者的学术信念是什么呢？

第一，我们应该先**成为一个学术领域或者专业的专家**，然后才是日本问题专家。这一点很重要。这个道理是你如果没有一个专业，光是一个日本问题专家，这个事就有点麻烦了。因为真正对日本那么关心的人是很少的，你如果不从专业的框架来研究日本的话，你研究的价值就要受到影响。

第二，虽然我想成为一个专业领域的专家，作为我个人而言，我却**不愿意被任何一种既定的分析框架束缚**。我们应该永远做好打破一个既存的学术框架的精神准备。当然，在你要把现存的分析框架进行再创造的时候，你要遵循所谓的学术规则，你要有专业的依托。最后你可以跨专业。只有当我们敢于打破任何东西对你的束缚时，我们才能进行所谓创造性的工作。

第三点更重要。这个是我在刚刚博士毕业，开始在杜克大学教书的时候，我的同事，一位老教授，是我们普林斯顿的校友，告诉我的。他说，对一个学者而言，最关键的是**要不断地学习**，你应该永远保持让你的头脑接受新鲜事物的习惯。他说好多人博士一毕业在学术上就等于是基本退休了。这是什么意思呢？他说的是当一个学者在研究生阶段学了什么东西，就永远搞那点东西，毕业以后一辈子就炒那点玩意儿了。他说学问如果做成这样就变得很可悲。我一直把他这个建议记在心里。每做一个新项目都在不断地学习新东西。如果你能坚持一直在学习，你的头脑就比较开放，就比较能够接受新鲜的事物，否则的话就容易变得保守。

最后一点是平时要博览群书，看杂书，什么书都看。刚才我讲了你要分析任何一个研究对象，最好有专业基础，但是在强调有专业基础的同时又不能被任何东西给束缚住。具体而言，在做任何一个研究项目的时候，你必须大量阅读与你的项目分析框架有可能沾边的东西。那天有一个同学问我关于日本经济体制的基本特点的结论是怎么推导出来的。当时我要做的东西与日本的反垄断法沾边，所以就什么都读。读到最后把与反垄断法有关的理论以及相关其他领域的书都读了很多。最后想办法把这些成分给捏到了一块儿。

给大家讲了四点，都是我个人的体会。至于对不对，仁者见仁，智者见智。每个人的情况不一样，大家对这个问题的看法可能也不一样，仅供参考。我就讲到这儿，现在大家进行讨论。

【讨论】

学员： 我首先说一点感想。我是学习国际政治的，原来是学习历史的。这么多年来，我对日本经济问题非常感兴趣。这三天听了高老师的讲座觉得很受启发。从专业知识的角度也好，或者是从分析问题的视角来说，都很有收获。我想就几个关心的问题请教一下高老师。

第一，您刚才举了一个奇瑞的例子。我想问的是，在我们中国现有的条件下，在我们缺少品牌，没有知识产权，缺乏核心技术等等一系列问题存在的条件下，我们中国到底能否实现产业结构的升级换代？我们在相当长一段时间内处于价值链的低端，我们一直是赚取加工费。

高教授： 这个问题已经被讨论了很长一段时间了。创新国家这个口号提出来已经好几年了。当我在接触这些山寨手机制造商这些老板时，他们似乎倾向于认为我们现在做不到。你问他为什么，他说这有一个资源的问题。这就要又回到资源上了，他们说等我们有了钱才能干这个。另外一条他们都认为毛主席的东西重要，集中优势兵力，各个击破敌人。我们采访了一家公司。汪洋啊，张德江啊，都去那个厂参观过。它是在印度、越南、印度尼西亚、泰国给定制生产手机，与那些国家的运营商合作。运营商说你给我做这个手机就叫我这个公司的名，他负责给做。不仅仅是负责做，而且还负责给研发。他们的生产设备很先进，你看了绝对得吓一跳。这家公司拍了一个DVD，大概有10分钟，就是整个的厂。我看完了那个录像以后问他，听你这么说你已经干了国际品牌所有干的事了，我的第一个问题是你为什么不搞自己的品牌？他说要搞品牌完全是另外一大块完全不熟悉的领域。他说我现在干的这一块我很熟悉，而且我的资源有限。我不像人家跨国公司有那么大的财力，怎么办呢？我只能集中投资，而且就在手机生产环节，各个零部件上做，我有几处强项可以超过竞争对手。我要是去做品牌，我不一定能超过他们。我马上又问了第二个问题，我说一般认为在一个价值链生产过程中，品牌属于最高端，赚取的利润是最大的，而制造部分的利润是最小的，你为什么甘心只赚小头？他告诉我说您误解了，他说我告诉你我们公司是怎么做的。他说我们每生产一个零部件，利润率就是10%。他说他敢干零利率的整机销售，一分钱不赚。我一听马上就明白了，我说我知道你在搞什么，你卖手机等于是在打包捆绑销售零部件。

这就是说他卖零部件就已经是赚了10%的利润了。这些零部件加到一块儿变成一部手机，本来卖手机他还可以再赚一笔钱。但是他为了和别人竞争，我手机一分钱不赚，我白给你，计算成本的时候我已经有零部件10%的利润在这里了。他说我很赚钱，我从银行一分钱的贷款没有借过就可以这么投资。你怎么界定升级换代？什么叫升级换代，这个里面变化的空间大了去了。当然最理想的是你有一个独立的品牌平台，但是即使没有你也仍然可以做得很好。

我们也访问过另一个叫金立的企业，这是一个民资企业。我们访问的这家企业的结果是，所有的调研组成员一致的结论是觉得采访完了你不知道这个企业是怎么回事。这个企业从一开始就做品牌，这个当然是我们希望看到的东西。我问他们的问题是你们现在这个品牌，而且听他们的介绍增长率很快，我说你们自己认为支撑这个品牌最重要的要素是什么？他们讲是全国服务网点的完善，他说我们的服务网点仅次于诺基亚。其网点之多，全国好像是400多个。你消费者把坏了的手机拿来，我们的态度特别好，保证给你修。我想来想去，他们之所以成功这可能是一个重要的因素。但是你要想看其他方面就有些摸不着头脑。当然那天见我们的人是一个办公室主任，因为高层领导都下现场去推销了。正好赶上人家有活动，只有搞技术的人留在公司。这些人的口才显然跟其他公司的人没法比，听了半天也没有搞懂，不知道这家公司为什么能干得这么大。

后来看报纸上的报道，原来金立的老板是个女的，她不要办公室，也没有办公室。她从另外一家企业挖了一位很有名的老总给她做副手。那个老总到了她那儿刚开始特别不习惯，因为CEO连办公室也没有。你一看这家公司的人跟我们采访的其他的人感觉明显不一样。其他的人好像一个一个特别自信，而且一看全都是名牌大学毕业。更给人深刻印象的是这些企业的领导人没有一个人出过国，也没有海归，全是大学一毕业就到上海做手机方案设计，也有干别的的人，若干年之后就都奔往深圳，在那儿开始了他们自己的公司。我们看完了这些公司觉得中国有希望，绝对有希望。这帮企业家整个阶层的素质都很高，绝对是有希望的。

学员：但是有一些核心战略，在战略层面的我们还是比较缺乏。我们关注的造船也好、飞机也好、汽车也好，甚至包括航天，这些产业战略不涉及中小企业。我们现在都在讨论国家对中小企业支持的不够，主要是大企业垄断。但是这些战略产业——造船业中国占有很大的市场——相当一部分技术包括零部件我们还得依赖进口。

高教授：这个恐怕一时是无法改变的。但是事情也未必就那样悲观。我的一个学生去了一趟泰州，就是李书福那儿。吉利造汽车，泰州也造船。他告诉我说民营企业在已经造出了43艘万吨轮。你相信吗？而且他把网上的文章都转给我了。如果根据这篇报道，到明年泰州的民营企业可能造出 70 多艘的万吨轮。民营企业啊。所以好多事我们不知道，但是人家已经干了放在那儿了。当然你说的对，就是说在很多核心技术方面我们确实现在还要依赖进口。单纯从商品，从品牌这个角度来讲，你通过奇瑞的例子可以明白，技术是可以引进、买来的，最后也是你的东西。从山寨手机的过程你也可以看出来创新这个东西是需要合作的。我在与联发科的老总见面时提出的问题就是，我觉得你们台湾在过去这二三十年里积累了大量的技术人才，大陆在这些年里又已经发展了强有力的制造业的优势，同时我通过这么多天的采访发现中国人在全世界的市场推销能力简直不得了。这三者要是结合起来，会发生什么改变呢？我给他举了一个数字，就是说去年韩国大屏幕电视显示屏在中国的市场占有率是 40% 多，今年下降到 20% 多，台湾的占有率从 20% 多上升到 56%。这里面当然有一个政治的原因，中国政府为了支持马英九，加上台湾也遇到了金融危机，鼓励九大电视厂购买台湾的产品，所以他们买了很多。

但是从联发科和山寨手机的例子我受到的启发是——中国政府现在不差钱，为了刺激经济要砸钱进去，莫不如干一些大家都可以享受的公益性基础设施，然后再通过两岸之间的分工，着重发展技术上可行的领域。这样的话，中国人在很多产业都可以跟外国企业有一拼。我一直在关注大屏幕电视，因为在五六年前，《IT 时代周刊》那个杂志就讲当时中国的企业没有办法与外国竞争，主要的原因是投入太大了。现在生产第七代、第八代，一下子就要投入几百亿美元。没有投入，就没有生产线。当时的中国企业根本没有那个财力。后来我们就想，如果能把一个生产过程分解，像生产山寨手机那样重新组合，通过整合两岸的力量来进行产业的升级换代。

当然，好多事情只是一个理想，是我们的愿景和想实现的目标。这与现实永远是有一定差距的。我这样说完以后，联发科的老总很高兴，实际上他们心里想的也是这个。而且广东的官员把台湾企业直接算成是中国企业，开始我没有反应过来。我说中国企业？他们说台湾就是中国的啊，我想对啊，他们说的没错。实际上他们的观念已经完全变了。所以下一步他们让我们论证的是平板电视，但是与此同时上网本、数码相机也会是如此。今天早上我还跟李廷江老师说，要是把佳能的东西与山寨的生产模式结合，让最低端的人负责产品工艺设计，也就是外形与功能的设计，佳能的东西肯定会超过松下的。因为什么呢？大企业高高在上，它的设计团队可以做出比较详细的市场调研，但是跟"山寨"手机的生产方式比还是要官僚的多。

学员：我的问题很短，按您第一本书的方法来分析，中国从邓小平提出改革开放以来至今，这个应该怎么来分析？我自己觉得对邓小平有影响的那些经济学理论或者是经济学家没有怎么听说过新古典经济学，想听一下您的想法。

高教授：不一定非得是经济学家，因为意识形态的东西是一个观念。十一届三中全会引起中国的转变。转变的是什么呢？是从以阶级斗争为纲转向以经济建设为中心。这是什么？这是不是观念？这是观念。

学员：就是说这个可能更多是邓小平自己悟出来的，是他自己的切身体验。

高教授：可以，这都没有问题。因为我的自变量是意识形态，是认知。你要是想做一个博士论文，或者是做一个比较严肃的科研项目，你可以参考一下现在在香港科技大学教书的丁学良的博士论文。他的论文题目做的就是这个。你可以去找来看看。只不过他做的只是 80 年代。实际上后来新古典经济学对中国的决策影响可能很大，而且越往后越大。你要看过去这七八年，尤其是看金融的政策——你们知道《货币战争》① 这本书吧。《货币战争》这本书出来以后在中国掀起了一场大讨论。你看其中两派的争论，其中一派是主流，另一派就是支流。宋鸿兵属于支流。如果信了主流的话，按照他们设计的话，——这本书是 2007 年 11 月出来的——按照主流的设计好像是在 2008 年的 9 月份就要实现港股直通车了。这意味着什么呢？大陆所有的钱可以自由在香港买股票，这就是开放资本账户了。如果当时宋鸿兵的书没有出，2008 年 9 月真的通过港股直通车，去年的全球金融危机一来会是什么样？肯定要遭受重大打击。

所以你想要去研究意识形态对中国的影响的话，我们以后可以保持联系。这是一个相当有意思的题目，过去丁学良做过，再往后就没有人做了。

学员：我在网上看到您有一篇文章是关于全球化选择，这是您在 2008 年刚开始的时候写的。在这篇文章里面您有一个预测是说可能"后全球危机时代"要到来。现在已经经过一年半了，您对自己的判断现在还是认为"后全球危机时代"的到来吗？

高教授：这个涉及界定的问题。我用的"后全球化"这一概念是与全球化相对的概念，这是第一点。什么叫全球化？全球化就意味着各种生产要素都向自由流动的方向走，如果对此加以限制就是后全球化。你必须要按照我这个界定来讨论这个趋势。现在可能从时间上来说还是太短。

学员：这就涉及这次金融危机到底是全球化的一个插曲，还

---

① 宋鸿兵编著《货币战争》，中信出版社，2007。

是导致进程发展中一个重大逆转的问题。

高教授：你这个问题提得很好，后全球化过程是一个政治经济学的机制，现在离看到后果还早着呢。我们怎么能预测呢？有一点是美国已经通过大萧条以来最严厉的金融管制法。大萧条之后，美国政府在很长一段时间内不许兼业经营。就是说你要干投资这块你就干这块，你就做投资银行。你要想负责老百姓存钱的你就负责存钱，就做商业银行。你不能把这两部分的钱放在一块儿，放在一块儿弄砸锅了大家都完了。必须要把这个风险分散开。所以现在又转过来了，奔着分散风险这个方向来了，这就是一个标志。

只要政府加强对产业的规制，只要是沿着限制市场力量的方向在进展，对我而言这就是我定义的后全球化。后全球化当然也包括对资本国际流动方面的限制。

学员：您刚才讲的就是后全球化时代的特征，跟我的理解差不多。10年是一个时代，如果这个特征只表现在一两年的时间，就是说金融危机很快就过去了，这个会不会形成一个时代？就是说实践会证明金融危机到底会持续多久。

高教授：你认为这次危机两年就会过去吗？

学员：不是，但是我觉得如果两三年就过去了就不足以构成一个时代。

高教授：好，你是研究美国的，我现在问你美国政府一旦通过一个法案，有哪个方案会只执行两年呢？你自己想想。

学员：也可能鼓励自由的法案没有废止，与此同时出现了其他的法案。

高教授：这个不是没有可能。但是事实上呢？就是说这个东西得靠实证，单说没有用。我们可以看一下这个贸易与 GDP 的比率曲线，西方的学术界一般把这个比率作为一个全球化程度的测量。19 世纪末期到 20 世纪初是全球化的上升期。按照那个测量第一轮的全球化基本上在 1913 年达到了一个高峰。随着 1914 年金本位崩溃，第一次世界大战爆发全球化过程开始逆转。然后是大萧条和二战，到了 40 年代末达到了最低点。然后开始恢复，70 年代布雷顿森林体系崩溃以后加速。现在这个比率已经比 1913 年的还高了。

根据资本主义长程运动的理论，全球化总是在保护社会和释放市场力量这两个作用力完全相反的方向之间做钟摆式运动。往这边走过头了，就往那边儿摆，往那边儿走过头了就往这边回摆。你说现在我们处在哪一个阶段？在我看来，之所以这次能出现一个这么大规模的全球金融危机，就是因为在过去的 30 年里，全世界各国向着释放市场力量的这个方向走得太远了，所以现在钟摆往回摆。现在你问我的问题是说会不会摆这么一下就停了，又回来了，我认为这是不可能的。

学员：那我接着往下问。如果现在是往回摆了，全球化会因为什么样的原因可以再回到上升的轨道？

高教授：这涉及一个理论的因果机制。我们要看到如果再出现进一步全球化的条件现在不存在了，当各国都在担心，都在想怎么能从现在的危机中走出来，你却想着下一轮全球化什么时候到来？

学员：这个涉及如何从金融危机中走出来。全球化的钟摆运动能回摆到什么地步？我们看到它往后摆……

高教授：我希望你要是有机会把我昨天讲的那本书读一遍，那里面包括两个方面。美国现在 13 个州的失业率在 10% 以上。

学员：欧洲比它还高。

高教授：对。当然这还没有达到大萧条时期的水平。美国大萧条时的失业率达 25%，现在还没有到那个份上。什么叫全球化？全球化是以全球为单位形成的一个大市场。所有的生产要素，包括劳动力、资本、技术、原材料和劳动力在全球规模的大市场里进行配置。如果我们接着推理，如果这样的全球规模的大市场真的实现了，我问你全球资金会往哪儿流？肯定是便宜的地方，对不对？这会对发达国家的就业有什么影响？这是一个最基本的东西。全球化对他们的就业的压力特别大。现在这个失业率已经上到这个水平了，已经是 20 多年来的最高水平了。下一个问题是当民主政体的选民面对着 10% 以上的失业率的时候，他们的政治倾向是什么？是贸易保护。美国人就通过了相关法案，只买美国货，欧洲也弄了一大堆乱七八糟的东西。这个趋势还只是刚刚开始。在这里，我不想持一种决定论或者是宿命论式的观点，认为从现在开始只能往这一个方向走。我认为根据我们理论上的推测，是会向这个方向发展的。但是这并不意味着没有其他的可能性。在西方社会科学理论中的一派叫结构决定论。结构决定论经常被批评的地方是你这里没有 agency——主观能动性的作用，即行动主体的主观能动性。

按照一般的结构性理论，全球化的钟摆运动会向着保护社会的方向发展。那么是不是就肯定往那个方向走呢？这就要取决于行动主体在这个过程中是如何互动的。也有可能行动主体发现一条新路，使得他没有走现有理论预测的这条路。我只能说根据理论来推，全球化的大趋向会向着保护社会的方向发展。

那位先生是我当年在北大的同学，他现在住在美国的爱荷华州。今年的 3 月份他请我去那儿搞了一次讲座。我们想干什么呢？我们想探讨中美之间能不能缔结自由贸易协定。如果在目前的局面下中美之间能够缔结自由贸易协定的话，那会从根本上扭转现在的贸易保护主义趋向。但是这个东西要运作起来是很复杂的政治过程，不是我们学者能够办的事。但是我在那里已经把想法和逻辑讲了一遍。

邓老师：我加一句，3月份我请高柏去，他讲的主要是推动中美自由贸易区。这个概念很有意思，学者们提了很多质疑，政府官员有一点犹豫，但是所有美国的企业完全一致坚决地支持这个想法。他们说：即使中国跟美国谈判的过程会相当漫长，但是只要我们把这个牌子亮出来，中美开始进入自由贸易区的谈判，就会对全世界构成很大的影响。最终的结果恐怕是全世界都要变成自由经济区，否则的话根本不可能跟中美竞争。所以这个观念是很有意思的。我4月份又请了美国国会的金融委员会主席。高柏去的时候见了金融委员会主席的办公室主任，他们谈得很好。我请美国国会金融委员会主席讲关于金融危机的事情。他举了一个例子来说明资本是不能无限制地自由流动的。我们经过了很痛苦的过程才了解到这一点。这就像汽车不能永远高速自由行驶一样，你得有红绿灯，要不就会撞车，会撞得很惨。我们的金融业以后一定要加红绿灯，加限制，加每一辆车走的路途和前进的方向。这就是说美国的金融业要进入限制的时代。

高柏刚才说后全球化，限制不限制，规划不规划是一个非常重要的观点改变。如果美国国会的金融委员会主席认为这绝对该这么做了，你就可想而知，这个调整会到来的。一旦这个政策法律付诸实施，它将会影响相当长的一段时间，起码是一两代人。我问他另外一个重要的问题是："我一个好朋友杜克大学的高柏教授提出建设中美自由贸易协定这个建议，你同意不同意？"他立即说我赞成。

高教授：他是国会的金融贸易委员会主席吗？

邓老师：是，金融委员会是管国际贸易的，所以他立即说我赞成。所以我想高柏这个提议在美国会有相当一批人是接受的，他们是看到了大势的。当然如果失业率增加的话，美国国内的贸易保护主义肯定会抬头，但是如果把高教授的这个建议加进去，开始做一些宣传，会大大压制贸易保护的趋势。贸易保护的结果绝对地对全球是不利的，尤其是在这个时候。

高教授：我再加一句，大家可能知道韩国与美国之间的自由贸易协定一直在美国国会压着呢。我们临近的北卡罗来纳大学有一位韩国教授做访问学者。我们是在日本的时候认识的。他临回国的时候跟我告别，我们俩聊天，讲起了我这个想法，他听我讲完了以后说你这可是太重要的信息了。李明博有一个 12 人的关于韩国美国自由贸易协定的咨询委员会，这个人是成员之一。他问我你跟中国国内讲了吗？我说还没有讲呢。他说这个太重要了。如果这个事实现了，对韩国会有极大的冲击。我听了一想既然对你有冲击，我非得去讲。讲完了到时候他们为了防御，就可以推动比方说中国跟韩国搞自由贸易，中国，韩国，再加上日本搞自由贸易。如果在东亚能够局部地把自由贸易协定多边之间相互签订的话，这将有助于全世界阻击贸易保护主义。

美国能不能超越、克服现在这么严重的失业产生的政治压力，那完全是另外一回事。所有议员都为自己的选举着想。如果本区选民很多丢了工作，比如说我们北卡，北卡是美国最大的家具生产地，每年两次国际博览会都在那儿召开，现在 70% 的北卡家具是中国生产的，那里的工厂都关的差不多了，那个议员受到这个压力会怎么样？所以中美自由贸易协定怎么推动我也不知道，结果会是什么样我也不知道。但是我知道目前按照理论推，全球化要向反方向发展。如果行动主体有可能找出特别有创造性的解决方案，也有可能既能管住全球化带来的风险，又可以继续全球化的进程了。但是到目前为止还没有人想过，我试图想出的一个主意就是中美之间就建立自由贸易区进行合作。

学员：中国是极度外向，市场化的国家，如果中美自由贸易区能实现的话，我觉得中国也可能成为首先走出金融危机影响的国家。

高教授：什么意思？

学员：就是金融危机的影响非常严重，而中国政府在几个场合都讲中国可能是全球最早走出危机的国家。

高教授：这很有意思。最开始我第一次听这个想法的时候认为这简直是胡说，因为你的外贸依存度放在那儿呢，中国的 GDP 的外贸依存度高达 70%，这不是开玩笑嘛？但是前两天美国外交政策杂志发表了一篇文章，说每一台 iPod 的需求减少，中国只损失 6 美元，而日本要损失 100～135 美元。这就是为什么日本今年 5 月份对外贸易下降 40.9%。现在的问题回到哪儿了呢？回到了今天开始讲的全球生产方式。也就是说，如果你看统计数据美国与亚洲的贸易逆差实际上在过去的 20 年里不但没有增加，而且还略有减少。但是这个逆差在亚洲国家之间的分配发生了根本性的变化。20 年前日本占有的美国对亚洲的贸易逆差是 39% 多，到了今天是 11%，中国原来是 0.8%，现在变成 28%。为什么？因为韩国、日本、中国台湾都把工厂都搬到中国大陆来了，做完了往美国卖。所以中美之间的贸易不平衡亚洲的生产分工是重要的原因之一。但是这也是为什么这次金融危机后出现的一个更有意思的现象的原因，就是我们的邻国遭受的打击比我们大得多。为什么呢？因为我们的附加价值小。虽然美国不买中国的产品了，我们就挣 6 块钱，而日本人他挣 100 多块钱。什么东西都是两分法，什么都不能说绝对了。中国的劳动力密集型来了危机时还有这个特点。

学员：高老师刚才谈中美建立一个自由贸易区，对这个问题我非常感兴趣。金融危机有一个大背景是中美之间贸易的极端不平衡。中国有大量的贸易顺差，而美国则存在着大量的贸易逆差。您觉得中美之间建立自由贸易区以后有利于扭转这种局面吗？如果能够建立自由贸易区会产生什么样的影响呢？您预期一下。

高教授：我的一个朋友在商务部工作，我问过他，你觉得如果这个自由贸易区如果真的能够建立的话会带来什么样的变化。他说，第一肯定还有更多的中国货可以卖到美国去，这是毫无疑问的。但是，第二也会有更多的美国货卖到中国来。为什么呢？自由贸易区没有关税。什么叫自由贸易区，就是没有关税。如果美国产品出口中国不用上税，而日本产品、韩国产品，以及其他国家产品必须要上税，美国的东西就变得相对便宜了。

学员：美国对中国有一些顺差来源于它的高档产品，而美国的一些军事研发产品是属于不卖的。即使是你建成 FTA——自由贸易区，他这种产品还是不卖的。以前是你想买什么东西没有钱买不起。而现在是即使你有钱了，人家也不卖给你。

高教授：那部分咱们免谈，建立自由贸易区也解决不了那个问题。但是，你要注意听，听清楚后再想。我说的是如果美国跟中国缔结自由贸易协定，美国货卖到中国不上税，那美国货在中国市场的竞争力自然上升，中国人买美国货的几率就增加了。我说的是这个意思。

学员：我有一个问题，您在谈到日本的时候有一个说法是日本以牺牲产业升级为代价来实现社会稳定。这可能是日本保护社会的一种政策。那么这种做法在这一轮的全球化钟摆运动的过程中，应该是属于比较有利的，是吗？

高教授：应该是这样的。

学员：但是从金融危机对日本的冲击来看，目前还是很糟糕的。

高教授：金融危机是一个临时的结构性条件。这种巨大的结构性冲击是临时的。你不能指望金融危机对日本出口的打击会持续 40 年，那是不可能的事，这种影响是临时的。如果全球化的钟摆运动向着保护社会的方向迈进的话，日本的那套东西本身就是以保护社会为目的的，所以他那套做法有比较优势。我在 2004 年去德国访问的时候，发现了一个德国学者与日本学者最大的区别。在日本从整个 90 年代一直到现在，永远有人在极为坚定地去捍卫他们保护社会的那套东西。而在德国到了 2004 年的时候，知识分子是众口一词地骂工会，说就是因为你们这帮家伙把我们现在弄得半死不活；又骂两德统一，因为西德一下子花了好多钱；再加上骂欧盟，说德国经济之所以变成这样就是因为这三条。这次有意思的是金融危机一爆发，德国人第一个跳起来骂美国人。可是，德国人你们自己也干了新自由主义，干完了回头说师傅给教坏了，谁让你学的呢？原来德国人也有一套保护社会的体制，叫社会市场经济。现在出了问题是因为你自己搞成那样的，你能怨谁呢？我看到一篇文章讲德国现在对自己本国原来的模式信心大增。这种模式恰恰是在新自由主义时代被大力批判的。未来的 10 来年里，你肯定可以看到德国人鼓吹自己的东西越来越多。这就回到了刚才我们讲的钟摆运动。既然是往这个方向摆，德国的自信心增强的话，他们干的就更厉害了。

学员：高老师您刚才谈了自由贸易协定。您刚才说了主要的内容可能是零关税这类的东西。我想您能不能对自由贸易协定的基本内涵做一下界定。因为这涉及一个什么问题呢？我们知道全球化是一个自然发展过程，在自然发展的过程中世界爆发了这样大的金融危机或者说经济危机。如果中美之间签订这种协议，世界各国可能也要加入。那么这种自由贸易协定或者是自由贸易区与全球化之间到底有什么区别呢？

高教授：为什么双边自由贸易协定现在变成了一个新趋向？这是因为 WTO 解决不了进一步促进全球化的问题。人们一般认为WTO 是代表全球化的世界性组织。但是你即使承诺了 WTO 的全部条款，它仍然有很多限制条件。我问你，既然 WTO 被认为是一个全球化的代表性制度，它仍然存在着大量的限制条件，这意味着什么呢？这意味着现在的所谓全球化的条件并没有人们想象的那样完善。要超越 WTO 一般性条款中的限制，两个国家之间如果进行自由贸易有较强的互补性，当然你们两个愿意签一个自由贸易协定了。

对中国这样一个制造业大国来说，劳动力密集型产业是产业结构中重要的部分。说老实话中国除了在外部环境中受能源和原材料这些东西的限制太多，其他方面我们还是处于一个很有利的地位。中国经济能不能马上恢复，就看"保8"的措施有没有用了。你要看到过去说我们 GDP 的贸易依存度高，最高的时候是72%。许多人包括我自己的观点写得很清楚，有这么高的 GDP 外贸依存度，一旦外面出事对你的打击肯定很大。现在的打击大不大，是大，这点不假。但是与此同时你也要看到国内的需求也不小。现在国际上一直在辩论金砖国家与发达国家的市场到底是脱钩了还是没有脱钩，辩到现在也没有打出个结果。这涉及什么呢？第一，中国今年的经济增长率到底能不能达到8%？如果真能达到的话，在外贸出口大减的情况下还能达到，那显然脱钩论又可以变得特别时髦了。

学员：高老师您好，您今天的讲座说研究日本对中国研究的意义是一个比照的作用。我记得您第一天说您去日本是带了一个论文题目去的，想做中日比较，但是日本人告诉你说中日不具可比性，我很想知道日本人为什么认为中日不具可比性？

高教授：发展的阶段、各种经济制度不同。你可以去看我的那本书，就是我第一天讲的那本书里的《中文版序言》。我在那里讲得很清楚。但是现在情况已经变了。原来不具备可比性是因为日本是世界第二大的经济体，而中国还数不上，跟日本有什么可比的呢。第二，我们是社会主义，它是资本主义，政治制度不一样，经济制度也不一样。现在我认识到，可比不可比这与美国或者是西方和日本之间的学术范式不同。如果你要把理论建构作为你科研的目的，你只要在概念化的过程中能提炼出一种可比性，把它给概念化出来，你就可以比了。如果按照地域研究的路子肯定就没法做。你必须要有特别详细的实证材料作为你的主要依据。因为中日之间区别很大，有可能没法比。如果你想在高度抽象的基础上，比如说两国的经济发展模式这种层面，这个当然可以比了。所以说能不能比取决于你是否走理论建构的路，在比较抽象的层面上进行概念化，然后又能导出一些可比的价值。如果能做到这点，那当然可以比了。但是你如果只想比那些特别具体的详细的实证材料，那很有可能你会碰到很多困难。

学员：我提两个问题，一个是关于中国经济的，我想问对中国的大品牌企业，比如说海尔、海信，这些您是怎么看的呢？另外一个问题是您现在主要是研究经济政策和产业政策的，我想对我们很多研究政治、外交领域的，在方法论方面您能不能帮我们提示一下？

高教授：西方社会科学的研究方法在各个领域都是通用的。我第一天讲的东西你做什么都能用得着，有研究问题，文献回顾，设定假设，实证材料，确定分析框架，这是所有学科都相通的问题。

学员：产业政策和外交政策有比较大的区别。我记得您上次谈到过在研究产业政策或者是政策决定过程中有很多的困难。在外交政策决定过程中我觉得比这个困难可能还大。

高教授：对，这一点我觉得值得谈一谈。什么问题呢？就是当你面临不同的研究对象，你手里可供选择的材料的层面问题。我昨天讲的那个题目到目前为止没有一个人能用我做第一本书的方法做。为什么呢？首先这个问题是一个特别宏观的问题，它是一个系统的问题。你不可能完整地收集关于一个系统的动态发展的实证材料。我在这个题目上的做法是把它按制度分解成若干个小块，每块里面用相对静态的、抽象的材料来讨论并使用很多二手材料。这样的话你就可以做到分析一个较大的系统了。我觉得你可以借鉴一下很多澳大利亚的经济学家研究亚洲经济的方法。他们在讨论亚洲金融危机时，就是在分析一堆抽象的数据，而且你会觉得他们根本不知道亚洲金融危机的实际具体过程，你怎么就能得出这个结论呢，但是他们有一套经济学的理论在这儿等着呢。根据这些理论，如果是这样，我们就应该可以期待这样的一个数据。如果你看这个数据在这儿呢，就得承认他说的也有一定的道理。我说了半天就是想说研究方法的多样性，每一个具体的方法都有它适合的研究对象。当然一涉及具体的研究，可能哪一种研究方法都会遇到困难。

我那天讲过这个例子。中村隆英告诉我说连他都很难做经济政策决策过程那样的题目，因为采访并不是一个很容易的事情。在这种情况下你必须考虑的问题是你能做什么？我能做的就是大量依靠那帮人写过的东西，这图书馆里都有，你们自己愿意写回忆录，我拿来看还不行吗？我用不着问你，这是你们自己写自己的，我拿来看。按西方的学术规范，这个一点也不比采访差。因为这是白纸黑字写着的，完全可以用作分析的实证材料。当然这里面会涉及什么呢？所有人都挑好听的说，所以你经常要比照几个来回才能对出来哪个可能像是真的。

学员：将来我们中国的企业应该怎么走，包括民营企业，还有山寨手机的模式？刚才有人说到中国希望发展品牌，可是我们现在面对普通消费群体的品牌在经济实践上遇到很多困难。将来能不能继续再发展这样的经济？发展这样的经济对中国经济会造成什么样的影响？现在中国的这些品牌发展遇到瓶颈了，没有办法解决。

高教授：不可能没有办法解决，不存在这个问题。你这种问题首先我没有研究过，你让我回答我没法回答。你要等我去调研了以后才能回答，因为你必须与他们接触以后才会有答案。

学员：我有两个问题，第一个问题就是关于经济周期的问题。一般来说经济发展了，经济衰退了，会通过市场的力量把这个危机释放掉。但是这回是因为全球性的百年不遇的金融危机，各国政府都大量地投入资金。有好多观点认为这样的解决方式实际上是一种无法释放市场积累下来的危机，所以是不是酝酿了一个更大的或者是新的危机？也就是说这个回摆是不是摆的太过了？这是第一个问题。

高教授：你讲的这个问题是什么呢，我用两个概念来讲这个矛盾，救市与转型的问题。广东的"腾笼换鸟"是一个最经典的例子。汪洋去了广东要"腾笼换鸟"，就是产业升级换代，是转型，是要转变当地地方经济发展模式。但是，在地方上受到了很大的阻力？原因是什么呢？农民工失业怎么办？要救市。所以这二者之间永远存在着矛盾。现在世界各国主流的办法就是救市。为什么呢？这涉及政治周期和经济周期的关系。政客每五年要面临选举或者是四年面临选举，即使是中国的政府官员也要每四年、五年轮换，你得交出一个成绩单来。你来的时候要转型，可以。但是你敢保证四年以内可以转成，并创造出足够的就业吗？如果不能的话他们就会想那还不如不干这个呢。

学员：那这个危机会不会越等越大？

高教授：等待肯定会使原来有的问题得不到解决，使问题变得更大。这点是肯定的。

学员：第二个问题是因为我看您的书，觉得您对日本 1973 年之前的做法比较赞同，而且产业政策和科技政策有一定的关系。还有您对日本科技创新体系有什么具体的看法吗？

高教授：什么叫科技创新体系呢？这个怎么定义？

学员：就是产业政策，因为日本发展了。虽然日本是出口导向模式，但是你也说了，它是以技术创新为核心。它肯定有相应的政策。产业政策和科技政策这两个您觉得是一盘棋还是分着走的，还是含在一个课题内？

高教授：这么说吧，通产省有自己的产业政策。产业政策里包括科技政策的内容。科学技术厅也有自己的科技政策，但是科技政策好多也与产业相关。所以这个问题很难说得清。但是说到你的创新体系的问题，这跟曲德林老师的兴趣有关系。在创新上美国模式跟日本模式是有区别的。过去讲在美国读理工科的博士生是靠老板养活的。你的导师拿科研经费付你的全部学费，你每天50%的时间是给老板干活的，就是这么一个模式。美国大量的研发是在大学里进行的。而日本是基本上在企业里进行。近年来日本推动产学研有所进展，但是跟美国比，程度还是远远落后的。美国的高科技公司是另外一个模式。高科技公司就是搞科研的，就是搞研发的。所以日本的体制好不好使？很好使，到目前为止都好使。

学员：这一点对中国还是很有借鉴的。

高教授：那当然了，企业不搞研发的话不行。

学员：产业政策和科技政策相结合，推动了企业的发展，产学研的这种模式支持了日本经济的发展，是这样的思路吗？

高教授：你让我把科技政策和产业政策做一个明确的区分，我没有关注具体科技政策，所以我不知道怎么分。

学员：我对经济不是很懂，但是这几天听您讲课我比较关心几个问题。第一个问题就是山寨手机，这样是不是会产生很多的电子垃圾？第二，据我所知，我有很多同学在搞生活实践。国家有给高新企业减税的政策，但是很多高新企业并没有直接做技术研发，而是利用一些博士生，或者建立一个博士后站，只有一个形式。这也是一个问题。另外一个问题就是您今天提到了中美自由贸易协定的问题。您觉得中国企业可以有与美国企业同样的竞争力吗？如果这个协议签订了以后，是不是会影响中国的中小企业的发展呢？

高教授：第一个问题你说的肯定是有道理的，肯定会产生大量的电子垃圾。即使你没有山寨手机照样会产生电子垃圾。这个区别在哪儿呢？大量的人需要手机，让他们用，这样的话会减少电子垃圾。

学员：现在的问题是有的人可以用很多的手机。

高教授：买得起很多手机的这种人肯定是与山寨手机没有关系的。

学员：我是觉得是不是应该有一个约束呢。

高教授：具体的事我们不讨论了，我关心的是理论问题的研究。第二个问题也是我不管的。我认为应该让学生有更多的实习机会。你告诉我你看他们干了半天都没干明白。我只说这件事应该干，我没有说他们干歪了就不应该干了。至于怎么干才能干正，这是政府的事。第三个问题是即使没有自由贸易区，中国的中小企业也会面临竞争，这个不可能是光你赢。中国人讲双赢，自由贸易区对他们的好处是这种制度性安排是建立在国家的层面，而不是某一个具体的产业层面。

学员：我有三个问题，第一个是刚才讲的在后全球化时代。刚才您讲了后全球化时代这么一个观点，后来又提出了中美自由贸易区，这两个观点之间前后的矛盾怎么解释呢？

高教授：我刚才说的道理就是从理论上推会出现贸易保护的趋势，但是不等于中国作为一个世界经济中的行动主体完全失去了改变趋势的可能性。

学员：第二个问题，从经济和贸易的角度来讲，任何国家都想通过发展对外贸易促进经济的发展，这是促进自由贸易区很重要的动力。但是，实际上您讲的实际上在建立自由贸易区的过程中间还会有其他很多的因素在里面。比如说，中国和印度的自由贸易区已经谈了很久，但是现在还没有什么结果。

高教授：中国和印度之间根本就不存在互补性，怎么能谈自由贸易区呢？

学员：不是这样的，中国和印度不是不存在互补性的。

高教授：你说他是世界办公室？

学员：不是，中国和印度是分开的。其实中国和印度在一些领域里有很强的互补性，贸易增长非常快。这也是在学术界讨论的很多的。但是这个仅仅是限于学术层面。我讲的意思就是说在建立自由贸易区过程中，其实还有很多其他更复杂的一些问题，比如说印度跟巴基斯坦的关系问题。学术界和政府都希望去发展，但是实际上贸易量非常小，所以困难是非常大的。

高教授：你的意思是说自由贸易区本身受许多因素制约，而不是纯粹的经济因素？这个我完全同意。我之所以提出这个想法本身就是从政治的角度出发，而不是从经济角度出发的。为什么说从政治角度出发，而不是从经济的角度出发的呢？我的观点是如果你不去干点什么事，这个世界可能就真的走向贸易保护主义的方向了。历史证明走向贸易保护主义经常会导致战争的，这不是一件小事。你们这一代人可能没有学过列宁的帝国主义论。当时在第一次全球化逆转后，为了争夺原料、市场、殖民地，各个发达国家都在发展军事实力，第二次世界大战就是这么打起来的。第一次全球化高潮逆转以后，所有的国家——我第一本书讲的就是这个，都信奉一个生命线的原则。这个原则就是当国际贸易一旦中断了的话怎么办，我们必须要抢一块地盘。这里面原来靠贸易可以自由地获得的东西现在只能靠军事手段进行控制，最后就导致世界大战了。所以我是出于政治的目的，为了避免走向那条路，才提出这个自由贸易区的想法。我这个想法也不是今天才有的。

学员：第三个问题接着这个讲，我们设想中美自由贸易区一旦建成，肯定会在世界上影响经济界和政治界的。其他的国家也可能会接着加入，因为没有办法抗争。

高教授：你可以不让别的国家加入，这个是一个双边的自由贸易协定，只对这两个国家之间的协定。

学员：你只能说不一定让他加入。

高教授：你混淆了双边自由贸易协定的定义。你要是加入WTO，那是国际组织，你只要签约就可以了，双边的协定别的国家是不行的。

学员：高老师您刚才谈非市场治理结构的时候，谈到了产业联盟和产业标准，我想问一下您在这方面还做了哪些研究？尤其是在电信运营里很多标准之间也涉及专利的问题，有很多把自己的专利加到标准中间。这里存在的一个问题就是在这个标准的推广和执行过程中间，要收取大量的专利费。而这个往往对于事实上形成的行业标准没有关系。如果是政府有一个强制性的标准或者是推广型的标准，这就涉及公权力去推广私权利。我想问一下在政府和行业联盟制定和推行行业标准的过程中如何处理公私之间的关系？

高教授：我明白。你说的这个问题很有意思。美国形成产业标准的模式是完全通过市场的手段。如果你有最强的竞争力，你就会在市场中占垄断地位。你的标准就会成为产业标准，而这个标准会给你带来更大的利益。但是，你的问题是如果我们没有这样强大的企业，而政府出于保护本国内部企业的目的要搞一个标准。我刚才讲的DVD就是这个例子。最后政府也不想用公权力把一个标准只给一个企业，所以给了两个。给了两个反倒引起了麻烦。这里面的问题我没有进行详细的研究，但是我一直在关注这个事以便决定以后要不要研究。我的想法是最重要的是要有一个公平、开放的机制，通过这样一个机制产生一个产业标准。产生了之后，通过政府的公权力来推行。产生过程中大家要服气，否则的话就变成了行贿受贿，企业收买官员，然后强行推行自家的标准。那样的话就麻烦了。

学员：北京大学知识产权学院和松下电器知识产权部有一个合作的研究。他们要研究中国建立国家推广型标准的机制。我参加这个研究已经很长一段时间。我在思考一个问题就是：松下电器资助合作研究的目的是什么？作为一个企业愿意和大学做一个长期的研究，而这个研究的结果对企业没有实际的直接价值，而是国家推广型标准的一个模式。我想问一下以您对日本企业的了解，他们是什么样的一种想法呢？

高教授：企业要给你钱的话总是有他的想法的。这个想法能否影响你的研究取决于接受方到底有多大的自主独立的意愿。这有很多例子。我在美国待着，这种事特别多。比如说我前边提到过的肯特·卡尔德（Kent Calder）在 1980 年代末在普林斯顿成立了日本研究中心。当时日本的住友银行答应给他 500 万美元。条件是要把那个财团总裁的儿子弄到普林斯顿来上学。普林斯顿就坚决不干。一般而言，在美国任何一个外来的赞助要想影响学术的研究方向都会遇到极为强烈的抵制。不能影响学术研究的方向和观点通常是一个前提条件。像清华的日本研究中心离开来自日本的经费就没有支持了，只能接受。但是那不是说你非要替日本来说话。当然，中国在这方面面临的困难肯定要多一些。但是不是说不可以做，你可以跟他讲你既然尊重中国的产业标准，你首先得尊重知识产权。知识产权产生的过程不能是一种商业的过程，应该是一种创造的过程。当然，日本的企业不一定非得是像你想象的那样，因为他们有国际经验，尤其是有北美的经验。

我再举一个例子。日本国际交流基金在美国的做法是把钱直接就交给美国人。这钱归你们，你们自己选一个顾问委员会，你们自己决定给谁，我连管都不管。这一点与韩国完全不一样，而韩国经常挨骂。日本人也是经过一系列的教训才学乖了。他们知道了与美国人打交道最好别来这套，所以日本人也就没脾气了。韩国人就不行，他要一直管到你赞助哪个项目，恨不得说什么话都要管。美国人就经常骂他们。我想中国现在是不差钱的时代，应该是有底气的。我觉得你们要是义正词严地把这个事说清楚，应该是可以办到的。

学员：他只是给我们提供资金和材料上的资助，不会影响其他的。

高教授：可能这种担心是不必要的，我想他们应该已经比较成熟了，这是我的理解。

学员：我提一个问题。大家对金融危机的提法有一个共识，现在有一个提法就是美国现在涉及的是金融危机，而中国实际上遇到的是经济危机，您对这种提法怎么看呢？

高教授：我同意，对中国来说在目前现阶段不是金融危机，而是经济危机。经济危机的原因是由于西方的金融危机冲击了它本土的就业，减少了老百姓花钱的能力，导致中国制造业外部需求的减低。

学员：我还是想请高老师说一下自由贸易区的问题。我接触过一点自由贸易区的问题，虽然我是从政治角度做的。拿中国和东盟举例也好，日本和新加坡举例也好，其实自贸区的操作过程与其说是经济贸易过程不如说是政治过程。所以我们中国驻日本的王毅大使曾经呼吁：中国经济与日本经济之间是互补性最强的双边关系。麻生最近试着打出一个信号来了。我觉得您在美国提中美建立自由贸易区非常好。

高教授：我本人有很大的压力。

学员：这么多年来，中国在设计自由贸易区的时候总是要付出很多，包括和东南亚地区的协定。东南亚现在变成抢手的了，我们中国和日本都在抢东南亚，东南亚变得很主动。我觉得我们中国在对外交涉当中如何发挥我们的主动权非常重要。学者在当中可以起到呼吁或者是推动的作用。

高教授：我简单地说两句。今天在座的研究外交的人不少。我对中国外交观察很多年了。这里面有一定北大情结。80 年代出国时是一个理想主义的时代。祖国有难马上想做一点什么，所以经常关注这些事。我总的感觉是中国的外交缺少立体性，动不动就讲从大局着眼。我最烦听到的就是从大局着眼。中国吃的所有的亏就是吃在这个从大局着眼上了。你去观察一下发达国家的外交。他们的外交都有立体性、多层面。你在这个层面跟我过不去，咱们就在这个层面打，不往旁边扩散。如果我们在这个领域里有利益，我们不会牺牲其他部分的利益跟你谈这个。反过来看中国，总是讲从大局着眼，要有战略眼光。可是你看到头来什么也没得到，就说双赢了。双赢经常变成一个特别荒唐的概念。到底赢没赢要看你判断的标准。美国人基本的谈判路数是：如果他要 7 他肯定先要 10。只要要到了 7 就算赢。而中国人的解读是你看美国人要是的 10，我只给了他 7，这样看来我们就算双赢了。这基本上是自我安慰而已。

学员：我再提一个问题，好多日本的学者也有中国的学者，一谈到日美贸易或者是中美贸易，总是持一种阴谋论。现在日本和中国基本上一样，都是持有巨额的外汇储备和美国国债。他们认为日本这 10 年之所以经济萧条是因为上了美国人的当，受了美国的骗。受了什么骗呢？就是汇率的问题。日本在持有国债和美元之后，汇率一变动就吃了大亏。中国有一本书叫《警惕第二次阴谋》。它认为既然日本上过这个当了，中国不要再上这个当了，我不知道您对这个问题怎么看，有上当这种逻辑吗？

高教授：我在那本书里说得很清楚。那个日本人叫吉川元忠，他的书叫《金融败战》①，他的书里就说日本这次是第二次被美国打败。第一次战败是第二次世界大战，这次呢是日本被美国用金融手段打败了。他把这些全都归结为一种阴谋论。我在我的这本书里提到，美国的这套做法充其量是阳谋。人家告诉你一清二楚，我们广场协议的目的就是通过五国中央银行同时操作货币市场，把美元的汇率降下来，以减少美国的贸易逆差，说得一清二楚。

但是当时日本大藏省有一批国际派认为既然日本已经变成世界上最大的债权国，一个属于日本的时代已经到来。我们要想进一步建立日本的影响，就要为国际经济作贡献。你看看现在的中国也有一帮国际派。但是还没有到纯粹为国际经济作贡献的那个境界。他们只说中国现在没有别的办法。有一个副局长前两天在纽约说我们恨死你们美国人了，但是我们没有别的办法还得买你们的国债。是不是非买不可？当然不是了。人家《货币战争》已经给你讲的一清二楚了。你非要买，这背后的道理是什么？咱们都不知道，决策者们肯定有不同的考虑。

【关于培训班的反馈意见】

主持人：提问到此结束，还想利用一点时间就这个培训班有什么要求请大家谈一谈，然后再请高老师做一下总结。请高老师坐一会儿，大家有没有什么意见可以说一下。

学员：将来有方法论的培训班我很愿意参加。因为以前我们研究日本问题对西方研究的方法的了解确实比较薄弱，所以我非

---

① 〔日〕吉川元忠：《金融败战》，彭亚璋译，中国发展出版社，1999。

常支持这个培训班，也非常的期待。

主持人： 你是哪儿的？

学员： 我是青岛的。

学员： 这次能参加我们这个培训班，我感觉收获特别大。虽然我对经济包括中国经济、任何经济都一窍不通，但是高老师讲的方法论对我们做学问的有普遍的借鉴意义。为什么呢？因为我们一般是搞日本问题研究的，英语都不怎么会，高老师讲的都是西方主流的社会科学理论，不管你搞什么研究都可以跟我们的工作联系起来。我们搞政治外交的，包括刚才高老师提的外交的思维模式，我觉得这些对我们都特别有启发。

另一个是我们这个培训班，包括我们这一届，今后第二届、第三届，我们这些人可以经常建立学术沟通联络机制，这个很重要。我们应该通过清华大学日本研究中心这个平台把大家整合起来，可以搞跨学科或者是跨领域的共同研究。我觉得我们是不是利用清华日本研究中心搞一个学术信息的平台。曲老师提倡产学研结合，我们是不是做一个比如说信息简报或者是信息窗口，把日本产学界有什么动态简单搞一个汇编，给学员发一下，或者是给中国的企业，或者跟日本沟通一下。搞这么一个平台可能很简单，不是很复杂的。

学员： 通过这个平台开拓了我的视野，就这个平台我觉得我们可以做一个网站。这个网站未必是很复杂的。可以由清华大学日本研究中心做一个网站。这个又及时又快，用不着简报，简报还得邮送，很烦琐的。在网上有消息及时沟通，谁做了什么成果，有什么前沿动态都可以互相沟通一下。

学员： 我不知道今天整个的研讨会是不是有文字的速记，如果可以的话可以发给我们。

主持人：我们这三天培训会的所有发言和讲课我们都录音，之后我们会做一个整理，会给到每个人的手里。

学员：除了以高老师这种名家、名教授主讲的讲坛之外，我们自己还可以搞一些学术论坛。留一点时间，我们共同以高老师为主搞一些小的学术论坛，在论坛当中我们可以在学术领域里联系更多。

高教授：你的意思是说给各位学者提供一个发表你们学术信息的平台？

学员：对，给我们大家一个机会，我们觉得时间太短，不够，还缺少进一步的交流。

学员：吃饭的时候我们可以吃自助餐，站着的形式也可以。因为我们对美国的日本研究动态的了解是很欠缺的。如果可以的话，希望高老师可以把推荐给我们的一些东西推荐给我们。

高教授：这个可以，我有一个学生刚毕业，他回台湾了，我可以让他做这个事情，因为他对日本文献比我现在更关心。

学员：主要是美国研究日本的一些文献。

高教授：可以。

学员：一年举办一次还是两次？

主持人：只要有资金赞助我们就可以办了。

学员：我们能听到这次讲座，但是不一定这一次就能真正学到。我希望中心以后在这方面给我们提供一些方法。

主持人：我们正在谈这个事情。

学员：这个培训班的内容应该进一步多样化，不能纯粹讲日本的经济，还有政治、外交都讲一点。不同的人有不同的接受信息，所有学员不可能都是学经济的，想要听的东西也不一样，可以把内容再扩大一点。比如说对外关系方面，日本跟美国的关系这些都可以扩大一点，不同群体不同的人都可以听，知识面也就拓宽了。

高教授：采取山寨方式，满足多样性需要。

学员：我觉得像咱们这次主要是以高老师讲授为主，私下里高老师能不能以练带学的形式，我们定期搞一点什么项目之类的可以吗？

主持人：在谈啊，要有钱啊。

学员：能不能建一个网上的论坛之类的，可以延续下来。

主持人：日本研究中心肯定要建网站，以后可以考虑在网站上开辟一个培训班的论坛，这个是可以考虑的。下面就请高老师做一个简短的总结。

高教授：我听了大家各方面的希望以后，我只想澄清一点。刚才我们谈到了方法论的东西，办班的形式实际上可以是每位发表自己的研究，不一定非要做和我有关的东西。我在美国教书的话，所有的人做的都是他们自己的东西，大家在一起讨论。我们一块儿做项目是另外一个层面。最理想的是我们可以一块儿做项目。比如说你要研究日本外交也好，研究印度也好，把你的东西放在桌面上发表一下，由我来作评论人。我可以给你提出问题，完全从方法的角度，根本不涉及你的专业具体的专门知识。我尊重所有人的专业，我不懂的不能装懂，但是从方法的角度可以给大家提供服务，这个没有任何问题。

在美国为什么强调理论建树？像我们社会学就像是一个联合国，有经济社会学，这个社会学，那个社会学，你有什么方向就有什么社会学。大家坐在一个屋里，听完全没有关系的人在那儿发表，发表完了以后大家所有人都能提问。为什么呢？因为方法论是共通的。你怎么处理这个数据，根据你这个推论应该得出什么结论，这些是相通的。

当然了，你要是注重内容，那是另外一个层面。这一种更像日本人一到周末大家搞一个小团体聚会，研究的主题完全相似。那是另外一种形式，也是另外一种组织形式。这个跟我们现在讨论的略有不同。那个也值得搞，那个肯定需要大家有更多的意愿，甚至得有更多的资源才能办到。把几个完全做相似东西的同事聚到一块儿搞这个，也不是不可以办，也照样可以办。我们原来想的是大家都可以受益，这样的话相对更容易一些。

听了大家这么多好的建议，有一些与我没有关系。我只是他们找来的一个人，还有好多专家，他们可以找其他的专家，我能给大家服务的只有这些。感谢大家从不同的地点赶到这里来坐三天，而且是周末占了两天来听我在这儿唠唠叨叨说了这么多，十分感谢！

主持人：非常感谢高老师！

曲老师：高柏先生三天的讲座应该说大家虽然属不同的研究领域，但是收获很大，都是人文社会科学。研究方法上首先给了大家一个很重要的信息，包括他的一些高度。将来我们和高老师还可以经常建立这样的联系。我们的日本研究中心这次活动是公益性的，我们以后也完全是自费的形式。但是我们一下子出资太多了。这是我们第一次日本研究中心和大家的联络，这是很自然的。以后包括一些专题的培训班我们可以办，我们不求名利，但我们起码要成本和收支要平衡，要做到这一点，这样的话能保持活动永远长久，不然的话，就需要一个地方长期提供资助。

更重要的是我们尊重大家这些资源。在座的各位都是不同单位的，这些资源对我们来说是很宝贵的。我们需要加强联系，我代表中心，也代表我个人，希望与大家联络的更好。我一直是高老师非常忠实的学生，三天来我一堂课也没有落，而且我记得也很多。您讲课之前我把您的书都认真地看了，因为我们现在在清华搞日本研究中心，希望能调动清华校内研究人员的积极性。我们清华在日本留学的，回国的，在日本工作过的教授有300多人，在各个专业领域。在文科有，更多的是在理工科。所以我们搭建这么一个大平台，使我们清华教授都能够积极地参与进来，都成为我们日本研究中心的兼职研究人员，把我们日本研究做得更好。我很赞成高老师刚才讲的话，我们在研究日本的时候一定不要就事论事地研究，应该把日本和中国所处的一些环境和历史的背景做一个分析，一定要有一个参照系，要研究中国又要研究日本，这样的话才能把我们日本研究做得更加有应用性，有现实意义。

这方面我觉得我很受高老师启发，他研究山寨手机我觉得是很好的体验。我刚才跟小田讲，山寨手机可能慢慢会变成中国的一个模式。山寨的模式是一个经济发展的模式。因为不牵扯知识产权的问题，它是中国发展现阶段的一种模式。所以有好多事情联系起来看需要有一个多视角的大视野。高老师从美国带来了一些新的思路和新的研究方法，对我们来讲是很有意义的。我们代表中心，李老师也有同样的看法，我们以后希望和高先生多加联系，也希望我们在座的各位一起加强联系，把大家的资源和力量调动起来，谢谢！

附　录

全球化与意识形态[*]
——二十世纪九十年代日本经济体系
充满矛盾的方方面面

　　有研究认为，从 1989 年到 1992 年期间，由于股票市场和房
地产市场的崩溃，日本蒙受了 800 万亿日元的损失。这个数字相
当于日本全国总财富的 11.3%。1992 年后，随着股市和房地产市
场的持续低迷，泡沫经济崩溃所带来的全部损失可能达到，甚至
超过日本在"二战"中遭受的破坏。在那场战争中，日本全国财
富损失高达 14%。[1] 1993 年，日本银行的坏账总值超过了盈利。[2]
更糟的是，经历了战后持续时间最长的经济衰退后，日本经济在

---

* 本文原题 "Globalization and Ideology: The Competing Images of the Contemporary Japanese Economic System in the 1990s"，刊于 *International Sociology* 2000, autumn, Vol. 15 (3): 435-453。关于本文中日本人名用法说明如下：日本人名随文出现的，按日本习惯以姓居前名居后；在引用日本人的文献时，如是日文文献则姓居前，如是英文文献则名居前。

[1]　Kikkawa, M., *Manei haisen*, Tokyo: Bungei Shunjū, 1998, pp. 6-7.

[2]　Katsumata, H., *Sengo gojūnen no nihon keizai*, Tokyo: Tōyō Keizai Shinpōsha, 1995, p. 269.

1997 和 1998 年连续出现了负增长。即便如此，山村耕造依然认为：“即使在二十世纪九十年代，日本在很多重要方面依然是一个继续发展的经济政治实体。很多在过去几十年曾经帮助日本经济‘赶上’并且超越西方的显性和隐性体制，依然完好无损，依然影响着所有政治经济因素的运作。”①

　　为什么全球化没有在日本经济体制的改革中掀起激进变革的浪潮？笔者在本文中考察 90 年代日本在应对全球化过程中暴露出来的意识形态上的矛盾冲突——这是一个在过去研究中鲜有人问津的视角。笔者认为，全球化既是结构性变革，也是社会建构——因为它涉及价值判断和意识形态对未来秩序的展望。不错，全球化是一个结构性变革。资本、产品和技术日益增加的自由流动，对共同市场需求的不断扩大，这些因素都把全世界带入了一个资源配置更有效率的时代。但是，这种结构变革的观点是片面的，因为与此同时，其他的变革也在进行：人们在激烈地争辩对未来不同的预测，展望经济体制革新的前景，探讨每一种构想的合理性，各种利益的纷争也在斗争中摸索如何达到新的平衡。对于不同的国家，全球化对该国的经济体系将带来怎样的变革，会达到什么程度？这个问题仅仅用经济因素是无法确定的。应对全球化的国家政策也受制于思想和意识形态因素，因为这些因素常常决定参与者如何界定自己的利益，并且制定相应的战略。全球化进程在意识形态上的纠葛反映的不仅是物质利益的冲突，也表现了全球化与一国根深蒂固的模式和价值观的冲突。在这个意义上，建构的观点是对结

---

① Yamamura, K., *"The Japanese Political Economy after the Bubble Plus Ca Change?"* The Journal of Japanese Studies, 1997, 23, 300–301.

构的观点的补充，而且它能够极大地丰富我们对全球化的理解。

　　笔者认为，全球化过程中日本面临的问题与其他国家多有相似，尤其是那些经历了金融危机的亚洲国家。但在应对这些问题的时候日本的国策又有其自身的特点。探讨这些特点的时候，笔者认为，回顾 90 年代的历史，激进改革的观点在如下四个方面是站不住脚的。第一，全球化是造成泡沫经济的元凶，而绝非医治泡沫经济的良药。第二，金融业的爆炸式发展要对经济深陷流动性陷阱的问题负责。第三，认为存在某种全球通用的市场经济模式的观点与强烈的民族国家认同之间有尖锐的矛盾。第四，被广泛认同的经济平等的理念对效率至上原则构成了挑战。总而言之，这些意识形态层面的冲突反映的不仅仅是全球化进程在何种程度上、以何种速度造成了结构性变革，更重要的是，它反映了一个国家根深蒂固的体系、模式和信念是如何塑造应对全球化的战略的。

全球化是医治危机的良药，还是导致危机的元凶？

　　很多西方分析家认为，亚洲国家和日本的金融危机是由国内因素导致的；他们进一步指出，这些国家如果想在全球化的经济中有竞争力，就必须从根本上改革其经济体系，进一步促进资本自由流动。日本国内一些持激进改革观点的人也大体认同这些看法。他们认为，（1）新古典主义经济学派的教科书中关于经济运行的原则在理论上是成立的。（2）这些原则在美国经济中得到了最好的体现。（3）美国经济的成功证明了其正确。（4）日本面临的危机不仅仅是经济周期性的表现，也是泡沫经济破灭后引起债务负担加重和通胀紧缩的后果。正因为日本没有遵循这些原则，这些恶果才自然地、甚至必然地落在了它的头上。① 竹中平藏是小渊首相体制改革委员会的一名顾问，他就主张按照美国模式改造日本的银行体系。由于日本经济体制中，资本分配是按照国家为了推动经济发展而制定的政策驱动的，导致私有银行和国家对银行监管之间的界限模糊起来。这一点是房贷危机的主要原因。② 日本商界领袖神崎也认为，1980 年代早期美国和英国都通过放松管制使得经济重新恢复活力，激进的改革也能够帮助日本经济重振雄风。③

但是，也有观点把日本和其他亚洲国家遭受的金融危机归咎于国际金融秩序的变化。保罗·克鲁格曼（Paul krugman）认为，在 29 年大萧条以来的经济模式中积累了各种矛盾和问题，现在人们正致力于回归大萧条前自由竞争资本主义的种种优点，正是这种努力导致了目前的危机。它严重削弱了经济运行的稳定性，导致了长期的经济低迷。④ 乔治·索罗斯（George Soros）把国际金融动荡归咎于金融的全球化，"自由竞争的资本市场加快了资本在全球范围内追寻利润最大化，也就是所谓的世界财富和投资最有效益的分配模式。"⑤ 罗伯特·韦德（Robert Wade）也指出，在金融危机中受害最深的国家，正是那些在开放金融体系道路上走得

---

① Dore, R., "Japan's Reform Debate: Patriotic Concern or Class Interest? Or Both?", *Journal of Japanese Studies*, 1999, 25 (1), 65–89.

② Takenaka, H., "Nihongata ru-ru haibokusu motareai no nihon kokka senryaku toshite no mikokugata ru-ru." *Ekonomisuto*, 1996, 20, 60–66.

③ Kanzaki, Y., "Deregulation in Japan: Big Bang or Big Whimper?", paper resented at the Woodrow Wilson Center on 7 March, 1997 (text appeared in the news group fukuzawa@ucsd.edu on 11 March).

④ Krugman, P., "The Return of Depression Economics." *Foreign Affairs*, 1999, 78 (1), 56–74.

⑤ Soros, G., "Capitalism's Last Chance?" *Foreign Policy*, 1999, 113, 55–66.

最远的国家。这些变革给股市和房地产市场投机大开了方便之门。①

　　有些日本学者认为这些观点的确是一针见血。经济学家柴田倬太郎认为，1990 年代世界范围内的众多金融危机都可以从下面的解释中找到答案。"二战"后为了防止经济危机建立了三大机制，但从 70 年代开始，这些机制都渐渐失去了效用，为日后的金融危机埋下祸根。首先，美国不仅把银行业从证券业中剥离开来，而且在罗斯福新政中建立了"救市规则"，旨在控制信用投机膨胀所导致的货币危机。但是，从 20 世纪 70 年代以来，美国和很多国家都在通货膨胀或者政府债务压力之下开始放松货币管制。这些管制措施和救市规则都被看做对金融体系的束缚，这种心态必然导致放松管制和金融自由化。其次，在 20 世纪五六十年代，支持国际金融体系的是布雷顿森林体系，各国货币的汇率是固定的，资本流动得到控制。但是，从 70 年代开始，这个体系被浮动汇率机制取代了。在里根执政期间，作为核心货币的美元发行国——美国，成为世界最大的债务国，这就加大了国际金融动荡的风险。五六十年代建立的第三大预防经济危机的机制是对抗经济周期性衰退的措施：当经济衰退导致有效需求降低的时候，政府就会采取扩大财政赤字的扩张性财政政策。这一政策当时已经成为政府财政的基本措施。但是，在 70 年代早期，扩展性财政政策走到了尽头，结构调整导致财政赤字飙升，它开始动摇宏观经济的稳定性。简而言之，资本主义经济制度性框架的逐步销蚀，是导致 90 年代众多国家爆发严重

---

① Wade, R, "The Coming Fight Over Capital Flows." *Foreign Policy*, 1999, 113, 41–54.

金融危机的重要原因。①

日本经济学家山田指出，1990 年代的日本和处于大萧条中的美国十分相似。两个国家都在相对较短的时间内成为世界经济的超级大国，也都在这个过程中经历了泡沫经济。同样在这两个国家，股市和房地产市场的泡沫在经历了史无前例的飙升后都破灭了。两个国家都在国际化过程中迅速膨胀，被迫大规模改革自己的社会经济结构。在两个例子中，这种转变都伴随着严重的阵痛——两者都经历了通胀紧缩，做出了痛苦的调整。1937 年，美国的 GDP 恢复到了 1929 年的水平，罗斯福总统因为错误判断形势而缩减了联邦政府的开支，从而铸下大错，使得经济复苏的希望化为泡影。一年之内，美国的 GDP 下降了三分之一，股市暴跌了50%。1996 年日本首相桥本龙太郎做出了同样错误的判断。1995年、1996 年，日本的经济形势趋于好转，桥本首相缩减了政府的财政开支，这同样为金融危机埋下了伏笔，使得经济陷入通货紧缩之中。日本在 1999 年的利率只有 0.25%，大大低于大萧条期间美国的 1%。1937 年，美联储的利率从 1.5% 降低到了 1%，然后这个利率被维持了 11 年，即使在 1940 年美国的 GDP 恢复到了1929 年的水平后也没有改变。日本不仅可能也要等待很长时间才能看到利率再次上升，也很有可能面临通胀紧缩的风险。

在很多政府官员、商界领袖、经济评论家和学者看来，全球化非但不是一剂拯救良方，反倒是导致日本金融危机的罪魁祸首。他们指出，在美国的压力下，日本在 20 世纪 80 年代初就开始放松对金融体系的管制。管制放松后，公司纷纷开始在国内国

---

① Shibata, T., "Daikyōkō hōshi taisei wa ikitsumatta." *Ekonomisuto*, 1996, 12 (10), 72–74.

际市场发行债券和股票、通过资产融资来筹集资本。这就使得它们对主要银行的依赖程度大大降低，从而严重削弱了国家通过监管银行来控制公司资本状况的功能。持这种观点的人还认为，1985 年的广场协议作为一个多边金融政策协议，直接导致了日元的大幅度升值。而日元升值引发了股票和房地产市场的飙升，大大加重了日本经济的泡沫化。所以，在这种观点看来，正是全球化导致日本失去了制定金融政策的自主权。20 世纪 80 年代初期，美国提高利率以吸引外资，美元走强和日元走弱加大了美日之间的贸易逆差，美国政府则不断要求日元升值。日本银行开始干预外汇市场，但这一举动增加了本国货币供应，泡沫开始出现。泡沫经济崩溃后，日本公司担负了巨额债务。为了满足自有资金不低于贷款额度 8% 的国际银行管理条例，日本银行只能拒绝或压缩对日本公司的贷款。8% 自有资本的规定也是全球化金融体系的一部分，它使得日本在 1997～1998 年度陷入了流动性危机。①

　　全球化对社会结构的影响不仅体现在过去发生的事情上，它还左右着对未来战略的制定。日本已经开始着手努力实现日本的国际化，以确保本国经济外部环境的稳定。1999 年欧元推出后，小渊首相立刻造访了欧洲，他强调，日本将继续致力于日元的国际化，并希望看到一个由美元、欧元和日元三者共同组成的国际货币体系。日本藏相宫泽在亚欧领导人会晤时提出，亚洲国家应当采取一揽子货币计划，其中有欧元、美元和日元。在一本 1999年广受关注的书中，吉川忠兴指出，日本又一次被美国打败，只

---

① Kikkawa, M., "Naze nihon no keiki rongi wa meisō suru ka." *Ekonomisuto*, 1999, 4 (5), 21–4.

是这一次败在金融市场。吉川认为，日本应当与亚洲和欧洲国家合作，建立一个地区货币体系。他认为，首先可以在欧元和日元间建立一个10%的宽幅浮动汇率体系，然后把浮动范围逐步压缩到2.5%~3%。当日元和欧元的汇率固定后，其他亚洲国家也可以通过与日元来固定与欧元的汇率。他展望，最终能够按照德国模式，推动建立一个亚洲共同货币。在金融危机中，亚洲各国由于把本国货币与美元挂钩，饱受套汇基金的攻击。在吉川看来，当统一的亚洲货币和欧元能够保持稳定汇率，日本和亚洲其他国家都能够免受美元动荡带来的灾难。[①]

是熬过通货紧缩，还是修补金融体系？

日本在泡沫经济破灭后面临的是与亚洲金融危机后很多国家面临的十分相似的进退两难。一方面需要改革金融体系，另一方面又必须面对通货紧缩的巨大压力。国际货币基金组织罗列了亚洲金融危机的各种原因：未能控制巨额的国际收支赤字，金融市场和不动产市场的泡沫，管理混乱的汇率市场，金融体系迅速膨胀但又疏于管理，市场信心丧失后没有能够采取断然行动等等。正是因为这些原因，经济体系大刀阔斧的改革势在必行。国际货币基金组织在给亚洲国家提供援助时，都有长长的一串附加条件。[②] 但对此持反对态度的人认为，结构性改革无论有多么美好的前景，都必须暂缓实施。现在的当务之急是防止通货紧缩演变成一场彻底的经济大萧条。亚洲国家在采取扩展型金融政策和财政

---

① Kikkawa, M., "Naze nihon no keiki rongi wa meisō suru ka." *Ekonomisuto*, 1999, 4 (5), 21-4.

② Kapur, D., "The IMF: A Cure or a Curse." *Foreign Policy*, 1998, 111, 114-26.

政策以阻止经济滑坡时，它们必须考虑如何控制资本外流。如果投资者在通货膨胀和低利率的压力下，又一次出逃，国家金融体系就会进一步走向崩溃。① 激进的改革会把这些国家推入一个恶性循环：资本外逃，汇率崩溃，企业由于不能支付外债而纷纷破产，私有经济陷入深渊，国家和民间借贷机构惊恐万状，整个国家陷入一片混乱。②

在关于全球化的辩论中，双方都认为日本需要改革。然而，改革绝非易事，因为经济是深深根植于社会中的。经济体制是"各种经济制度在战略层面的互补和融合"。日本人认为，一个经济体制中的各种制度和机制是和谐互补的。更重要的是，这种互补性不仅存在于经济体制中，更存在于经济体制与社会结构的相互关系中。一个国家采取的经济体制往往取决于该国存在的非经济制度。③ 基于这些考虑，激进的改革几乎就是对整个国家的脱胎换骨。

但是，除了上述共识以外，双方对应该采取何种行动则提出了完全不同的策略。激进改革派长期以来一直在政府的各个咨询机构供职，他们认为，不采取果断的措施，日本经济就不可能重振雄风。他们认为，20世纪30～40年代的大萧条和二战打破了原本存在的自由市场经济体制，而现存体制是在二战中强行建立

① Krugman, P., "The Return of Depression Economics." *Foreign Affairs*, 1999, 78 (1), 56-74. Wade, R, "The Coming Fight Over Capital Flows." *Foreign Policy*, 1999, 113, 41-54.

② Kapur, D., "The IMF: A Cure or a Curse." *Foreign Policy*, 1998, 111, p. 5.

③ Aoki, M. and Okuno, M., *Keizai shisutemu no hikaku seido bunseki*, Tokyo: Tokyo Daigaku Shuppankai, 1996. Okuno, M., "Gendai nihon no keizai shisutemu: sono kōzō to kaikaku no kanōsei." in T. Okazaki and M. Okuno (eds) *Gendai nihon keizai shisutemu no genryū*, 1993, Tokyo: Nihon Keizai hinbunsha, 272-291.

的，而且已经在战后渗透到了日本经济的方方面面。这个体制其强大的惯性为自己的存在提供了稳定的平衡。没有强有力的外力干预，内部的改革很难获得成功。长期以来，日本政坛习惯于依赖保守派和激进派之间的矛盾冲突来提供变革的动力。现在，二者之间的对抗已经消失，现在的日本政党没有一个敢于真正站出来坚持自己的政治主张。自民党阵营里既有自由派人士，也有民族主义者；保守派甚至能够获得社会党的支持。所以，执政党和在野党之间的界限不再清晰。在这样的政治氛围下，重大制度性变革不可能发生，因为体制中一个变化必然牵连其他部分。除非在全社会范围内采取行动，日本经济变革不可能取得重大突破。支持激进改革理念的人认为，这样的改革会在短期给社会带来阵痛，但从长远看，会建立起负责、自律的社会气氛和市场经济的原则。①

激进改革政策的反对者则强调该种做法的风险。他们比较了中国和俄罗斯在体制改革中走过的不同道路。中国首先设立的是经济特区，而不是将市场机制马上推广到全国范围。中国也利用了旧体制进行体制转型。由于中国进行了反复试验，转型过程相对稳定，经济运行情况也保持良好。反观俄罗斯，它采取的激进改革方案遭到了很多始料未及的严重后果。即使到了今天，俄罗斯依然深陷困境。松重丰是日本顶尖的经济学家，他从另一个角度对激进改革思想提出了质疑。他指出，在一个经济体系中，各种重要因素在战略层面既可以互相补充，也可以互相替代。在不同经济体系的对比研究中，相互替代的观点强调的是"功能对等"，而互补性观点强调的则是差异性。在他看来，日本经济体系

---

① Noguchi Y., *1940 nen taisei*, Tokyo：Tōyō Keizai Shinpōsha, 1995.

并非由相同性质的部分组成，相反，日本经济包含了多种多样、相互交叉的机制和体制。所以，按照这些反对激进改革人士的主张，在体系基层进行逐步、稳健推进的改革是可行的，日本无须对整个经济进行彻底的重组。

1997～1998 年日本陷入了流动性陷阱。在很多人看来，这是日本在进行金融重组过程中多种因素共同作用的结果。从微观层面看，单个银行采取的改革是正确的，但当所有银行都采取同样举措的时候，信用紧缩就不可避免了。银行业的特点是，率先采取一项新举措的机构是赢家。当一家银行开始停止放贷并收回贷款，其他银行很快会紧跟着采取同样举措。在宏观层面，所有银行共同的举动导致了流动性陷阱。而就在同时，日本政府过早地把精力集中到削减预算赤字和政府债务上，未能有效抵消银行业改革所产生的负面影响。所以，我们看到当日本城市银行在 1997 年 10 月宣布为满足自有资金不低于贷款额度 8% 的国际清算银行管理条例将于近期减少 15 万亿日元的贷款，山一证券和北海道银行在一个月内就相继宣布破产。当银行开始紧缩信贷，经济状况就进一步恶化，这导致破产企业和银行坏账大幅上升。这又进一步导致股票价格下跌和日元价格走低。这些因素反过来又促使银行进一步紧缩信贷。[①] 这是一个典型的恶性循环。最近，日本政府意识到了这个问题的严重性，开始鼓励银行给私人企业放贷以振兴经济。但日本依然面临着两难的问题：政府一方面要求银行减少呆坏账，保持健康运行；但另一方面又要求银行继续放贷。如果银行过分强调第一项任务的话，日本经济就有滑

---

① Koo, R., "7.5 chōen no tōnyū suika de kanzen kaishō o mezase." *Shūkan Tōyō Keizai*, 1999, 3 (27), 57–58.

入严重通缩的危险；如果保持继续放贷，它们则无法摆脱呆坏账的困扰。所以，日本的各家银行呼吁国家投入资金来拯救银行。①

全球化和民族认同

泡沫经济的破灭大大扭曲了日本和亚洲国家的国际形象。就在不久以前，世界银行（1993）还以很高的热情赞扬了亚洲国家的资本主义经济模式，认为它们的国家政策有利于市场发展，宏观经济稳定，出口增长，而且在经济增长的同时保持了比较好的社会公平，人力资源和物质财富的很好的协调发展，资本的有效配置和劳动生产率的提升等。甚至在 1996 年末，国际货币基金组织还认为东盟国家的经济基本面是良好的，这个地区的成功势头将持续到 21 世纪。但是，从 1997 年底来看，亚洲资本主义发展的美好形象迅速褪色。时隔不到一年，同一个国际货币基金组织就开始唱衰亚洲经济的基本面了。它认为金融危机是这些国家内部因素造成的，这个观点在全球范围内引起了激烈的争论。在西方媒体看来，亚洲国家已经从成功的、令人效仿的经济发展榜样蜕变成丑陋的裙带资本主义模式了。

在亚洲国家看来，这种突如其来的负面评价不仅深深地刺伤了他们的民族自豪感，而且与他们已被公认的成功的历史发展道路相抵触。日本的激进改革支持者们极力重新解读历史，迎合这些负面评价。他们认为日本经济体系是在大萧条和二战的畸形条件下形成的，现在的日本遇到的问题正是这种"异质经济"结出

---

① Hara, E. and Fukuta, J., "Ginkōni Akirareru kaisha." *Shūkan Tōyō Keizai*, 1999, 3 (20), 13.

的苦果。他们认定现在的日本经济体制是为了"全国总体战争"
设计的，为侵略战争服务的，是偏离正常轨道的，这套体系不仅
偏离了西方的自由资本主义，而且背离了日本在 20 世纪 30 年代
前的自由主义传统。在全球化大潮面前，日本现在已经是回归正
常的时候了。① 按照他们的观点，日本的经济体制不仅不先进，反
而是落后的。持激进改革观点的人认为，研究历史应当为未来发
展提供指导，一个在特定历史条件下形成的特定经济模式没有任
何理由永远持续下去。②

20 世纪 90 年代的日本很有一些力主改革但又苦于找不到出路
的人。上述全盘否定历史的观点在这些人群里很有市场。这些人
对 1955 年以来的体制怀有深深的敌意。这个体制指的是日本的战
后政治格局，在这个体制中自民党占据主导地位，背后支持它的
政治基础是大企业、中小企业和农民。这个体制在日本维持了 40
年。这种一党政治一直遭到日本社会党和其他政党的反对。这种
政治架构之所以冠名为"55 年体制"是因为保守派和自由派力量
在这一年正式变成两个阵营。因为 55 年体制同时包含了保守派和
自由派，它也被称为日本式民主。但是要想理解 20 世纪 90 年代
的日本政治，这种分野已经明显不合时宜了。福永广志给出了如
下评论：

对 1955 年政治格局的分析往往过分强调两个阵营对抗的
一面，却忽略了二者之间也一直存在谨慎的合作这一事
实……我们详细考察今天的政党联盟就会发现，在很多国家

---

① Noguchi Y. , *1940 nen taisei*, Tokyo：Tōyō Keizai Shinpōsha, 1995.
② Noguchi Y. , *1940-nen taisei*, Tokyo：Tōyō Keizai Shinpōsha, 1995, 198–199.

的大政方针上两个阵营的观点几乎是一致的，比如保护弱小产业，保持政府政策的延续性，把生产者而不是消费者放在更高的位置等等。这个政治体系的确是过去四十多年日本政坛的基石，但我们不能因此就认为，所有的产业政策、官僚体制的规则，以及公众对进步的理解都源于此。这些层面的内容源于更久远的年代，至少在 55 年体制形成的 15 年前，一个控制经济的基本体制就已经发展成熟并开始发挥作用了。①

对上述观点持批评态度的人指出"该观点刻意选择一些历史事实，目的在于抨击现实，提出新政策。"② 上述观点也与日本历史上三个重大事件的另一种理解多有冲突，对这三大事件的理解向来就有两派观点。一派观点把时间追溯到大萧条和二战。一些持保守观点的人士认为，日本经济体系在大萧条和"二战"中的确发生了深刻的变化，但日本经济的本质依然与世界资本主义是一致的，并不是什么异类。他们认为，今天的日本经济体制是与欧洲、美国并行发展的，这三者都可以看做从 20 世纪 20 ~ 50 年代的巨大变革中演化出的几种不同形式。第一次世界大战后，俄国的共产主义革命绝非传统资本主义的唯一例外。所有主要工业化国家都摒弃了完全自由的资本主义，进入了一个国家干预的新时代。在这个过程中法国和英国产生了民主资本主义，德国、意大利和日本走向国家社会主义，美国则开始了罗斯福新政。今天

---

① Fukunaga, H., "Reform is Possible." *Tokyo Business Today*, 1995, September, 3.

② Hara, A., "Sengo gojūnen to nihon keizai." *Nenpōnihon gendaishi 1995 sengo gojūnen no shiteki kenshō*, Tokyo: Higashi Shuppan, 1995, p. 106.

的经济结构依然打上了数十年前那场变革的烙印。人们不能够简单地拿新古典主义的一些名词，譬如"消费者权益"或"完整竞争"等，作为判定日本经济制度是否异类的判据。相反，我们应当用比较的观点、历史的视角来分析这个问题。①

另一个争论则围绕日本战后的民主改革展开。在过去 40 多年人们一直普遍认为"1945 年标志着一个新日本的诞生"②。

对于把日本看做民主国家的自由派人士来说，把日本战后的经济体制看成战时经济的延续无疑是负面的、不可接受的。他们指出，主张延续的历史观点严重低估了战后民主改革的历史意义。土地改革、财阀统治的瓦解、新的劳动法律都极大地改变了日本的经济结构。还有，新的日本国家体制大大压缩了国防开支，经济不再为军事服务。③ 即使战后经济和战时经济还有某些相似之处，这些相似之处的意义也大为不同了。④ 他们最后指出，即使按照历史的脉络解析，当今的日本经济体系的确有其自身的优点，认为现在日本经济是战时经济延续的观点也必须经得起历史事实的检验。如果今天的日本经济依然是按照战时经济来运作的，战时体制怎么可能在战争结束半个世纪后依然存在？谈及系统层面的变革，日本已经经历了两次。二战期间全国经济推入国家控制之下是一次系统层面的变革，第二次是战后美国主导的改革，把日本推向了反面。既然经历了两次，为什么把当今的日本经济体

---

① Sakakibara, E., "Sebia iro no mukou ni genzai ga ukabu." *Shūkan Tōyō Keizai*, 1995, p. 40.

② Noguchi Y., *1940-nen taisei*, Tokyo: Tōyō Keizai Shinpōsha, 1995.

③ Hara, A., "Sengo gojūnen to nihon keizai." *Nenpōnihon gendaishi 1995 sengo gojūnen no shiteki kenshō*, Tokyo: Higashi Shuppan, 1995.

④ Nakamura, M., "1950–60 nendai no nihon." *Iwanami kōza: nihon tsūshi*, Tokyo: Iwanami Shoten, 1995, Vol. 20: gindai I.

系仅仅归于第一次呢？①

第三种解释涉及了日本经济高速增长的时代。反对激进改革者承认，要理解现在的日本政治格局，55 年体制这一概念已经过时了。但他们坚持认为，这并不意味着现在日本的经济体制就纯粹是战时经济的遗产，因为日本在 20 世纪 60 年代经历了深刻的变革。② 1955 年保守派和自由派势力组成了两个阵营，但日本的政治格局在 50 年代后期十分不稳定，没有人把当时的政局看成某种定型的体制。20 世纪 60 年代，自由派的势力基本瓦解。社会党和共产党都开始讨论结构性变革，而不是激进的革命。虽然保守势力和自由派势力之间依然存在矛盾，但对立的程度已经大大降低了。经济的高速增长使官僚、政客和大企业之间的铁三角更加巩固。1963 年，劳动力市场的需求超过了供给，企业普遍面临员工短缺。这时的企业迫切需要想方设法把员工永久地留住，而且训练员工在自己企业的各个岗位上掌握多种操作技能。为了避免公司人员的流失，日本企业开始按照员工工龄来决定其工资和福利待遇，这就使员工愿意在一个企业长期工作。③ 劳资之间原本存在的对立关系被一种新的、强调合作的气氛所取代。这时，日本出现了一个"公司社会"，即每个人的生活都是围绕所在公司的运营展开。简言之，在经济高速增长时期，当代日本经济体系发生了很大的变化。在我们讨论战时经济遗留的影响的时候，这是一个不可忽略的因素。

---

① Hashimoto, J., *Nihon kigyō shisutemu no sengoshi*, Tokyo: Tokyo Daigaku Shuppankai, 1996.

② Nakamura, M., "1950–60 nendai no nihon." *Iwanami kōza: nihon tsūshi*, Tokyo: Iwanami Shoten, 1995, Vol. 20: gindai I, Tokyo: I.

③ Hashimoto, J., *Nihon kigyō shisutemu no sengoshi*, Tokyo: Tokyo Daigaku Shuppankai, 1996.

否定的历史观的一个主要反对意见认为，否定的历史观倾向于把西方社会的经验与现代社会的概念简单画等号。反对激进改革的人士指出："要想找到一个普世的模式，那就有必要把这个模式与日本实际情况相比较。从明治维新以来，很多日本人就一直致力于分析如何把一个'游离在外'的日本纳入一个理想的普世体系。但是，这种观点反映出来的是一种不成熟的心态——急于求成、傲慢的精英主义思想，以及挥之不去的'欧美情结'。"①

在日本国内主流的马克思主义经济学家看来，日本经济体制是落后的；而新古典主义经济学家则把它看做异质的。但是我们真正需要的是综合、对比和深入的分析。我们应该持一种多元的价值观，来对比分析不同经济体制中的激励机制。② 新的分析框架不应当像主流西方政治学和经济学那样，用一个公式去分析所有的现象，而是应当综合日本、美国、欧洲和东亚的经验，在更广阔的视野里正确对待美国的普世思想。他们认为，如果不研究日本经济的历史发展沿革，就无法理解当今日本的经济，因为经济体制和经济模式都是由历史形成的。

效率，还是公平？

在所有主要工业化国家，效率与公平是一对长期的矛盾，也是全球化问题上最有争议的话题。在北美，缩小规模是公司保持竞争力的主要手段之一。在欧洲，削减公共开支使得福利化社会

---

① Sakakibara, E., "Sebia iro no mukou ni genzai ga ukabu." *Shūkan Tōyō Keizai*, 1995, p. 40.

② Okazaki, T. and Okuno, M., "Gendai nihon no keizai shisutemu to sono rekishiteki genryū" in T. Okazaki and M. Okuno (eds) *Gendai nihon keizai shisutemu no genryū*, Tokyo: Nihon Keizai Shinbunsha, 1993, 1-34.

面临巨大的压力。很多人认为，提高效率是发达国家在全球化时代生存最重要的手段，即使这样做会引起裁员。西方国家反对全球化的人士则坚持，从长期的角度来看，无论是以何种方式衡量（小至公司盈利、员工的劳动生产率，大到一个国家的经济稳定）裁员对企业都不是有利的事情。① 裁员在管理阶层和工人间造成了收入上的巨大鸿沟。后者在补偿不足的方面遭受的不公尤其明显。② 提高经济运行的效率并不一定要以牺牲更多的社会公平为代价。③ 经济上放松管制在调动市场潜力的同时，也伤害了社会对民众的保护，动摇了政治稳定性。

日本支持激进改革的人士认为，过去30年日本的生产成本一直都在快速上升，在全球化的时代日本必须重视效率的问题。在20世纪60年代，日本的人均GDP大约是美国的四分之一。到了90年代，日本的劳动力成本已经是美国的两倍了。主张激进改革的人士还指出，日本在公平化的道路上已经走得太远。经济学家中谷严是小渊首相经济改革的顾问，他认为日本在战后过分强调了结果的公平，而不是机会均等。在保护平等的过程中，日本制定了太多限制竞争的法律。在他看来，在全球化的新环境下，日本将直接面临越来越多其他国家的挑战，因为这些国家的生产成本是大大低于日本的。如果日本依然坚持结果公平的原则，不仅使得很多急需的改革无法实施，也是导致日本20世纪90年代经

---

① Downs, A. and Hickey, A., eds., *Corporate Executions: The Ugly Truth About Layoffs How Corporate Greed Is Shattering Lives, Companies, and Communities*, New York: AMACOM, 1996.

② Gordon, D. M., *Fat and Mean: The Corporate Squeeze of Working Americans and the Myth of Managerial Downsizing*, New York: The Free Press, 1996.

③ Garrett, G., *Partisan Politics in the Global Economy*, New York: Cambridge University Press, 1998.

济停滞不前的主要原因。中谷①坚持认为，日本企业应当抛弃那种按照资历计算报酬的做法，换之以能力为基础的工资体系，引入美国为管理阶层配发股票期权的做法，激发他们的创造力。野口悠纪雄②是鼓吹改革的另一个知名学者。他也提出，由于摒弃了竞争，垄断企业大量出现，政府过多插手金融业管理，使银行完全置于国家的严密监控之下。这些做法压抑了日本经济的活力。企业界的头面人物指出，在 20 世纪 90 年代人员过剩已经成为日本企业面临的主要问题，调整终生雇佣制势在必行。但是，裁员面临的最大障碍是，员工利益至上的观点在日本已经成为深入人心的社会理念。为了去掉这个在日本经济高速增长时期形成的社会契约，企业家们提出取消并已经成功废止了一项旨在限制控股公司的法规，试图利用控股公司来推进日本的企业重组。

激进改革的反对者承认效率在全球化竞争中不可或缺的作用，但他们并不愿意看到日本用牺牲公平来换取效率。面对日本国内公平日益受到损害的局面，他们把批评的矛头直指新保守主义思想，以及按照该思想制定的政策。援引凯恩斯撰写的《雇佣的基本理论，利益和金钱》一书最后一句广为人知的话时，伊东光晴③指出："是思想，而非既得利益，在造福与作恶间起着至关重要的作用。"伊东认为日本企业界的精英已经对日本经济体系丧失了信心，他们开始简单地照搬西方经验并奉为圭臬。另外，伊东发现，上述之西方并非指欧洲和北美，而是仅限于三个英语国

① Nakatani, I. , *Nihon keizai no rekishi teki tenkan*, Tokyo：Tōyō Keizai Shinpōsha, 1996, 243-244.

② Noguchi Y. , *1940 nen taisei*, Tokyo：Tōyō Keizai Shinpōsha, 1995.

③ Hashimoto, J. , *Nihon kigyō shisutemu no sengoshi*, Tokyo：Tokyo Daigaku Shuppankai, 1996.

家——英国、美国和澳大利亚。反对激进改革的人士指出，在日本引入以能力为基础的薪酬制度会引发社会分化，导致社会福利的分配日益不公正。他们援引美国的例子指出，国家放松管制后，实际社会分配的财富是下降的。1970 年，美国平均一周的工资为298 美元；1992 年，这个数字下降到了 255 美元。1947～1970 年，居民收入提高了 70%，而在 1970 年后的 20 年下降了 15%。造成工资降低的原因之一就是国家放松管制后，企业在竞争压力下被迫把生产基地移到海外。[①] 他们认为，效率至上的原则会引起一系列后果，如贫困人口增加、国民收入分配不公、社会保障体系的日趋衰败等，而寡头统治则会进一步加强。[②]

效率至上的原则与日本资本主义很多根深蒂固的规范是相互冲突的。反对效率至上原则的人指出，日本资本主义模式的核心就是在经济资源的分配上"有福同享，有难同当"。日本的消费品价格的确很高，但高昂的价格却支撑了日本国内的就业市场。战后，日本公司可以在公司内部把员工从效率低下的部门转移到高效的部门，但是终身雇佣制却在风风雨雨中始终屹立不倒。[③] 反对激进改革的人士也认可，日本经济的某些部门和产业的确存在效率低下的问题，但他们更看重这些经济部门和产业提供的就业机会。他们认为如果对这些部门和产业停止提供保护，日本就会出现大量的失业人口。改革派认为，新创立的产业可以吸纳这些失

---

① Uchihashi, K. and Gurupu 2000, *Kisei kanwa toiu akumu*, Tokyo：Bungei Shunjū, 1995, p. 144.

② Ōuchi, H., "Nihon tokushuseiron to kiwa kanseiron no tsume." *Sekai*, 1996, 64–69.

③ Uchihashi, K. and Gurupu 2000, *Kisei kanwa toiu akumu*, Tokyo：Bungei Shunjū, 1995, p. 146.

业人口。这种观点却与 1999 年 4 月进行的一次很有影响力的民意调查结果背道而驰。接受调查者中有 87% 的人表示对日本的经济状况"担忧"或者"非常担忧"。反对激进改革的工会组织和一些经济界的评论人士指出，在不同产业之间转型无论是雇员个人还是企业都必将付出高昂的代价，日本目前还远远没有做好平稳过渡的准备。由于日本并没有建成一个传统的福利国家，也就不存在由国家主导的社会安全体系。从根本上说，日本社会的福利功能是由私营企业承担的。如果这个安全保证体系一旦被拿掉，日本将面临巨大的动荡。

反对激进改革的人士坚持认为，对日本原有社会体系的保护是至关重要的。他们指出，日本经济体系的基石就在于它能够在个体间建立和保持互信。从互信中产生的是工作的责任、长期稳定的关系以及设身处地为他人着想的思维习惯。这种互信创造了社会伦理规范。激进的历史观和经济上的自由主义都对社会结构的稳定构成了威胁。效率当然是重要的，但效率不是全部。现代资本主义的各种形式都是在提高市场效率的各种力量与保持社会稳定的各种因素之间反复碰撞、反复交锋后形成的。西方发达国家都声称自己在市场经济和民主之间达成了平衡。其实在这些国家，社会各个阶级、阶层的分野远比日本要尖锐。西方国家声称个人自由高于一切，但在德国集体的凝聚力还是很强；英国则特别强调社区建设的重要性。日本特有的互信有时候的确会导致群体偏向、排外情绪、权力主义等不好的倾向，但无论如何，改革绝不应该摧毁日本社会原有的互信。① 在考察了荷兰、意大利、瑞典、奥地利、澳大利亚、德

---

① Saeki, K., "40 nen taisei o koete." *This is Yomiuri*, 1996, 138–147.

国等与日本有诸多相似之处的国家后，反对激进改革的人士坚持认为，如果人们还希望收入分配公平，还希望在竞争和合作间保持微妙的平衡，还愿意关心那些不幸的人们，把创造财富和提供服务比单纯性的投机挣钱看的更加重要，那么他们就应当以百倍的信心来捍卫自己的主张。①

自从日本在 20 世纪 80 年代初期加入了国际范围内的保守主义革命浪潮后，日本国内的经济平等就开始急剧恶化。日本人过去曾经认为，日本既不像英国一样是个阶级社会，也不像美国一样是一个种族社会。相反，日本是一个公平社会，不存在一个超级富裕的阶级。即使是那些顶级公司的高管收入也没有达到西方国家那样令人瞠目结舌的程度。但是，自从 20 世纪 80 年代初期以来，日本社会的基尼系数在迅速攀升，从 1981 年的 0.3491 上升到 1989 年的 0.3975，在 1990 年和 1993 年分别达到了 0.4049 和 0.4394。国际公认，当基尼系数超过 0.4 时，社会财富的分配就处于高度不公平的状态。在主要发达国家中，日本的基尼系数是最高的。在 20 世纪 90 年代，尽管大多数日本公司尽力避免大规模裁员，但还是采取了其他形式的调整措施，比如冻结新招收职员，增加兼职员工的使用，通过提前退休来削减员工人数等等。越来越多的公司开始采取诸如此类的做法。1999 年 4 月，日本的失业率达到了 5%，这是 1953 年开始有失业统计以来最高的纪录。失业人口达到了 342 万，其中 115 万是由于公司重组或破产而被抛入失业大军的。1987 年 12 月，非自愿失业人数首次超过了自愿失业的人数。

---

① Itō, M., "Nihon keizai ushinawareta jūnen." *Yomiuri*, 1999, 3, p.192.

结论

从上述分析我们可以看出，全球化对长期以来形成的社会体制和广为认同的价值规范构成严峻的挑战。在日本和其他遭受金融危机冲击的亚洲国家，全球化提供的不仅是促进变革的动力，也是造成重大危机的原因。全球化也是一次新的社会建构。在日本，由于其长期形成的产业文化与正宗的自由资本主义之间存在尖锐的对立，关于全球化的辩论正在日渐升温。当一个国家的经济与全球市场的融合程度不断加深的时候，受到威胁的不仅仅是长期存在的社会体系、制度和规范，市场原则与人们长期以来对发展形成的理念也发生了剧烈的碰撞。到目前为止，正是这种矛盾阻止了日本采取极端的改革。日本在应对全球化挑战的过程中，正是意识形态的各种矛盾冲突改变和制约着人们对自身利益，以及政治经济等宏观层面各种因素的认识。从这个意义上看，对意识形态中的矛盾冲突进行分析是对从政治和经济方面分析全球化过程的有益补充。

有泽广巳及其管制经济理论[*]

有泽广巳（Arisawa Hiromi, 1896～1988）生前是东京大学的经济学教授，是日本经济发展模式的主要设计师之一。[②] 现代日本经济发展经历了两个特殊时期，一个是从 1930 年代到 1940 年代前半期，另一个是战后经济复苏。有泽在这两个时期的管制

---

[*] 本文原题"Arisawa Hiromi and His Theory for a Managed Economy"，刊于《日本研究学报》（*Journal of Japanese Studies*）第 20 卷第 1 期（1994 年冬），第 115～153 页。【作者致谢词】这里，我对马里乌斯·詹森（Marius B. Jansen）和吉尔伯特·罗兹曼（Gilbert Rozman）对本研究提供的宝贵建议，对原朗（Hara Akira）、金森久雄（Kanamori Hisao）、宫崎义一（Miyazaki Yoshikazu）、大来佐武郎（Okita Saburo）、坂井三郎（Sakai Saburo）、馆龙一郎（Tachi Ryuichiro）和富塚文太郎（Tomizuka Bantaro）在百忙中拨冗接受我的采访表示真诚的感谢。东京大学社会科学研究所为本文提供了研究条件，竹前荣治（Takemae Eiji）和原田纯孝（Harada Sumitaka）提供了慷慨的帮助，这里也深表谢意。在本文的修改过程中山村耕造（Kozo Yamamura）和另外两位匿名的评审提供了非常有益的建议。另外，普林斯顿大学国际研究中心、日本基金会，以及伍德罗·威尔逊（Woodrow Wilson）研究学会为本次研究提供了经费。在本文发表前，惊悉接受本研究采访的坂井三郎先生不幸辞世，在此深表哀悼。

[②] 有泽广巳是"御三家"中的灵魂人物。"御三家"在日本历史上是指德川家族的三个分支，他们是德川幕府的重要支柱。这里的"御三家"指的是有泽广巳、中山伊知郎（Nakayama Ichirō, 1889～1980）和东畑精一（Tōbata Seiichi, 1899～1983）三人。在为日本政府就经济政策方面提供咨询和作为各种政府顾问委员会的灵魂，他们比其他任何人都更重要。参见 Komiya Ryūtarō, "Industrial Policy's Generation Gap," *Economic Eye*（March 1986），pp. 22-23。关于有泽广巳在优先生产项目中的贡献，参见 John Dower, *Empire and aftermath*（Cambridge, Mass.：Council on East Asian Studies, Harvard University, 1979），p. 162；Chalmers Johnson, *MITI and the Japanese Miracle*（Stanford：Stanford University Press, 1982），pp. 181－186；Richard Samuels, *The Business of the Japanese State*（Ithaca：Cornell University Press, 1987），pp. 90-94；and Laura E. Hein, *Fueling Growth*（Cambridge, Mass.：Council on East Asian Studies, Harvard University, 1900），pp. 118-134。

经济模式下为日本经济的发展发挥了思想上的领导作用，也为后来的日本历届政府的产业政策奠定了系统的框架。他对日本产业政策的贡献为他在学术领域和公共生活中赢得了崇高的声望。他被推选为日本学士院主席这一事实可以说明他在学术界的地位。而有泽被授予一级金星绶带旭日勋章则是对他在公共领域作出的突出成就的最佳褒奖。这一奖章是日本公民能够获得的最高荣誉。

为什么有泽在日本产业政策中的作用如此重要？他为日本经济贡献了怎样的思想？有泽对产业政策的巨大影响是在何种历史条件下、何种体制背景下产生的呢？在动荡的年代，他的理论和活动又如何反映日本社会经历的一切呢？在广泛研究了有泽本人和其他学者撰写的文献后，我的结论是，有泽的管制经济是一个历史的产物。当时，日本被隔离于国际社会之外而且面临着一系列的危机，如何在宏观层面提高经济资源配置的效率成为当务之急，有泽的理论恰好迎合了这样的局面。长期以来有一种观点认为，日本的产业政策几乎没有学术根基。[①] 我这里想强调的是，日本政府与学术界有着密切的联系，在制定政策的时候吸收了多种学术思想。日本采取管制经济，不仅仅是受到国外经济学思想的影响，也是自明治维新以来国家干预经济这个长期传统的一个例证。[②]

[①] 斎藤精一郎（Saitō Seiichirō）在其『経済学は現代お救えるか』（东京：文芸春秋，1981，第298页）一书中指出："与日本经济学的荒芜相比，日本经济一派繁荣"；而 Eleanor M. Hadley 则认为 "在日本高速发展阶段，既没有理论也没有政府经济学家起到重要作用"［见 Peter A. Hall, ed., *The Pllitical Power of Economic Ideas: Keynesianism Across Nations* (Princeton: Princeton University Press, 1989), p. 301］。

[②] 参见 Kenneth Pyle, "Advantages of Followership: German Economics and Japanese Bureaucrats, 1890 – 1925," *Journal of Japanese Studies*, Vol. 1, No. 1 (Autumn 1974)。

有泽不是唯一一个有着国家干预经济思想的经济学家，也不是对日本战后经济重建起到重大作用的唯一的日本学者。仅仅考察日本 1930 年代和 1940 年代的经济状况也不能使我们对 1950 年后的经济做出全面的解释。但是这样一个研究却能够使我们清晰地看到日本经济形态的一个重要侧面——即日本的产业政策有着深刻的学术基础。这一点长期以来一直被忽略，但却值得我们重视和进行细致的研究。有泽的理论和活动为我们探索日本管制经济起源和发展提供了一个学术维度。本文探讨日本长期以来产业政策背后的经济学思想的重要性以及改写了众多经济学原理的日本经济模式背后的理论基础，并揭示日本资本主义经济模式形成的非同寻常的历史背景。

马克思主义的影响与德国经验

有泽在他学术生涯开始的时候是一名马克思主义者。与日本其他马克思主义者不同的是，有泽从来不把马克思主义看成金科玉律，也不会毫无保留地接受。他对该理论保持着一种灵活的态度。当他发现理论与日本实际情况不符合的时候，有泽总是能够很容易地调整自己的观点。中村隆英（Nakamura Takafusa）是有泽的一个学生，他曾经说过，有泽的学术风格在任何时候都是坚定不移的实证主义，也就是说，任何学术讨论都必须建立在事实基础上。[①] 有泽也一再表明自己信奉弗朗西斯·培根的学说。所以，金森久雄（Kanamori Hisao）宁愿用"实战派"（Jissen-ha）这个词来形容有泽的风格，把他和纯粹的马克思主义经济学家和

---

① 中村隆英：《有泽先生的学风》，载于有泽广巳编纂委员会编《回想》，东京：东京大学出版会，1989，第 159 页。

现代派经济学家区分开来。①

　　和众多学者一样，有泽早年在德国留学和学习马克思主义的经历对他的一生影响深远。有泽 1896 年出生在高知地区的高知市。1910 年有泽前往仙台就读于第二高等学校，在那里学习了河上肇（Kawakami Hajime）撰写的文章。1919 年有泽进入东京帝国大学攻读经济学，这正是经济学从法学院分开的第一年，所以有泽是经济学专业第一届的学生。在大学期间吉野作造（Yoshino Sakuzō）和栉田民像（Kushida Tamizō）两位老师对有泽影响很大，他们都是有社会主义倾向的学者。1922 年有泽大学毕业，留在经济系继续自己的学术生涯。②

　　就在有泽进入经济学领域的时候，日本的经济学研究正在经历一个转型期。过去的 20 年里在日本经济学领域占据主导地位的德国历史学派受到新范式强烈的挑战，马克思主义成为很有影响力的思想。边际革命后古典经济学和西方经济学的一些新发展也开始引人注目。③ 经济学思想的变化反映的是更广泛的领域里社会

---

① 关于相关细节请参见金森久雄「体験戦后経済」，東京：东洋经济新报社，1985，第 127 页；"马经"（Marukei，马克思主义经济学）与"近经"（Kinkei，近代经济学）在日本学术界是完全不同的两个领域，不像西方学界那样，日本学人倾向于给单个学派以明晰的标签，他们用"近经"来区分马克思主义经济学与"边际革命"以来除历史学派和制度学派以外的所有非马克思主义经济学。参见早坂忠（Hayasaka Tadashi）、正村公宏（Masamura Kimihiro）、竹山盛雄（Takeyama Morio）、浜口晴彦（Hamaguchi Haruhiko）、柴田俊夫（Shibata Toshio）、星野彰义（Hoshino Akiyoshi）等编著『戦后日本の経済学』，東京：日本经济新闻社，1974，第 14～15 页。
② 具体论述参见有澤広巳「学問と思想と人間と—忘れぬ人々」，東京：東京大学出版会，1989（1957），第一章。
③ 参见杉原四郎『日本の経済思想家たち』，東京：日本经济評論社，1990；隅谷三喜男「総論：経済学各分野の発展」，載于東京大学経済学部編『東京大学経済学部五十年史』，東京：東京大学出版会，1986，第 119～123 页。

的变迁。1918 年的米骚动表明，日本资本主义发展的内在社会问题开始凸显，劳资矛盾加剧。在第一次世界大战期间，很多经济学理论纷纷进入日本，影响了"大正民主运动"。俄国十月革命不仅推动了日本的工人运动，也加速了马克思主义在日本知识分子中的传播。有泽曾经回忆，当时的日本经济学家在为经济学寻找课题和研究方法的时候发现，德国历史学派那种在阶级矛盾中寻找妥协的传统做法已经不符合第一次世界大战后的形势了，学术界急需新的理论框架。①

个人关系网在有泽寻找学术研究方向时起到了重要作用。有泽在东京帝国大学经济学系成为一名助教后，他周围有一群年轻的马克思主义者，领头的是大内兵卫，年轻学者中有劳农学派的代表人物向坂逸郎（Sakisaka Itsuro），大森芳太郎（Omori Yoshitaro）则是这一学派的另一重要人物。还有讲座派最知名的理论学家山田盛太郎（Yamada Moritarō），以及美浓部亮吉、宇野弘藏和高桥正雄等人。对这一时期的日本年轻学者来说，马克思主义有着巨大的吸引力。这不仅是因为该学说对当时的社会问题有强大的解释力，而且也因为它有成熟的思想体系。在 1920 年代后期，帝国大学的学术空气是比较自由的。这得益于日本第一任文部省大臣森有礼（Mori Arinori）倡导的原则，因为帝国大学要培养日本的精英，必须允许学者们广泛自由地涉猎各种思想。有泽和他的同事们甚至可以在课堂上正式宣传马克思主义。1927 年，他们主张把马克思的《资本论》作为经济学课程的教材。正是在这种背景下，东京帝国大学成为马克思主义（Marukei）在日本传播的主要据点。这些学者成为一战后在日本传播马克思主义的很

---

① 参见有澤広巳『学問と思想』，第 54 页。

有影响力的人物。

1926 年 3 月到 1928 年 5 月有泽在德国留学。这一段时间的学习经历对他的影响格外深刻，成为他一生取之不尽用之不竭的学术灵感来源。在德国的留学生涯对有泽的影响主要体现在以下两方面：一是学习马克思主义；一是学习德国在一战期间和一战后的经济学思想和实践。在德国的大部分时间有泽都在研究马克思主义。当时，去德国学习马克思主义是日本经济学家们的一个潮流。日本在 1918 年实施了高等教育体系的改革，经济学从此成为一门独立的学科，在大学经济学教学的岗位也迅速增加。很多大学都把年轻学者派往德国，这不仅是因为德日两国的关系紧密，也不仅是德国大学在世界享有很高的声望，同时也因为日本学者希望学习马克思主义。① 有泽在德国学习期间完成了《资本论》第二卷和第三卷的学习。

和赴德学习马克思主义的大多数年轻日本学者一样，有泽也密切关注德国国内形势，以及德国社会民主党的政治活动。他阅读了大量关于社会民主党历史的书籍，也参加社会民主党的全国大会。同时，有泽也开始对研究德国一战后的经济恢复产生了浓厚的兴趣。这一点对他以后的研究生涯有着非常深远的影响。有泽以后关于管制经济的全部架构都是建立在他对德国经济研究基础之上的。有泽后来回忆，"我一直在关注德国学术界的动向……在德国度过两年三个月的求学生涯后，我对德国产生了深厚的感情。德国的音乐、文学、哲学引人入胜，但最吸引我的还是德国的政治和经济。即使在回到日本后，我也一直坚持阅读德国报纸。这样做不仅仅是

① 玉野井芳郎（Tamanoi Yoshirō）：『日本の経済学』，中央公論社，1971，第 102 頁。

跟踪德国的政局和经济，而是我想更多地掌握德国的知识，把德国作为一个个案来检验自己对经济的观察。"① 读者从本文的余下部分将看到，这番话就是有泽学术生涯的宣言。在晚年，他把主要的精力投入对魏玛共和国的研究，出版了三本相关专著。

对总体战争和管制经济的研究

当有泽从德国留学归来，日本正面临严峻的形势。政府开始加紧思想控制，镇压社会主义运动。这给有泽的好几个同事都带来了灾难。② 很快，1929~1933 年的世界性经济大萧条把日本推向"史无前例的内忧外患"③。在这种情况下，很多以前的共产主义分子开始把马克思主义看成"对日本民族认同的威胁"。1931年日本入侵中国东北后，在狂热的民族主义情绪中，这些人放弃了对马克思主义——特别是阶级斗争和国际主义的信仰，转而投身天皇代表的本土政治信仰。④ 与此同时，还出现了"国家改革运动"。这是一个涉及全国方方面面的改革，牵扯的范围从政治体制到教育体系，其目的在于根除"资本主义制度的邪恶"，"打破目前面临的困境"。上述两个变化在文化上都带有狭隘的民族主义倾向，有泽的管制经济理论和活动正是在这样的背景下展开的。

---

① 有澤広巳：『経済政策のノト』，学風書院，1949，第 2~3 页。

② 由于卷入"三一五"事件，大森芳太郎离开了东京帝国大学。1930 年，因为与日本共产党的关系，山田盛太郎也不得不辞去教职。有泽广巳和协村义太郎也没有机会获得升职。阿部、高桥和美浓部在结束他们的助手任期后也不得不离开学校。相关详情参见隅谷三喜男『総论：经济学』，第 124 页。

③ 这句话是中村隆英引用北一辉的话，见中村隆英『日本の経済統制』，東京：日本经济新闻社，1974，第 25 页。

④ Germaine A. Hoston, "Tenkō and Marxism in Prewar Jpan", *Polity*, Vol. 16, No. 1 (Spring 1975), pp. 96 – 118；鶴見俊輔（Tsurumi Shunsuke），*An Intellectual History of Wartime Japan：1931–1945*（London：KPI, 1982）。

　　有泽回到东京帝国大学后，在 1928 年他组织了由三名劳农派的马克思主义经济学家协村义太郎（Wakimura Yoshitaro）、美浓部亮吉（Minobe Ryōkichi）和阿部武（Abe Isamu）参加的研究小组。他们相信经济危机是资本主义生产方式导致的必然结果，是迟早要到来的。一年后，纽约股市历史性的崩溃就发生了。1930 年 2 月，他们认定会有一场全球性的经济衰退，马上开始研究美国经济危机对世界经济的影响。他们的第一份运用定量分析方法的研究报告在 1930 年 5 月发表，获得了很好的评价。1930 年 12 月到 1932 年 6 月，他们的研究报告几乎出现在每一期的《中央公论》上。人们认为这些报告是在马克思主义框架内的实证研究，对当时形势的分析十分中肯。①

　　1934 年有泽发表了《产业动员计划》（『産業動員計画』）一书。该书是有泽学术生涯的转折点，标志着他的研究重点从资本主义经济危机的一般规律转向总体战争和管制经济。在这个过程中，有泽对资本主义的态度从掘墓人转向“补天派”。② 这本书的第一章开篇就引用了布洛克（I. B. Bloch）的名言：“即使与军事没有直接联系，对经济法则、经济现状的知识和研究也同样是重要的。”在该书中，有泽系统地研究了现代战争对国家经济的深远影响。他指出，在第一次世界大战中，世界土地的 66.3%，人口的 88.1%，商业的 85.6%，海运业的 83.4%，铁路运输量的 84.4% 都卷入了战争。

　　有泽研究方向的转变正好发生在日本现代历史的一个转变期。

---

① 见中村隆英「有澤広巳先生」。

② “补天”源自中国的一个神话故事：远古时代，伏羲的妹妹和继承人——女神女娲炼就五色石来修补因天柱损毁而要陨坠的天。在现代，“补天”则用来比喻在信仰危机或社会动荡时候的救世行为。

有泽关于管制经济的思想来源于国际国内政治经济格局中迥然不同的两个方面。一方面是，大萧条宣告了自由资本主义的失败，对这一点的深刻反思不仅发生在日本，也同样出现在其他许多工业化国家。在大萧条的状况下，要求国家干预的呼声导致了众多不同的政治变革，例如美国的罗斯福新政、德国的国家社会主义，以及苏联的计划经济。日本当然也不例外。虽然日本从明治维新以来政府在干预经济方面一直很活跃，但在19世纪80年代把主要国有龙头企业出售给财阀后，政府干预经济从未采取控制资源分配或者指导私营企业的形式。从那时候开始，政府干预的主要形式是为私营企业提供特许经营权或部分资本金。

同时，为了缓解快速工业化过程中的阶级矛盾和避免社会动荡，日本政府非常关注德国在社会福利方面的立法建设。同时，日本社会政策协会的经济思想指导下的国家政策主要着眼于处理资本主义发展过程中出现的问题，而不是由国家来直接组织国民经济。① 1920年代末、1930年代初，为了度过世界性的经济大萧条，日本政府的产业政策开始成型。商工省（战后通产省的前身）的很多举措都是为了通过"产业合理化"来加强私有企业在国际市场的竞争力。这些项目引进了西方的理念，比如"科学管理"和"生产线"等。②

有泽思想的另一面则来自当时如何应对战争危险的广泛讨论。在1930年伦敦限制海军军备竞赛的国际会议之后，尤其是发生了1931年的"9.18事变"之后，这样的讨论就变得更为激烈了。

---

① 关于日本明治时期和大正时期的经济意识形态的具体讨论，参见 Pyle，"Followership"。

② 参见 Johnson，MITI，第102~103页。

"总体战争"的概念最初出现在一战期间的德国。在有泽看来，总体战争就是"现代战争的胜负不仅由战场上的军事实力决定，更由制造武器的军事工业的实力决定。"[1] 在一战前，日本军方为自己争取利益的斗争还仅限于力争得到政府更多的财政拨款，对更广泛层面的经济问题则很少置喙。但在一战期间这个局面发生了很大变化。首先关注战争和全国经济之间关系的是军方。1915 年总参谋部下属的军事地理局主任小矶国昭（Koiso Kuniaki）组织人员编写了一本著名的书籍《帝国的国防资源》，书中估计了一个国家的总体军事实力，计算了日常生活所需的食品、衣物和其他物资，以及在战争环境下国家生存和军事行动所需要的军火供应。小矶国昭和他的僚属们断言："为了最大限度地提升国家实力，社会政策在各个方面都需要改进，从改善劳资关系，到使教育体系符合发展产业和金融组织的需求。"[2] 总体战争思想后来成为 1918 年通过的"军工产业战时动员法案"的理论基础，而且随着小矶国昭后来成为陆军副大臣，驻朝鲜半岛日军总司令，殖民事务省大臣，乃至最终成为首相，总体战争的思想影响越来越大。

在 1930 年代早期讨论加强国家潜力的时候，有泽就显示出强烈的"控制社会"的思想。他认为，总体战争需要国家能够牢牢地控制经济，而这一点需要政策的统一、政权的高度集中。在一本 1934 年撰写的书中，有泽重点研究了美国进行战争动员的历史，提到了美国 1915 年建立的海军咨询委员会下属的产业预备委员会，以及 1917 年建立的战时工业委员会。有泽指出，当这些委

---

①　有泽广巳：《产业导引计画》，东京：改造社，1934，第 54 页。

②　参见加藤俊彦（Katō Toshihiko）「軍部の経済思想」，载东京大学社会科学研究所编『戦時日本経済』，東京：東京大学出版会，1979。

员会只是起到咨询作用、而没有掌握实际权力的时候，国家的控制力就会受到损害。相反，当委员会掌握了实权，就把庞大而分散的美国工业体系握成拳头，取得了巨大的成功。因此，有泽断言："当一支军队在短时间内扩大成数百万精锐的时候，真正懂得产业和商业的人必须像军队的统帅一样掌握权力。这些人能够为了各个产业快速有序地发展做出产业动员规划，并且付诸实施。"①

有泽同时指出，战时经济中国家控制的主要手段是"资源分配"，因为此时"国家必须动用一切经济手段，投入所有能够投入的资源，为了赢得战争战斗到最后一刻"。为了达到这个目的，有泽认为，"军事统帅所提出的一切军火要求都必须得到满足，一般民用品的需要必须压缩到最低限度"。② 在战时经济中最重要的资源在有泽看来是煤炭和钢铁，因为二者是现代工业的基础。煤炭是制造和运输的燃料，是一切产业活动至关重要的基础。③ 早在1934 年有泽就认识到了国家在特殊的紧急状态下煤炭和钢铁的重要性。这个思想后来成为他在日本战后经济恢复期间提出的"倾斜生产计划"的基础。

上述对有泽思想的介绍可能让我们不禁想起了一位西方学者查默斯·约翰逊（Chalmers Johnson）在关于通产省的经典著作中描述了日本是如何实施了对社会的全面控制的。下面讨论的则涉及蜡山正道（Royama Masamichi）和松井春雄（Matsui Haruo）的思想，与这两位相对的西方作者是沃尔夫廉（Van Wolferen），他最近的研究探讨日本政府必须下大力气加强政权的统一性，尽力

---

① 有泽广巳：《产业导引计划》，第 117 页。
② 有泽广巳：《产业导引计划》，第 80～81 页。
③ 有泽广巳：《产业导引计划》，第 86 页。

消除官僚体系中派系争斗的负面影响。① 蜡山是帝国大学的一位政治学家，也是国家改革运动在学术界的领袖。松井春雄（Matsui Haruo）是日本内阁调查部的首席经济学家。这两位在当时的影响力都远远大于有泽。当时日本正掀起一股热潮，那就是研究其他发达工业国家与本国类似的机构。洛文（Lewis Lorwin）的著作《经济咨询委员会》在 1933 年被翻译成了日语，书名是《经济总参谋部》。蜡山和松井两人都对建立一个经济"总参谋部"非常感兴趣，为此蜡山在 1934 年还发表了一篇题目为《各国经济会议的比较制度研究》（「各国における経済会議の比較制度研究」）的文章。松井则在考虑日本国内实际状况后进一步发展了经济"总参谋部"的思想。② 这两位学者都认为建立经济"总参谋部"

---

① 参见 Johnson, *MITI*; Karel Van Wolferen, The Enigma of Japanese Power（New York: Alfred A. Knopf, 1989）；蜡山正道：「各国における経済会議の比較制度研究」，載于蜡山編『行政学研究論文集』，東京：ケイソウ書房，1965（1934）；松井：『経済参謀本部論』，東京：日本評論社，1934。在 1930 年代，关于政府官僚中的地方主义和派系斗争以及它们与明治维新的关系的相关论争，参见山崎丹荘（Yamazaki Tanshō）『内閣論』，東京：学養書房，1948；秦郁彦（Hata Ikuhiko）：「革新官僚の群像」，載于『官僚の研究』，東京：講談社，1983，第 107～146 頁；以及羽田「内閣制度」，載『戦前期日本官僚制の制度——組織、人事』，東京：東京大学出版会，1981，第 661～375 頁；井出嘉宪（Ide Yoshinori）「非常時体制と日本官製」，載『日本官僚制と行政文化』，東京：東京大学出版会，1982，第 61～140 頁；辻清明（Tsuji Kiyoaki）：「統治構造における割拠性の起因」、「日本における政策決定過程」和「日本ファッシズムの統治構造」，載辻清明編『日本官僚制の研究』，東京：東京大学出版会，1981（1969），第 59～115、159～172、206～241 頁。

② 松井关于"经济总参谋部"的设想最早发表于 1931 年在东京帝国大学举行的一次题为《关于经济及其代理的组织控制》（"Organizational Control Over the Economy and Its Agency"）演讲中，他再次讨论这一问题是在 1933 年末的昭和研究会上，1934 年他出版了『経済総参謀部論』一书，这是日本在这一领域最早的研究。在详细分析了德国、法国、意大利、苏联、英国和美国等国的经济总体统制政策后，松井认为在日本建立一个类似的机构是当务之急。在这本书中，他认为德国在第一次世界大战期间建立起了完备的经济统制体制以调动国家资源达到最优配置，德国的经验对日本来说最有借鉴意义。他坚信这将是日本应对世界经济大萧条和加强国家资本国际竞争力的有效途径。关于相关讨论参见松井春雄『経済参谋本部论』。

能够有效地消除官僚体系中派系争斗的负面影响，而从明治维新以来官僚体系一直受到制度性的保护。[①] 松井明确提出："现在的局面要求立即建立一个直接隶属首相的、有强大权力的机构，这样才能在经济问题上建立国家政策。"[②]

蜡山和松井对国家控制社会的态度比起有泽来显得温和得多。在蜡山看来，经济咨询委员会不过是国家的咨询机构，仅仅负责国家的经济规划。[③] 在松井看来，"经济总参谋部"仅仅是议会的助理机构，管制经济应当由非国家经济体"自下而上"来展开，而不是"自上而下"。[④] 比起他们来，有泽对于管制经济的立场要强硬得多，他要求国家直接控制资源的分配。1930 年代关于国家职能讨论的这两条思路不仅反映了日本内部的不同思想，也为后来研究日本政治的人留下了一个经久的困惑。对社会而言，日本的国家政权的确非常强大；但在官僚体制内部权力整合方面是否也很强大，则是一个到今天都争论不休的问题。

1937 年情况发生了悲剧性的变化。在这一年日本扩大了对华侵略。日本政府为支持战争开始实施真正的"管制经济"，直接控制资源的分配。在这种情况下，日本的经济体制发生了某些剧变。尽管从明治维新以来日本就一直存在着各种管制经济的做法，但是一般是采取卡特尔（cartel）的形式。例如，日本的纺织业在整合大企业生产方面一直在发挥作用，然而 1937 年后管制经济的性质发生了本质的变化。有泽指出：

---

① 松井春雄：《经济参谋本部》，第 245 页。
② 松井春雄：《经济参谋本部》，第 242 页。
③ 蜡山：『各国における经济会议』，第 95～96 页。
④ 参见読売新聞社『昭和史の天皇』卷 17，東京：読売新聞社，1972，第 15～18 页。

在过去的管制经济中，国家尽量避免直接干预，而是依靠企业自身的积极性来控制经济，通过各个产业内部自动的调节来实现管制经济。国家通过保护私营企业并为其提供帮助的手段来实现管制经济的目的。但是在新的阶段，管制经济的目的截然不同，依靠企业自发的能动性已经无法达到目的。现在国家必须直接干预经济，掌握经济活动的领导权。在准战争的状态下，国家主导的经济只能是强制性的。这就是今天管制经济的本质。①

1937 年有泽撰写了两本专著，《战争与经济》和《日本工业统制论》，② 系统地提出了管制经济的思想体系。在他看来，管制经济的根据就来源于"战时经济"的本质。在有泽看来，战时经济导致"畸形的繁荣"，即尽可能地扩大军工企业的生产，而民用品的生产则被压缩到最低限度。在向战时经济转轨的过程中，越来越多的资本和原材料从民用品的生产中被调出来投向军火生产。这种畸形繁荣会持续很长的时间，因为这种产业之间的不平衡是人为刻意制造的。如果在经济自行运转的情况下，一次经济衰退就可以把这种不平衡消除。

有泽进一步指出，国家管制经济的必要性不仅仅是为了应付急迫的税收需求，同时也是为了避免出现社会动荡。在战时经济中，为了避免因为国际贸易禁运而使本国无法获得基本的原材料，这些原材料必须由国内生产。这样，产品的质量就会降低，而成

① 有澤広巳：『経済統制化の日本』，東京：改造社，1937，第 1～2 页。
② 关于有泽广巳对战时经济统制的具体分析，参见其「戦時戦後の工業及び工業政策」，載東京大学経済学部『戦後日本経済の諸問題：東京大学経済学部創立三十年記念論文集』，東京：雄飛閣，1949，第 57～88 页。

本会增加。普通民众必须承担这个代价。另外，巨额的国防开支要依靠税收来源，而税收是永远不可能满足开支的。国家必须发行债券来支持军工企业的生产。这样一来，通货膨胀就不可避免，民众的购买力将被进一步削弱。当民众生活受到严重威胁的时候，国家就必须加强控制，确保基本的生活和社会稳定，从而避免社会动荡对继续支持战争的威胁。①

有泽还针对管制经济发展了自己的价格理论。他在价格理论方面的观点后来导致他与石桥湛山（Ishibashi Tanzan）之间在二战后初期发生了严重的争执，争执的焦点在于倾斜生产应当采取的政策导向。有泽认为在战时经济中，价格的功能与和平时期是不一样的。在正常情况下，价格飙升是经济繁荣的标志。价格飙升可以动员全部剩余生产能力，从而增加生产；同时过高的价格也能够抑制供给，使得供给和需求之间达到某种平衡。但是在战争条件下，经济的动力来自于军事工业的强劲需求，这种需求导致的是前边提到的"畸形繁荣"。另外有泽指出，与其他主要西方工业化国家相比，日本的重化工业没有得到充分发展。这导致日本军工产业的基础薄弱，供给能力也相对较低。这种情况下的价格飙升代表的不是经济繁荣，而是生产不足。战时经济里的价格飙升并不能抑制军火的需求，因为军事对某些物资的需求是不受成本影响的。没有国家干预，军火需求会很快把全部现存的生产力从民用品生产转向军工生产。此时价格飙升会造成更大的金融负担，加剧通货膨胀，彻底摧毁普通民众的生活。② 很明显，有泽的管制经济理论受到了德国总体战争思想的影响，德国总体战争思想认为"对战争的准备和战

---

① 有泽广巳：『戦争と経済』，東京：日本評論社，1937，第69～70页。
② 有泽广巳：『戦争と経済』，第61～65、69～70页。

争本身是密切关联、不可分割的整体。"

　　当然，有泽关于管制经济的思想来源还有更深刻的历史背景。在有泽看来，大萧条意味着自由资本主义走到了尽头，1930年代全球范围内普遍实施的国家干预表明"资本主义内在的自我恢复机制已经枯竭"。有泽预言，资本主义的未来出路在于"国家资本主义"。他指出，资本主义进入股份资本时代以来发生了两种变化：一是资本的所有权和管理权分离，二是经济生活中越来越多的国家干预。这两个变化必然导致"国家资本主义"的出现。在有泽看来，国家对经济的控制已经超越了仅仅保护国内市场的做法，而进入了"国家在经济发展中扮演核心角色"的新阶段。[①]在有泽看来，这种修正经典资本主义的倾向不仅为了整合私营经济和国家的力量，"使企业界的经营和国家的组织能力相结合"，"消除自由竞争导致的浪费"，同时也是为了"生产理性化"和"增加资本的价值"。有泽的管制经济吸取了马克思主义计划经济和德国总体战争思想的精髓，在1930年代全球各国都在探索应对大萧条的时期，代表了当时日本与时俱进的经济思想。[②]卡尔·波兰尼后来谈到，各国的试验性探索是"现在经济体制在应对自由资本主义失灵后的伟大转型。"[③]日本的实践导致出现了一种新型的资本主义，它在组织经济生活方面有着独特的机制。

经济"新秩序"

　　1938年2月，有泽被捕了，一同被捕的还有一群其他马克思

---

①　有泽广巳：《日本工业统制论》，东京：雄飞阁，1937，第230页。
②　有泽广巳：《日本工业统制论》，东京：雄飞阁，1937，第217页。
③　卡尔·波兰尼：《大转型》（*The Great Transformation*，Boston：Beacon Press，1957）。

主义者，包括大内兵卫、协村义太郎、美浓部亮吉、高桥正雄、大森芳太郎（Oumori Yoshitaro）和阿部武（Abe Isamu）。1939 年 5 月从监狱获释后，有泽成了为近卫文麿内阁设计"经济新秩序"的秘密顾问。1940 年 7 月近卫首相第二次组阁。德国在这一年的 4 月入侵挪威，并在同年 6 月征服了法国。日本军方准备趁机攻占东南亚。日本很多人士认为德国的成功来源于它的政治体制、极权主义和计划经济；而实用主义、自由资本主义和民主体系则是导致英法灭亡的原因。他们相信，自由资本主义在战争和国际竞争的背景下是无能为力的，必须让位于极权主义。在这种思路驱使下，近卫首相为了在全国范围内掌握权力，决定成立一个与一般政党性质迥然不同的民间组织。这就是近卫的"新秩序"。

昭和研究会（SRA）是近卫首相的私人智囊团，是"改革力量的核心"。该研究会作为近卫新秩序的主要设计者，为高层领导人制定国策，并努力克服官僚体制中部门之间的争权夺利。① 昭和研究会于 1938 年开始研究"新秩序"。近卫第二次组阁时，该研究会已经完成了"新秩序"的完整蓝图。受德国和意大利的影响，掺杂些许马克思主义计划经济成分的极权主义思想成为 1930 年代末期日本政坛占压倒地位的意识形态，这种意识形态也顺理成章地构成了近卫"新秩序"的理论基础。②

有泽在构建经济"新秩序"方面发挥了重要作用。阐明近

---

① 关于昭和研究会的相关活动，参见坂井三郎《昭和研究会》，东京：TBS，1979；昭和同人会《昭和研究会》，东京：经济往来社，1968。

② 关于经济"新秩序"，参见中村「日本の経済統制」、中村隆英和原朗「経済新体制」，载日本政治学会编『近衛新体制の研究』，東京：岩波書店，1972，第 71～133 页；Johnson，MITI。

卫"新秩序"最有名的两份资料是笠信太郎①的书《日本经济的重构》和昭和研究会提出的文件《日本经济重构草案》。长期以来人们一直认为这两份资料的作者都是笠信太郎，昭和研究会的其他学者在撰写过程中给予了他一些帮助。但是 1979年坂井三郎出版了一本名叫《昭和研究会》的书，书中透露笠信太郎的书籍和昭和研究会的报告其实在很大程度上都是基于有泽的研究工作。坂井三郎本人就是昭和研究会总事务处的成员。

　　当时有泽本人还并不是昭和研究会的正式成员，但在 1937 年出版两本书以后，彻底认可了有泽在管制经济方面的权威地位。1937 年秋天，当内务部决定逮捕有泽和他的同事的时候，近卫首相还尽力阻止此事，但未能成功。② 有泽从监狱获释后被帝国大学解雇了，并且被禁止出版书籍，也丧失了经济来源。内阁企划厅一位叫稻边秀三的官员拜访了有泽，并且告知了他目前的经济形势。稻边秀三也是昭和研究会的成员。后来，昭和研究会秘密资助有泽研究"新秩序"的经济问题，并且为他提供了生活费。在大山岩夫的帮助下，有泽前往北海道和其他地区的煤矿做实地考察。大山岩夫也是昭和研究会总事务处的成员。为了避开警方的注意，有泽不得不使用坂井三郎的化名与人交谈。在有泽完成昭和研究会报告的第一稿后，笠信太郎在昭和研究会组织了若干次讨论，并在最终稿上加上了自己的一些见解。笠信太郎本人的书也是在此时出版的。该书的内容基于有泽提交的报告，但在行文

_____

① 　笠信太郎是《朝日新闻》经济评论部的记者，也是昭和研究会的经济研究员。
② 　参见风见明良（Kazami Akira）《近卫内阁》，东京：日本出版共同株式会社，1951，第 158~159 页。

上采取了另外一种风格。①

昭和研究会的报告有些非常激进的观点，如建议国家"控制企业的利润"、"把资本从管理中剥离出来"、"让企业管理阶层成为政府官员"等等。报告认为，现在的国家控制还是"从外而内"、"自上而下"，这种方法控制了资源分配，但是还不能够直接控制生产。在这种情况下，私有企业依然可以在利润不足的情况下停止生产，或者通过偷工减料、减少原材料投入来增加利润。控制资源的方法也带来了一些负面影响，如黑市泛滥、非法外汇交易横行等。报告呼吁政府把管制经济的重点从"着眼利润"转向"着眼生产"，动用国家力量控制企业利润，摒弃自由资本主义。报告建议国家必须把生产作为制定政策的头等大事；把生产企业置于国家直接管理之下，或者建立一个"资本和管理分离"、"生产管理者成为国家官员"的混合型经济。这样管理者主要就是为国家工作了。②

在讨论如何在当时的条件下实施管制经济时，昭和研究会的

---

① 上述信息源自我 1991 年 3 月 4 日对坂井三郎的电话采访；又见坂井三郎《昭和研究会》。有泽广已是否主导了相关研究至今还是个谜。有泽自己从没提及他与昭和研究会的关系。按照他的年谱和传记记载，他于 1938 年 2 月 1 日被捕，直至 1939 年 5 月才被释放。他出狱后整个夏季都生活在东芝社长山口樋三郎在吉浜海滨的别墅，从 1939 年秋季开始，他为东芝的高级管理层提供经济咨询。1940 年 2 月开始，他为军部展开了一项调查工作。如果这些记载是真实的，有泽的日程表明在 1939 年他几乎没有时间主导这项计划的研究。唯一的可能是，有泽曾在 1939 年 9～12 月间参与笠信太郎的研究，因为笠信太郎是在 1939 年 12 月出版了他的著作。据坂井三郎研究，笠信太郎是在有泽研究的基础上综述了该项研究形成了《日本经济的重构》一书。中村隆英也推断说该研究计划的写作是在 1939 年秋季，参见中村「隆新太郎と統制経済」，『歴史と人物』1974 年 4 月，第 66～74 页。

② 相关细节参见昭和研究会《日本经济再编成试案》，载坂井三郎《昭和研究会》，第 356～370 页。

报告和文件在政策导向上采取了一种激进的立场。九州岛帝国大学的波多野香苗（Hatano Kanae）教授则代表了一种更温和的观点。波多野撰写了一本名为《统制经济讲座》的书，在社会上引起了巨大的反响，在 1939 年底出版后的四个月内就印刷了 26 次。在该书中波多野认为管制经济既不同于自由资本主义，也不是计划经济。波多野承认日本的管制经济正从企业的"自我管理"演化成国家的"权力管理"，但他仍然认为管制经济应当以合作为基础。在他的构想中，自由资本主义的典型特征是私有制、个人利益和个人自由；而计划经济则是公有制、公共利益，国家颁布命令，社会照章执行。在他看来，管制经济应当把私有制和公共利益结合起来，在国家和社会之间建立一种引导—合作的关系，以取代计划经济中的命令和遵守的关系。[①] 有泽的观点更多地倾向于计划经济，而波多野的立场则更接近于二战后实施了道奇计划之后的企业与国家的关系。

"资本和管理分离"的思想出自有泽之手。中村隆英在研究笠信太郎撰写的书籍和昭和研究会报告后指出，笠信太郎本人从来没有使用过"资本和管理分离"的词句，虽然笠信曾经提及私有企业的公共责任，但是他从来没有谈到企业的国有化和给管理人员授予公职。追根溯源，笠信在管制经济上的立场依然是私营企业履行自己的公共义务，而并非由国家直接控制。[②] 与此不同的是，有泽在《日本工业统制论》一书中就已经断言"资本的所有权和社会职能分离的趋势日益明显"，这个趋势最终必然导致"国

---

① 参见波多野香苗《统制经济讲和》，东京：日本评论社，1940（1939），第 3~6 页。

② 中村隆英：《笠信太郎》，第 72 页。关于笠信太郎在"新秩序"中的立场，参见笠信太郎『日本経済の再编成』，东京：中央公論社，1939。

家资本主义"——"经济管制力度越强,就越靠近国家资本主义"。① 从管制经济的思想出发,有泽的分析始于总体战争,而最终的指向则是修正原有的资本主义制度。在当时的日本,这是典型的马克思主义者的分析方法。由于受到官方的打压,马克思经济学派的学者开始把注意力转向"生产力理论"。他们不再纠缠于阶级和剥削,也没有采取反战立场,而是利用当前的战争作为"先决条件",集中探讨"提高生产",最终达到生产中各种关系的平衡。②

笠信太郎的书和昭和研究会报告阐释了经济"新秩序",在日本引起了强烈的反响。笠信的书被人们争相阅读,立刻成为畅销书。昭和研究会报告则备受内阁企划厅官员们的青睐。他们在1940年9月推出了"新经济秩序大纲",表达了与报告类似的政治观点。虽然"新秩序"思想备受知识分子、"改革派官僚"和军方的欢迎,但受到共产主义分子的猛烈批判。一个由企业界领袖和宗教右翼人士组成的联合阵线也表示强烈反对。内阁企划厅的一批积极参与策划经济"新秩序"的官员甚至由于此次政治斗争而被捕入狱,其中有和田博夫、稻边秀三、胜间田诚一和佐田忠孝。日本最终以国策的形式推出的经济"新秩序"是温和的,各派妥协的结果。

中村隆英曾经把战争结束前的管制经济理论分为三个阶段。管制经济的第一个阶段要求企业组织之间自行协调管理。这个观念很明显受到德国卡特尔理论模式的影响。松井的理论

---

① 有泽广巳:《日本工业统制论》,第212页。
② 内田善彦:「戦時経済学の矛盾の展開と経済理論」,『潮流』1948年1月,第39页。

就是这一阶段的典型代表。管制经济的第二阶段出现了"控制经济"的新思想，这种思想认为在利润原则的约束下，经济的不平衡是不可避免的。所以，国家对经济管理的检查和监督就成为必要的了。波多野的立场在很大程度上可以归于这一阶段。管制经济的第三阶段是基于这样一种思想，即传统资本主义模式严重违反了国家利益，必须采取非常严厉的措施来纠正这种错误。这个阶段的管制经济思想认为国家必须对资本实施直接的控制。[①] 这种思想相对于当时比较传统的管制经济观念来说是比较激进的。很明显，正是有泽为管制经济的最后阶段提供了理论框架。

那么有泽本人是如何看待自己和"新秩序"的关系呢？1979年坂井三郎关于昭和研究会的书出版的时候，有泽在书的护封上写下了这样一段话："即使到今天，人们依然不能完全了解近卫首相智囊团的背景、思想和他们对国策的研究。昭和研究会日夜思考、讨论的问题全部都是昭和时期的第二个十年（1935～1945）日本面临的问题。作为这段动荡岁月的过来人，我百感交集……"[②]

就在太平洋战争爆发前夕，有泽参与了一项由日本军方组织的对国家总体经济实力的调查项目，在此期间他接触到了瓦西里·列昂惕夫（Wassily W. Leontieff）输入输出分析。[③] 正是这次经历帮助他为战后恢复时期构想出了"倾斜生产"理论。日本的经济能力是否能够同时支持侵华战争和另外一场战争？军方这次

---

① 中村隆英：『日本の経済統制』，第13～14页。
② 参见坂井三郎《昭和研究会》一书护封。
③ 参见矢野智雄对有泽广巳的采访，载有泽广巳的昭和史编纂委员会编『歴史の中に生きる』，東京：東京大学出版会，1989，第93页。

调查的目的旨在为评估日本的经济能力提供一个客观的依据。① 参加此项调查的 20 名经济学家被分成了四组，分别负责研究四个对象：日本、英美、德国和苏联。有泽是英美组的负责人。他和他的同事在调查后得出的结论是否定的，即日本没有支持另一场战争的能力。即使在战争初期取得重大成果，从长期看也不可能取得最终胜利。但是，军方的高级将领拒绝接受这个结论，他们把所有相关的材料、连同报告本身都付之一炬。②

有泽在太平洋战争爆发前的经历是重要的。他不仅对经济现状有了鞭辟入里的认识，形成了自己系统的政策观念，而且对管制经济运行的了解日益成熟，与政界精英和高层官员建立了个人关系。在此期间，尽管有泽和昭和研究会对"新秩序"的思想未能完全付诸实践，但是他们的工作为日本未来的制度建设奠定了理论基础，留下了一笔宝贵的财富。

为战后的经济恢复奔走

1945～1949 年是有泽一生的黄金时期。在这些年里他积极地投身公共事务。从 1945 年末开始有泽就成了外务省特别调查委员会的成员。在策划战后重建时期，这个委员会是第一个，也是唯一的一个。同一年有泽也进入了商工省的战争赔偿委员会，这就是战后通商产业省的前身。1946 年他进入了工资中央理事会和战争调查委员会，兼任大藏省下属的金融经济形势研究局的主任。

---

① 参见秋丸次郎「秋丸機関の顛末」，载有澤広巳の昭和史編纂委員会編『回想』。

② 参见有泽广巳「学問と思想」、秋丸次郎「秋丸機関の顛末」、赤松要・有澤広巳・都留重人・中山伊知郎「経済政策論の発展過程及びその周辺」，载中山伊知郎編『中山伊知郎全集・別件』，東京：講談社，1973。

同时，有泽还是煤炭委员会主任，这个机构是吉田茂首相的私人智囊团。1946～1947 年间，有泽被三次邀请担任经济稳定委员会（ESB）的主任。虽然三次婉言谢绝，但有泽还是担任了该委员会的顾问。

正是这段"战后虚脱期"为有泽和其他学者参与制定国家大政方针提供了史无前例的机会。在实施总体战争的 15 年期间，日本耗尽了全部的精力，赌光了所有的财富。当日本人从战争的噩梦中惊醒过来的时候才发现，战争消耗了国家全部财富的 36%，也让日本失去了所有的海外殖民地。日本丧失了大部分生产所需的原材料，生活物资极度匮乏，国内生产一落千丈。如果把 1934～1936 年的生产水平定为 100，1945 年的水稻产量为 66.5，小麦为 76，棉花为 4.2，棉纺织工业为 1.4，生丝业为 12.6，煤炭为 58，铁为 35.6，海洋水产品为 44.5。[①] 在战败的巨大震撼中，很多日本人，包括官员和民众，都感到迷惘而不知所措。

1945 年 8 月 16 日，也就是日本宣布投降的第二天，一个名为大来佐武郎的年轻官员在外务省召集了一批学者和官员，共同商讨日本的未来之路。后来，大来佐武郎在 1979 年成为日本外相。有泽很快成为这一群体的一员。这些人当中有很多知名经济学家，有泽由于与其中的三伙人都有个人关系，所以在这个群体中占据了特殊的地位。这大大增加了他在此后数年对制定国家政策的影响力。这三伙人的第一伙就是帝国大学经济学系以前的马克思主义小组成员，包括大内兵卫、山田盛太郎和宇野弘藏等人。由于战后马克思主义在日本再度复兴，这些学者在战后初期非常活跃，

---

① 通产大臣官房调查课『戦后经济十年』，东京：昭光会馆出版部，1954，第 35 页。

在政界也颇具影响力。第二伙人就是"近经派"经济学家，其代表人物有中山伊知郎和东畑精一。他们是有泽多年的老朋友。这两位学者和有泽在 1940 年代后期共同效力于几个重要的咨询委员会。① 第三伙人就是 1940 年代后期在日本政坛的活跃分子。这些人后来成为和田 ESB（和田经济稳定委员会，由和田博雄主持的经济安定委员会）的核心成员，其代表人物是稻叶秀三、都留重人和大来佐武郎。与第一和第二伙人的关系增加了有泽在经济政策方面的分量，而与第三伙人的关系则使得有泽能够让政界人物制定政策的时候直接实施他的理论。

大来佐武郎召集的人提交的报告成为日本战后经济发展的第一份蓝图，这群人的政策导向成为连接过去和未来的纽带。一方面他们反思了管制经济在理论上的遗产——管制经济在战后的几年还是非常有影响力的。报告指出，战后经济运作不能够完全采取自由市场的方式，国家仍然有必要把金融机构和基础产业社会化，制定经济规划并对经济实行控制。为了加强国家制定经济规划的能力，这些经济学家建议日本参考苏联五年发展计划、美国的新政和英国在一战后的经济再建计划。

另一方面，报告呼吁日本要加强参与国际经济的力度，提高技术水平。这个呼吁预示了日本在 1950 年代的经济发展。由于日本的经济基础在战争中遭到了巨大的破坏，回归国际经济体系是确保日本未来至关重要的一步。这些经济学家认为，日本很快就会在轻工业生产上面临其他亚洲国家的竞争。他们建议日本应当

---

① 有泽广巳、中山伊知郎和东畑精一曾共同参加大来佐武郎在外务省组织的顾问委员会，吉田茂提议建立的矿产委员会，日本银行总裁——万田尚登的智囊团，以及和田经济稳定委员会经济重建计划特别委员会。

集中力量发展重工业和化学工产。为了促进贸易，他们认为日本必须提升技术水平。只有当日本在技术水平上占据了优势才能够向亚洲其他国家出口工业产品。这份写于 1946 年、在日本战后经济恢复刚刚起步时的报告，就已经明确地提出了日本在未来的国际竞争中占据先机的经济战略。[①]

与政治家吉田茂的密切关系给有泽影响国家政策以良机。有泽是通过牧野伸显与吉田茂结识的。牧野伸显是吉田茂的岳父。早在 1930 年代，有泽就经常和中山伊知郎、东畑精一、和田博雄等人一起到牧野的家中下围棋。牧野相当喜爱这批年轻人，认为他们将来是"日本的栋梁"。1945 年吉田茂成为日本外相的时候，牧野就建议他多向这些经济学家学习。与这些学者们交谈后，吉田茂感到了深深的震撼，他没有想到日本还有这样优秀的人才。[②]

正如在 1930 年代发生的情况一样，当国家面临危局，而人们对于经济该如何运转莫衷一是的时候，日本政府的官僚们就显得"无所适从，很难抓住问题的本质，也不知道如何对失败负责"。[③] 同时，他们也不愿向战时的机构咨询。[④] 在这种情况下，私人智囊团又一次成为日本政治家制定政策不可或缺的手段。吉田茂本人

---

① 相关细节参见该组织提交的报告「改訂日本経済再建の基本問題」，载中村隆英和大森徳子编『日本経済再建の基本問題』，東京：東京大学出版会，1990。
② 参见武见太郎『武見太郎回想録』，东京：日本経済新聞社，1968，第 106～109 页。
③ Johnson, *MITI*, 第 22 页。
④ 参见矢野智雄对有泽广巳的采访，载「経済企画帳」，『戦後経済復興と経済安定』，东京：大藏省印刷局，1988，第 81 页；以及有泽广巳和大来佐武郎「経済再建と傾斜生産」，载安藤良雄编『昭和経済史の証言』卷三，东京：毎日新聞社，1966，第 274～293 页。

对经济事务完全是外行，所以只好完全依靠经济学家们来应对经济问题。[1] 1946 年吉田茂第一次组阁的时候，他劝说好几个经济学家加入了他的内阁，有意让有泽担任经济稳定委员会的主任，大内兵卫做大藏大臣，东畑精一担任农林水产大臣。在大内兵卫婉言谢绝要求后，吉田茂又向中山伊知郎伸出了橄榄枝，但最终还是由石桥湛山坐上了大藏大臣的位置。[2] 虽然有泽最终也没有接受邀请，但是他还是成了吉田茂经济政策的主要顾问。[3]

"倾斜生产方案"

为了应对物资短缺和恶性通货膨胀，1946 年有泽为战后日本的经济恢复制定了一个蓝图，这就是倾斜生产方案。[4] 日本战败投降后，国内的形势发生了巨变。在政治领域，美军驻日总司令部

---

[1] 关于吉田茂对此一事件的看法，参见吉田茂『回想十年』卷三，东京：新潮社，1957，第 180~183 页。

[2] 关于吉田茂对这些学者的招用，参见吉田茂『回想十年』卷一，东京：新潮社，1957，第 259~260 页。

[3] 关于有泽广巳在这一时期的活动，参见有泽广巳「学問と思想」，有泽广巳和大来佐武郎『経済再建と傾斜生産』，第 274~293 页；有泽广巳「政策と現実の谷間」，载近藤寛一和小山内博编『戦後産業史の証言』卷三，東京：每日新聞社，1978，第 12~29 页；矢野智雄对有泽广巳的采访，载「経済企画帳」，『戦後経済復興と経済安定』，第 79~99 页。

[4] 那一时期，不仅是有泽广巳主持的煤炭委员会制订了基于优先生产项目的发展计划，还有很多官方背景的机构也提供了大量方案。虽然如此，由媒体委员会起草的方案是最详细、精确和易于理解的，它也是最具社会主义色彩和以统制为导向的方案。工商部的官员德永久继（Tokunaga Hisatsugu）曾经指出驻日盟军总部（GHQ）和工商部也对有限生产计划给予了许多建议。其时的社会形势，因为失业严重和实物短缺而极不稳定，GHQ 主要关注的是供给不足所导致的政治影响。权力失控事件经常发生，例如火车常常不能正常运转，如果食物运送出现问题，对 GHQ 来说将是重大的麻烦。因此，GHQ 和美国世界通信公司（MCI）的官员也亲自进入矿区去监督生产。参见矢野对德永的采访「経済企画庁」，『戦後経済復興と経済安定本部』，第 117~118 页。

进行了三大改革，即实施土改、解散财阀以及改革教育系统。这
些改革使得政局朝着有利于左翼进步势力的方向发展。从劳资方
面看，资方的势力被大大削弱，而工会变得强大起来。工人阶级
的利益成为政坛左翼知识分子主要关心的话题，马克思主义也重
新变得流行起来。在经济领域，日本已经陷入一场严重的危机。
战败后的一段时间里日本经济似乎在进行"一场龟兔赛跑，通货
膨胀在不断加剧，而工业生产的复苏却步履蹒跚。这两者是紧密
关联的。一方面通货膨胀迟滞了经济复苏；另一方面，面对不断
扩大的市场需求，低迷的生产只能够把价格推得更高，这就是一
个恶性循环"。①

　　倾斜生产方案是在若干个不同的制度条件环境中制定和实施
的。在通产省，有泽与稻叶秀三、山本隆之和其他几位官员的讨
论中逐步形成了倾斜生产的想法。在与首相吉田茂的智囊团成员
讨论日本目前最需要何种原材料的时候，有泽把这个方案进一步
发展成了政策提案。智囊团讨论会上除了有泽外，还有中山伊知
郎、东畑精一、大来佐武郎和其他几位学者。在驻日美军总部拒
绝了日本政府提出的关于战争赔款方案之后，很多日本公司面临
破产的危险。② 当时日本的对外贸易受到驻日美军总部的严格管
制，吉田茂首相于是尽力说服麦克阿瑟允许日本进口重要的基础

---

① 　Jerome B. Cohen：《日本战时经济与战后重建》（*Japan's Economy in War and Re-*
　　construction，Minneapolis：University of Minnesota Press，1949），第 447 页。

② 　在战时日本政府基于《总动员法》命令许多私人企业生产军需品。由于是被迫
　　大量生产，这些公司欠下了巨额债务。日本战败危害到这些企业和供给他们资
　　金的银行的生存，政府不得不面对这一困境。如果没有政府的补偿，许多企业
　　将会破产，失业也会迅速增加。但是，如果政府施行战争赔偿政策，日本的通
　　货膨胀状况将会进一步恶化。在进行了一系列磋商之后，GHQ 最终拒绝了对这
　　些企业进行战争赔偿的要求。

原料，以渡过目前的危机。美军总部让首相开出一份进口必需材料的单子。首相在与智囊团成员共进午餐时讨论了这个问题，当时在座的学者认为日本政府的当务之急是进口帮助恢复生产的原材料。他们列出了钢铁、原油、橡胶、无烟煤和牵引式公共汽车。由于煤炭当时是日本经济的唯一能源，学者们认为进口的原油可以用来生产钢铁，而钢铁又可以用于煤矿生产，提高煤炭产量。优先生产方案的基本思路其实就在于此。[1] 在有泽设计完成了倾斜生产方案后，吉田茂首相专门设立了煤炭委员会，由有泽牵头，其他成员包括稻叶秀三、大来佐武郎、都留重人等学者，另外还有几名官员。尽管这个委员会在性质上还只是一个智囊团，在首相和经济稳定委员会之间起沟通和桥梁的作用，吉田茂对煤炭委员会还是青睐有加，他感觉在那里的讨论比内阁会议要更有意思。此时的首相已经开始感到石桥湛山的经济政策有问题了。[2]

有泽的政策导向和对当时形势的判断表明，他战前和战后的思想有着明显的延续性。[3] 首先，他认为日本经济面临的根本的问题是生产不足，也就是说，日本经济困境的症结在于食品短缺和煤矿生产能力低下：

当生产短缺恐慌的时候，用来生产急需产品的资源处于极度匮乏的状态。即使我们想提高原料的生产水平，仍然缺

---

① 关于有泽广巳论述优先生产方案的推论逻辑，参见大内兵卫·有泽広巳·脇村義太郎·高橋正雄·美濃部亮吉等著『日本経済はどうなるか』，東京：弘道社，1949，第 119～122 页。

② 吉田茂和石桥湛山之间关系的微妙变化，参见増田博『石橋湛山：占領政策への抵抗』，東京：創始社，1988，第 111 页。

③ 有泽广巳在《戦時戦後の工業及び工業政策》中详细分析了战时和战后的经济统制。

乏提高生产所需要的原料。关键是缺少煤炭。增加钢铁产量需要增加煤炭产量，这就存在一个恶性循环，而我们只能够在这个恶性循环原地打转。解决之道就在于冲破这个恶性循环。①

其次，有泽坚持认为国家政策最优先考虑的就是提高煤炭生产。1946 年 7 月，有泽、稻叶秀三、大来佐武郎三人开始了"优先生产计划"的研究。他们设定的目标是，把每月煤炭产量提高到 250 万吨，或者年产量达到 3000 万吨。为了实现这个目标他们制订了一个全国性的方案。有泽坚持认为：

> 我们经济政策的当务之急是提高煤炭产量。因为煤炭是我们唯一能够掌控的资源，经济在一段时间内必须围绕煤炭展开。当然，以煤炭市场为核心的经济是不稳定、并且无法持久的，我们也不需要长期延续这种经济。面对不可克服的困难和无法逾越的障碍，为了刺激生产，我无法做到顾及全面和平均用力。我们必须在经济计划中确定重点，尽快提高基础产业的生产，目的是为提升全社会的劳动生产率打下基础，创造条件。②

第三，有泽认为，为了刺激生产政府必须在组织上和制度上采取一切必要的改革。"官僚体制导致的混乱局面和效率低下的情

---

① 参见有泽广巳「危機突破の焦点」，载有泽广巳编『インフレイションと社会化』，東京：日本評論社，1948，第 79 页。

② 有泽广巳：「日本経済の破局を救う者」，载有泽广巳编『インフレイションと社会化』，東京：日本評論社，1948，第 69 页。

况必须制止"，"为了提高煤炭产量，政府必须整合所有相关部门，建立一个合作机制"，"煤炭委员会可以设立在经济稳定委员会内部，或者直接置于首相的控制之下，以便整合各个权力部门"。国家必须牢牢控制资源的分配，"大胆地为煤矿工人提高待遇，包括食品、住房、药品和医疗"，"制止一切在木材、钢铁和橡胶资源上不合理、没有必要的使用"。如果私营矿主无法完成国家设定的目标产量，"则政府可以撤换经理，甚至直接采取强制手段把煤矿收归国有"。① 有泽认为煤矿的所有权不必按照一般资本主义的原则处理。"如果现在的私有企业制度限制了煤矿产量，政府可以把管理权收归国有。"② 这个"倾斜生产方案"与战时实施的重点生产有相似之处。但有泽认为这种方法用于战后经济恢复的效果可能比战时生产效果更好。战时生产的军火产品无法用于再生产，但煤炭可以用于生产其他产品，从而提高整个国家的经济总量。③

首相吉田茂在1947年发布的新年文告标志着煤炭委员会的解体。按照有泽的规划，倾斜生产计划是否成功在很大程度上取决于工人的合作程度。吉田茂的发言稿本来是有泽起草的，但之后有人擅自修改了稿件，结果首相在发言中把工会组织斥责为"无法无天的破坏分子"。事后有泽大为恼火，立刻辞去了公职。从此，煤炭委员会作为吉田茂私人智囊团的功能结束了，④ 但有泽对

---

① 参见セキタン賞委員会：「セキタン増産特別対策」，载中村隆英和宫崎正康编『傾斜生産のセキタン賞委員会』，東京：東京大学出版会，1990，第 87 页。
② 石炭小委員会：「石炭小委員会第一回議事録」，载中村隆英和宫崎正康编『傾斜生産の石炭小委員会』，第 161 页。
③ 石炭小委員会：「石炭小委員会第一回議事録」，载中村隆英和宫崎正康编『傾斜生産の石炭小委員会』，第 160 页。
④ 相关论述，参见矢野对有泽广巳的采访，载経済企画庁『戦後経済復興と経済安定本部』，第 89 页。

政策的影响依然在持续。很多官员仍然经常向他咨询，在政坛中他依然发挥着思想领袖的作用，为自己的倾斜生产计划奔走呼号。

公共话语中的意见领袖

当日本从长时期的政府管制中解脱出来，各种各样的经济理论和思想纷纷涌现，整个社会就出现了一场"权威危机"。在这种背景下，有泽基于管制经济体制提出的倾斜生产方案不可避免地引发了诸多争议，面临着众多挑战。这些挑战有来自凯恩斯主义的代表石桥湛山。他赞同有泽重视生产的观点，但是反对政府强化对资源的控制，他主张通过增加货币供应来提高生产；也有来自福利国家思想的代表人物都留重人，他认为社会的公平正义比提高生产更加重要，应当打破战争时期形成的政府和大企业的联盟；还有来自激进马克思主义的代表木村禧八郎，他的观点是劳动者的权益是至高无上的，这一点比倾斜生产计划要重要得多。但是无论如何，有泽的观点最终还是以压倒性的优势影响了1940年代后期的日本政府的经济政策。

有泽的挑战者们认为，这个动荡的时期为体制改革提供了众多的可能性，[①] 从对政府的影响力看，他们所处的地位往往比有泽更有利。例如，石桥湛山是大藏大臣，后来还成为经济稳定委员会（ESB）的主任。而都留重人是经济稳定委员会的副主任。由于他们的干预，倾斜生产计划的实施情况从来没有达到有泽设计的预期效果。但是，正如下面要谈到的那样，无论政府的政策导向如何转变，有泽的观点最终还是占了上风。这不仅是因为有泽

---

① 都留重人关于制度改革可能性的观点，参见宫崎义一『日本経済の構造と行動』，東京：ちくま書房，1985，第36～37页。

的观点更符合当时的实际情况，而且也因为当时的历史条件限制了其他想法变成现实的可能性。从有泽与其他学者的争论以及有泽最终的胜利我们看到了学者们对同一局面的不同见解（如果其他思想占据上风，那日本绝不可能是今天的样子），也看到了为什么管制经济在体制上的巨大惯性能够持续到战后的经济再建时期。

对于很多日本人来说，二战的结束标志着一个新时代的开始，这极大地拓展了人们对于未来的想象空间。很多人希望与过去彻底决裂，建设一个全新的日本。对现行管制经济体制首先提出挑战的是石桥湛山代表的凯恩斯主义。石桥对凯恩斯主义笃信不疑，是日本第一个在经济政策中引入凯恩斯主义的人。他强烈主张宽松的货币政策。在他看来，日本并不存在真正的通货膨胀。相反，日本面临的主要问题是失业、生产设备利用率不足和劳动生产率低下。他坚持认为："政府最紧迫的任务是金融"，"是为人民创造商业机会，振兴产业，发展国民经济，以达到充分就业的目的。"[①] 为了把自己的观点付诸实践，石桥湛山建立了复兴银行，为私营企业发放了大量贷款。但是，这种方法在刺激生产的同时，也加剧了通货膨胀。他后来坚持认为，"加大货币供应是提高生产的唯一途径……这样做的确导致了通货膨胀。但是，如果我们不敢冒这个风险的话，就无法支持煤炭生产。"[②]

石桥湛山对政府控制经济的观点嗤之以鼻。他认为，在日本这样一个资源贫乏、处境艰难的国家，与管制经济相比，自由竞争在帮助国家恢复经济上的效果要好得多。管制经济在战争时期

---

① 石桥湛山对于财政政策的主张，参见石桥湛山《昭和二十一年度众议院财政演说》，载石桥湛山编《石桥湛山全集》卷十三，东京：东洋经济新报社，1970 (1946)，第 186～202 页。

② 石桥湛山：《湛山回想》，东京：每日新闻社，1972 (1951)，第 209 页。

的失败就是因为国家对经济的控制无处不在。① 与他持相同观点的
人有首相吉田茂，还有胜桂之助，经济稳定委员会的第一任主任。
石桥湛山认为市场机制能够刺激生产，所以他敦促政府把消费品
价格稳定在目前的水平，提高生产资料的价格，同时由政府为企
业提供补贴。但是石桥的观点没有获得驻日美军总部的认可，后
者的立场是支持政府控制经济。②

　　有泽强烈反对石桥湛山的金融政策，他认为石桥湛山的做法
只能加剧通货膨胀，彻底摧毁日本经济。有泽指出，在通货膨胀
的情况下，企业只能依靠黑市、生产那些获利最快的产品，否则
就会面临破产的危险。这样的生产行为将会导致生产水平进一步
下降。有泽还打了一个比方。"吸食鸦片成瘾的人在临死前吸食鸦
片可能会获得片刻的清醒，但是他最终将难逃一死。生产下滑的
过程也与此类似。依靠平衡膨胀和黑市，企业可能能够继续苟延
残喘一时，但很快整个经济就会面临崩溃的局面。"③ 自从战争结
束以来，有泽和他在马克思主义经济学派的朋友们一直在积极反
对通货膨胀。大内兵卫1946年初在一次广博讲话中发表了著名的
"放胆直言"的演讲。在演讲中他主张对那些军火商得到的战时生
产补偿征收100%的税，以抑制高涨的通货膨胀。有泽、大内兵
卫、美浓部亮吉和胁村义太郎甚至共同出版了一本书，呼吁政府

---

① 石桥湛山关于经济领域国家统制所处地位的观点，参见他与舍伍德（Sherwood
　　M. Fine）的对谈，载于渡边武（Watanabe Takeshi）『渡辺武日記』，東京：東
　　洋経済新報社，1983，第76页。
② 石桥湛山：『湛山回想』，第207~210页。
③ 有泽广巳：『危機突破の焦点』，第78页。其时，有泽广巳和其他的信仰马克
　　思主义的伙伴关注的重心在通货膨胀。参见大内兵卫·有澤広巳·脇村義太
　　郎·高橋正雄·美濃部亮吉等著『日本インフレイションの研究』，東京：弘
　　道社，1946。

采取有效措施控制通货膨胀。①

1947 年春天，出于对石桥湛山的强烈不满，有泽第二次谢绝了吉田茂首相让他出任经济稳定委员会主任的邀请。出于对经济局面的深深忧虑，中山伊知郎、东畑精一、大来佐武郎和稻叶秀三先后劝说吉田茂再次请有泽出任委员会主任。当吉田茂第三次请求有泽出山时，有泽提出了若干先决条件。第一，美军驻日总部需要公开发表一个声明，指出日本目前的处境极其艰难；认可国家对经济的控制，指定一个知识渊博、态度公正的人主持国家对经济的控制；清除官僚体制中的障碍，让各个部门都配合经济稳定委员会工作。第二，首相必须解除石桥湛山大藏大臣的职务，因为有泽认为，如果继续执行石桥湛山放任通货膨胀的金融政策，经济稳定委员会不可能完成稳定经济的使命。第三，他要求自己在马克思主义学派的好友高桥正雄担任他的副手。吉田茂首相除了第二条解除石桥湛山职务外，接受了有泽所有其他要求。吉田茂暗示，把石桥湛山从目前的职位上挪开需要时间，但没有直接告诉有泽石桥湛山其实很快会被解职。有泽误解了吉田茂的信息，拒绝了吉田茂的邀请。② 吉田茂模棱两可的态度让大来佐武郎十分愤怒，他辞掉了政府职务，直到 1947 年 6 月和田博雄担任经济稳定委员会主任时才重新任职。

石桥湛山的金融政策的确是一个失败。眼看着日本的经济状

---

① 有泽广巳：『危機突破の焦点』，第 78 页。其时，有泽广巳和其他的信仰马克思主义的伙伴关注的重心在通货膨胀。参见大内兵卫・有澤広巳・脇村義太郎・高橋正雄・美濃部亮吉等著『日本インフレイションの研究』，東京：弘道社，1946。

② 参见矢野对有泽广巳的访谈，以及都留重人「都留重人日誌」，载经济企画厅编『戰後経済復興と経済安定』，第 87～88、219～220 页；有泽广巳・大来佐武郎『経済再建と傾斜生産』，第 288～289 页。

况每况愈下，稻叶秀三甚至预言在 1947 年 3 月前日本所有的原材料储备都会耗尽，届时将爆发巨大的危机。1947 年 3 月，麦克阿瑟在发给吉田茂首相的一封信强调，"所有盟国都没有任何义务为日本保障某种水平的生活。如果日本自己无法保障食品分配的有效和公正，盟国也没有任何义务为日本进口食品以弥补食品短缺"。麦克阿瑟还严正指出："经济稳定委员会就是为了稳定经济局面而设立的，日本政府必须通过该委员会尽早采取有力措施，制定和实施一揽子经济金融的控制方案，以应对目前的局面。"①

在这种情况下吉田茂不得不在两个方面加强经济稳定委员会的职能，而这两个方面在 1930 年代和 1940 年代早期早已被人们广泛讨论。一方面是加强对私有企业和一般居民生活的控制；另一方面就是把一切拥有制定政策和规划的政府权力部门都整合到经济稳定委员会之下。在驻日美军总部的支持下，经济稳定委员会的权力大大超越了 1930 年代和 1940 年代早期的类似机构。②1947 年 5 月社会党上台后，政府决定把煤炭业收归国有。与此同

---

① 相关细节，参见 Douglas Macarthur, "General Macarthur's Letter on the Food Situation and Economic Stabilization," 载于大藏省财政史室编『昭和财政史：終戦から講和まで』卷 20，东京：東京経済新報社，1982（1947），第 517～518 页。

② 在日本政府的官僚机构中，每个部门通常假定在自己行政领域有计划功能和执行功能，1947 年 5 月后，除了经济稳定委员会（ESB），没有哪个机构能为别的机构制订计划和监督其执行情况。在此阶段之前和之后，ESB 担负这些职能，一些机构，例如 1930 年代和 1940 年代前期的内阁调查局（The Cabinet Survey Bureau）、内阁规划厅（The Cabinet Planning Agency）和内阁规划院（The Cabinet Planning Board），以及今天的经济规划厅（The Economic Planning Agency），可以为别的机关制订规划，但是它们都没有权力去监督其制订的规划的被执行情况。掌控计划编制权是官僚机构行政职权争权夺利的（"縄張り争い"）大事之一。在片山哲内阁的领导下，ESB 掌握了计划编制权并且去监督执行情况，把经济重建的规划权从个别部门夺了过来。由于和田经济稳定委员会（ESB）的权势显赫，其他各个政府机构都争先恐后地以临时调用的名义把他们最好的职员送到 ESB，以保持他们在政策制定过程中的影响力。

时，和田博雄和其他一批在战争爆发前和战争期间就与管制经济有着深刻关系的官员在经济稳定委员会中占据了领导地位。这样一来，政府对经济的控制就全面展开了。1947年下半年煤炭产量迅速上升，全年达到2930万吨，几乎达到了倾斜生产方案预定的3000万吨的目标。但是石桥湛山的金融政策却一直到1949年实施"道奇路线"后才真正地偃旗息鼓，在历史上留下了长久的争议。即使今天，人们在谈及石桥湛山宽松的金融政策和他在倾斜生产方案中作用的时候，观点依然是针锋相对，截然不同。

片山哲组阁后，经济稳定委员会的领导权落到了和田博雄的手中。利用战争时期管制经济中的各种现成体制，倾斜生产方案如火如荼地展开了。有泽对于和田博雄的影响可归结于如下几个原因：首先是有泽与经济稳定委员会的官员私交甚深，如和田博雄、稻叶秀三和大来佐武郎。稻叶和大来都曾经与有泽在煤炭委员会共事过，他们成了"有泽派"最重要的两个成员。① 和田博雄成为经济稳定委员会主任后也任命了他的几个朋友到委员会任职。这些人曾经在1941年的"内阁企划厅事件"中与和田博雄一同被捕。稻叶秀三成为经济稳定委员会办公厅副主任，胜间田精一成为和田博雄的秘书，佐田忠孝成了委员会里负责货币金融事务的主管。这些人在战争时期都曾经参与过管制经济的运作，所以都支持有泽的倾斜生产计划。其次，早在和田博雄进入经济稳

---

① "有泽派"成员中的金森久雄曾指出，由于与有泽广巳在经济稳定委员会中制订规划和执行优先生产方案的共事经历，有泽深深影响了一批官员。这些人中包括稻叶秀三、大来佐武郎、佐伯喜一、后藤誉之助、向坂正雄、金森久雄等，他们是日本战后第一代政府经济学家。他们在知识上与有泽广巳的密切联系，可以说明有泽在日本政府的经济政策方面有重要影响。关于"有泽派"的详细论述，参见金森久雄『体験戦后经济』，第126～128页。

定委员会之前，委员会的很多核心成员就已经和有泽就如何实施倾斜生产计划有过充分的磋商，并且达成了共识。即使在煤炭委员会停止运作、不再是吉田茂首相的私人智囊以后，委员会的成员依然经常会面，讨论国家大政方针。他们最初的活动转向了通产省的规划局，规划局的官员如山本隆之、德永久继、佐藤久邦等都参与了讨论。后来这些官员也就成了和田博雄领导的经济稳定委员会的核心成员。① 从 4 月开始，他们讨论的场所转到了稻叶秀三领导的国民经济研究协会，和田博雄本人也参加了这些讨论。和田博雄辞去了在吉田茂内阁中农业部长的职务后，成为国民经济研究协会的主席。②

　　有泽有影响力的第三个原因是因为他亲自参与了和田博雄领导的经济稳定委员会的人事安排。实际上，和田博雄领导的经济稳定委员会最初的人事安排都是由有泽、稻叶秀三、大来佐武郎、都留重人等人决定的。有泽当时还在考虑是否担任该委员会主任一职。③ 但是，片山哲本人并不看好有泽，吉田茂也向片山哲推荐了和田博雄，所以最终还是由和田博雄担任此职。最后，和田博雄领导的经济稳定委员会得到了驻日美军总部的支持，拥有非常大的自主权，不仅可以对社会上的呼吁置之不理，即便是首相的权威也很难左右委员会的运作。当时稻叶秀三在政治上起到了牵线搭桥的作用。在鼓励和田博雄担任经济稳定委员会主任一职之前，稻叶秀三从片山哲那里为和田获得了两项保证。第一，经济

---

① 在和田经济稳定委员会（Wada ESB）中，山本隆之是执行副会长，德永久继是计划编制部主任。
② 参见杉田弘明『昭和のエコノミスト』，東京：中央経済社，1989，第 139 ～ 140 页。
③ 参见都留重人『都留重人日志』，第 227 页。

稳定委员会无论做出什么样的决定，作为首相的片山哲都必须接受。如果片山哲不同意这一点，和田博雄就不会接受这个职位。第二，经济稳定委员会可以在职业政客以外的圈子里遴选人才，担任要职，这些人可以来自劳资双方。片山哲接受了这两项条件。① 这就为有泽的思想在制定政策上发挥影响打开了方便之门。

此时经济稳定委员会内部还是有人向有泽的思想提出挑战。都留重人是综合政策调整委员会的副主任，职务相当于副部长。他认为政府应当彻底消灭在战争管制经济中造就的"政府和大企业联盟"，在经济生活中重新确立社会公平和正义。有泽的倾斜生产方案基本上依靠战时管制经济造就的体系框架。而都留重人主张日本必须进行体制改革。他坚信，即使倾斜生产计划能够提高劳动生产率，但是只要政府听任倾斜生产计划带来的金融和生产不平等导致垄断利润和黑市利润的存在，日本就不得不面对一个难堪的事实："诚实的人是愚蠢的，勤奋劳动会吃亏。"

都留重人相信，在目前的情况下，控制和消灭黑市是更为重要的目标。他曾经说过："即使从长期看我们也必须开始这项紧迫而艰巨的任务，因为我们现在的目标就是建立一个多劳多得的机制。"② 正如宫崎义一所指出的，"把黑市利润看成工资—价格恶性循环过程中扭曲价格和分配方式的元凶，彻底消灭黑市，建立一个合理的工资价格机制……要做到这些，绝非是在分配方式上做做文章就可以达到的。这需要国家对垄断资本主义重新进行政

---

① 参见矢野对稻叶秀三的采访，刊载于经济企画厅编『戦後経済復興と経済安定本部』，第 58~59 页。

② 经济安定本部：「経済実像報告抄」，『経済評論』1965（1947）年 10 月，第 178~204 页。

策定位，这是体制层面的问题"。① 与有泽强调生产和消费之间的
平衡不同，都留重人更看重的是工资和价格的平衡。都留重人在
1930 年代曾经留学哈佛，美国"罗斯福新政"对他的影响很深，
他坚信建立分配秩序的重要性。②

从一开始，有泽就不相信建立分配秩序的努力能够取得成功。
首先，在严重通货膨胀的压力下这是不可能完成的任务。即使做
到了，最终能够用于分配的产品数量也不会增加。据有泽的计算，
建立公平分配机制的努力即使百分之百地实现了，这些措施在消
费方面能够节省的量不过是 5% ~ 7%。③ 在改革现行体制方面，
有泽断言，"今天的阶级解放斗争只能够在改进生产的框架中进
行。"④ 有泽对片山哲内阁深感失望。他说："即使努力的方向没
有错误，政府也没有能够朝着最重要的目标前进。"⑤ "在我看来，
政府曾经意识到了促进生产的重要性。但面对严重的原材料短缺，
按照原计划实施倾斜生产的目标变成了可望而不可即的事情。所
以，政府很快放弃了提高生产的愿望……不再采取直捣老巢的方
法，而是开始了迂回包抄。"⑥

1947 年 6 月 11 日公布的"紧急经济政策"反映了都留重人

① 宮崎义一：『日本経済の構造と行動』，第 29 页。
② 关于都留重人的任职，参见都留重人「起草者として」，『世界』1947 年 9 月号，第 16 ~ 18 页。
③ 参见有泽广巳「一筋の道」，载有泽编『インフレイションと社会化』，第 94 页。
④ 参见有泽广巳「一筋の道」，载有泽编『インフレイションと社会化』，第 99 页。
⑤ 参见有泽广巳「一筋の道」，载有泽编『インフレイションと社会化』，第 93 页。
⑥ 参见有泽广巳「一筋の道」，载有泽编『インフレイションと社会化』，第 88 页。

的思想。在这份文件中，政府庄重承诺，要改进分配制度，消灭黑市，加强对食品和交通的管理。同时，报告修改了物价和工资的改革进程表，宣布要提高人们的生活水平。但是，这些政策均以失败告终。通货膨胀进一步加剧，正常的物资分配无法顺利进行。到了 1947 年 10 月，政府不得不回过头来加强倾斜生产计划的实施。①

1947 年下半年，马克思主义经济学派的木村禧八郎与有泽就倾斜生产计划是否会给工人阶级带来损失展开了辩论。辩论的焦点是政府是否应当立即采取断然措施遏止通货膨胀。1948 年 3 月，在和田博雄辞去经济稳定委员会主任一职的前夕，有泽、都留重人，还有其他几个委员会的官员共同讨论 ESB 是否应当立刻采取稳定货币的措施。他们的结论是目前还为时尚早。② 木村禧八郎认定，造成通货膨胀的原因是战争期间产生的游资积累过剩和倾斜生产计划导致利润的不公正分配。他认为要遏止通货膨胀必须整饬游资，并且对高额利润征税。在目前混乱的情况下，主张加强生产不过是为了避免和弥补资本家的损失而捏造的借口。他进一步指出，如果不能控制通货膨胀，就无法提升生产，振兴经济。在木村禧八郎看来，在通货膨胀的条件下，即使生产增加，最终也无法形成扩大再生产，也不能形成最终的消费。相反，通货膨胀会加剧生产不足，因为通货膨胀本身就是造成生产不足的原因。③

---

① 参见通产大臣官房调查科编『戦后经济十年史』，第 48 ~ 49 页。

② 参见矢野对稻叶秀三的采访，刊载于经济企画厅编『戦後経済復興と経済安定本部』，第 68 页。

③ 参见木村禧八郎「経済再建の前提」，『朝日評論』1947 年 11 月号，第 12 ~ 20 页。

木村禧八郎对倾斜生产计划中通过加大劳动强度来提高生产的做法持强烈的批评态度。他指出，"1940 年日本的煤炭产量达到了历史最高水平——5000 万吨。众所周知，日本之所以能够在 1941 年、1942 年、1943 年一直保持在 5000 万吨的水平，靠的是用残酷的手段驱使外国劳工在极其恶劣的条件下持续劳动。现在，这样的条件已经不复存在。在煤矿劳动的是受到民主熏陶、解放了的日本工人，他们热爱自由，拥有和我们一样的权利。在这样的条件下提高生产只能够通过改进采煤设备，但我们的煤矿从来没有装备足够的设备，现有的也在战争时期遭到了破坏。任何参观过煤矿的人都会禁不住扪心自问：谁会愿意在这样的条件下工作？"[1] 在木村禧八郎看来，劳动者的权益比生产本身要重要得多。

有泽为自己的优先生产计划辩护。他指出，货币紧缩政策并不能够消除通货膨胀，因为造成通货膨胀的原因是物资短缺。尽管有泽反对通货膨胀的立场是广为人知的，他也曾经强烈反对石桥湛山主张的宽松货币政策，但是他并不赞同政府立刻采取紧缩银根的政策，因为这种紧缩政策会导致普遍的恐慌。有泽相信，"遏止通货膨胀、废除黑市会导致很多企业破产。即使我们达到了遏止通货膨胀、废除黑市的目的，生产仍然会下滑，大街小巷依然会挤满失业的人群。更严重的恶果是整个经济会遭到破坏，最终局面将彻底失控。"[2] 为了把损失降到最低程度，有泽认为至少要在目前的水平上把生产提高 50%，政府才能采取措施消除通货

---

① 木村禧八郎：「インフレイションの終息について」，『前進』1948 年 1 月号，第 22 页。
② 有泽广巳：『危機突破の焦点』，第 78 页。

膨胀。的确,生产在有泽的理论和管制经济的政策导向中占据压倒一切的地位,无论是在战前、战争时期和战后都是如此。一个评论家这样评价有泽:有泽在确立日本经济再建的方向上做出了巨大的贡献,但是他对建立更加公平的收入分配体制却没有给以足够的重视。这一点在很大程度上决定了战后日本的经济发展模式。[①]

有泽为日本的经济再建提出的中期稳定方案成为 1947 ~ 1949 年制定的经济重建计划的基础。这份计划最初是为了抗衡驻日美军总部制定的另一份经济再建计划。当驻日美军总部正在为日本制定一份经济再建计划的消息传出来后,1947 年 9 月经济稳定委员会决定不经过美军总部的同意自己秘密制定一份计划。当美国政府对日本经济再建持更积极的态度后,ESB 内部成立了经济再建规划委员会。前后有超过 2000 人参与了规划的制定,有泽担任了这个"特殊委员会"的主席。该计划有两个突出特点:第一,计划确认日本经济在未来必须要建立在重工业和化工工业的基础之上,这暗示日本未来的经济发展不再受美国占领军总部的约束。第二,日本政府在未来两年内将不会采取任何严格的稳定经济的措施。[②] 这份文件也包含了后来广为人知的出口导向型经济发展模式。"在计划执行的所有阶段内,尽可能扩大出口将是首当其冲的要务。毫无疑问的是,为了扩大出口,我们可以不惜牺牲国内的需求。政府和民间都必须不遗余力地促进出口。为了优化出口产业和积极拓展出口市场,政府必须采取强有力的措施保证出口产

---

① 参见早坂忠司·正村公博·武山守男·浜口晴彦·柴田俊夫·星野昭義等著『戦後日本の経済学』,東京:日本経済新聞社,1974,第 58 页。

② 相关讨论,参见原郎「解体」,收入中村隆英和原郎编『経済復興計画』,东京:东京大学出版会,1990,第 14 页。

业部门获得更多的资金和原材料的投入。"①

有泽的倾斜生产计划中隐含的一个理想就是由日本人自己完成日本经济的再建。② 1948 年，民主党政治家芦田均成为首相。芦田均准备依靠引入外资来振兴经济，重建日本的国际信用。这个举措背后的理念是，要消除通货膨胀就必须提高生产水平。生产所需的资本积累可以依靠引入外资来完成。有泽对日本引进外资的做法表示怀疑。他的观点是，"资本绝非慈善的施舍。当外资占据统治地位的时候，日本就可能丧失经济自主。"③ 在有泽看来，日本的劳动阶层在当时面临的选择是，振兴经济，或者依靠自己的双手，或者依靠外资，两者必居其一。有泽后来为自己的立场做出了解释："我并无意要尽可能少的利用外资，把日本经济重建的重担全部压在劳动阶层的肩膀上。如果愿意的话，他们也可以选择什么都不做。但如果是这样，恐怕日本的劳动者就要落入忍受双重剥削的困境。""如果我们完全依靠外资来再建日本经济，日本的劳动阶层将丧失发言权"。④ 有泽的观点是，日本要尽可能依靠自己的努力完成经济再建。即使需要引入外资，其数量也必须尽可能控制在最低水平。在有泽的理念中，外来投资在资本积累阶段不是一个技术问题，也不是经济问题，而是一个事关国家主权和劳动阶层切身利益的政治问题。

---

① 参见『経済復興計画報告書』，中村隆英和原朗编『経済復興計画』，东京：东京大学出版会，1990，第 197 页。

② 关于有泽广巳对这一事件的态度，参见有泽广巳・大来佐武郎著『占領下の経済政策』，第 279 页。

③ 这句话出自有泽广巳「一筋の道」，首次在『前進』1947 年 12 月号发表的版本，但后来这篇文章收入『インフレイションと社会化』（1948）时，"当外资占据支配地位的时候，日本就可能丧失经济独立"一句被删掉了。

④ 有泽广巳・大内兵卫・协村义太郎・美浓部亮吉等著『日本経済はどうなるか』，東京：弘道社，1949，第 266 ~ 267 页。

管制经济时代的终结

纵观 1945 ~ 1949 年的日本，尽管有各种各样寻找新方向的努力，管制经济巨大的体制惯性却仍然在经济政策中占据了主导地位。最终的根本性改变只能够由外部力量引发。1948 年美国改变了对日政策，其基本立场是："把日本建设成一个强大、稳定、足以自给自足、独立自主的民主国家。同时，在远东出现任何来自其他极权主义国家的战争威胁时，日本能够起到足够的威慑作用。"[1] 1948 年 12 月，底特律银行总裁约瑟夫·道奇作为美国政府的特使出访日本。道奇为日本带来了一个一揽子方案，其中包括立即削减政府开支、建立"完美的平衡财政"以遏制通货膨胀；在日元美元之间建立固定的汇率，从而把日本国内经济和国际市场联系起来，增强日本经济的独立性等等。从此，日本经济走上了一条截然不同的道路。

在道奇路线后，日本经济该走向何方？一次与中山伊知郎的辩论中，有泽和都留重人认为，冷战的格局限制了全球贸易的发展，东西两大阵营的形成和对立会挤压国际市场的空间。他们认为在美苏之间采取不偏不倚的立场最符合日本的利益，而且日本应当把经济建立在发展国内市场的基础上。[2] 有泽还指出，再建日本经济的资本积累不能够仅仅依靠私营企业。日本应当使经济社会化，利用国家资本开发新技术、增强国家实力。只有通过经济

---

[1] 参见美军部长 K. C. Royall 1948 年 1 月 6 日在旧金山联邦俱乐部的演讲，收入大藏省财政史室编『昭和财政史：終戦から講和まで』卷 20，東京：東洋経済新報社，1982，第 186 页。

[2] 参见有泽广巳「日本資本主義の運命」，『評論』1950 年 2 月号；都留重人「国際経済と日本」，『世界』1950 年 1 月号。

社会化和引入国家资本，日本才能逐步超越资本主义，实现经济独立和人民富裕。①

中山伊知郎则提出了完全不同的观点。他认为，政府政策的转型应该不把目光仅仅局限在国内生产上，而应当以更广阔的视野参与全球经济。他相信贸易是积累资本的重要途径，进口和出口应当成为支持日本庞大人口和产业的两个支柱。在经济上日本应当坚持贸易立国的方针。只有广泛参与贸易，日本国内的问题才能在更广阔的全球范围内得到解决。② 吉田茂赞同中山伊知郎的观点，但他看问题的角度不同。当冷战的阴云笼罩在远东地区，吉田茂决定在政治和军事上站在美国一边，他看到了这样做能够带来的安全保障和经济利益。吉田茂的逻辑简单明了："理解日美关系的重要性不仅要看到历史上的必然性，更要看到日本经济的基本国情。日本是一个岛国，四面被海洋包围，人口稠密，土地狭小。为了支撑庞大的人口，发展国际贸易无论从哪个方向看都是必需的。为了保持经济的持续增长，从发达国家引入资本和技术是不可或缺的。无论是从国际贸易的角度看还是从引入资本的角度看，那些在世界上经济最强大、技术最先进的国家都必然是日本的竞争对手。这不是什么'主义'或者意识形态的问题，而是考虑如何让日本以最便捷的方式获得最大的利益。从这个角度看，美国和英国是世界上最值得日本尊敬的两个国家。"③

吉田茂在别无选择的情况下支持了有泽的倾斜生产方案。一

---

① 参见有泽广巳「日本資本主義の運命」，『評論』1950 年 2 月号；都留重人「国際経済と日本」，『世界』1950 年 1 月号。

② 参见中山伊知郎「日本経済の顔」，『評論』1949 年 12 月号；「世界市場と日本経済」，『経済評論』1950 年 3 月号。

③ 参见吉田茂『回想十年』卷四，东京：新潮社，1957，第 23～25 页。

旦日本重新进入国际市场吉田茂的态度就改变了，他认为"向世界经济开放，接受国际竞争是日本经济的最佳良方"①。有泽和稻叶秀三在经济重建计划上花费了大量心血，但吉田茂并未正式批准该计划。他认为经济重建计划未能"敏锐地察觉国际形势的变化"②。1949 年吉田茂把商工省及贸易委员会一起并入了通商产业省（MITI），把经济政策的中心从着眼于国内的"倾斜生产方案"转移到着眼于国际的"促进贸易方案"。经济稳定委员会和很多其他管制经济模式下的制度逐渐被解除。从此日本政府干预经济的方法从控制资源分配转向控制信贷。

随着 1949 年道奇路线的实施，有泽的黄金时代，连同正统意义上的管制经济走到了尽头。20 世纪 40 年代后，有泽的理论不再是日本宏观经济的主要框架，尽管有泽的个人荣誉和声望在 50 年代达到了顶峰。有则本人继续在能源和就业领域的政策上发挥了重要作用。随着 1950 年朝鲜战争的爆发、1951 年旧金山和平协议的签订，日本的国际环境发生了翻天覆地的变化。日本开始把激活国内市场、帮助私营企业在国际竞争中发挥创造力作为创造经济繁荣的主要手段。这种做法无疑超越了有泽关于国家直接控制资源分配和重点着眼国内生产的管制经济理念。1949 年国际贸易和产业省（MITI）成立的时候，有泽被任命为该机构的特别顾问，但朝鲜战争爆发后他很快辞去了职务。

---

① 参见 Johnson，MITI，第 189 页。

② 1949 年 11 月 1 日，吉田茂在众议院说明自己对经济重建计划的立场，他说："我了解第一个五年计划将是艰难的……今天我们应期待人民的自由，而不是计划经济。战时灌输给民众的计划经济理论可能会阻碍日本经济的发展。因此，有必要重新检视这一计划。"参见矢野智雄「インだビュウを終えて」，载于经济企画厅编『戦後経済復興と経済安定本部』，第 196 页。

有泽一生最辉煌的时期与管制经济如影随形，日本资本主义也正是在这段时期走向成熟。有泽的理论很好地反映了日本政府在此期间采取的产业政策的框架，因此它是这一段历史的写照。有泽管制经济有如下几个基本特点：第一，作为应对大萧条的举措，有泽反对自由资本主义，对国家干预情有独钟。有泽综合德国总体战争理论和马克思主义计划经济后得出的结论是，政府必须控制资源的分配。在有泽看来，"国家资本主义"的出现不仅会彻底战胜自由资本主义邪恶的一面，为劳动者提供更好的生活水平，而且能够加强日本在国际市场的竞争力。第二，有泽经历了与外部世界隔绝的时期，他倾向于不依靠外界的援助，而坚信日本人的勤劳和凝聚力。管制经济的实践有强烈的内向倾向，它注重调动国内资源应对困难的国际局面。第三，为了国家的生存，在有泽的理论和政策中，生产被提到一个极其重要的位置，在很多情况下甚至牺牲了其他方面的利益和考虑，比如为国家利益而牺牲分配的公平和社会福利。同时，这种经济模式更多的是关注宏观层面资源分配的效率。也就是说，在日本被国际社会孤立时期，政府在很大程度上代替了市场，政府的政策关心的是如何有效地分配有限的资源，而不是微观层面单个企业生产的效率。从有泽的理论和管制经济本身我们不仅能察觉一个孤独的灵魂和一颗民族主义的心，也能够感受到日本民族在面对巨大困难时的坚强意志和强大生命力。

后记

有泽为什么会这么重要？有人认为这是因为有泽的机遇特别好。他那些实用主义的思想在战后几年正好发挥了作用。如果不是当时特殊的环境，有泽的理论就不会有这么大的价值。诚然，有泽关于管制经济的理论必须在特殊的环境中才有意义。然而，我们应当在更广阔的历史背景中看待这个问题。有泽的理论汲取了明治维新以来各种政府干预经济形式的特点，体现的是在日本孤立于国际市场之外这一特殊历史条件下运营经济的智慧。有泽主张的是一种特殊形式的政府干预，即直接控制资源分配。有泽的理论是历史的产物。即使他没有提出这些理念，也必然会有其他人出来发挥相似的作用。

向其他国家学习对日本的管制经济有巨大的影响。有泽本人的理论上有着德国传统经济思想的深刻烙印，而政府干预正是后者最显著的特征。有泽是日本政府最重要的经济顾问之一。从他与德国经济思想的深厚渊源我们不难发现日本资本主义的思想基础，也不难理解资本主义工业化的先行国家英国和美国代表的自由资本主义，与资本主义工业化的后来者德国和日本所代表的政府干预型资本主义之间关键的差异。

日本政府的体制性结构为有泽影响政策的制定提供了良好的机会。日本官僚们面对危机时往往不能从容应对。为了稳固地位，日本政坛领袖不得不争相推出自己应对危局的新政策。这时他们就会向学者求援。少数学界精英凭借与政坛建立的特殊关系，使得自己的思想很快有了市场，学者们头脑中的理念得以渗透政府的决策进程。当日本面临危机或者遭受剧变的时候，"私人智囊库"一直是日本政坛的一个突出特点。昭和研究会和近卫文麿的关系、有泽和吉田茂的关系是最突出的例子。①

最后一点，战后美国对日本实施的是间接占领，这对有泽能

---

① 在日本政治学界关于智囊团所起作用的讨论，参见上西昭夫『ブレイン政治』，东京：講談社，1985。

够在战后早期发挥自己的作用也是一个重要的有利因素。由于占
领军没有采取激进的改革措施，日本战时管制经济的大部分制度
遗产都被继承下来。这不仅体现在经济理论和政策导向上，也体
现在人事和经济制度上。这一点对日本未来发展有着深远的影响。
而德国战后是被直接占领的，把德国和日本稍加对比就可以发现
重大不同，初看二者有很多相似之处。由于面临严峻的经济局面，
日本和德国在战时建立的体制在战后一段时间内都继续发挥作用。
然而，由于德国是被直接占领，这种延续性是由占领军完成的；
反过来，由于日本是被间接占领，这种延续性则是由日本政府完
成的。这在二者之间造成了巨大的差别。后来，当管制经济的政
策需要改变时，德国东西两个占领区经济管理局下属的独立咨询
委员会的大多数经济学家都会赞成尽快分散权力，他们成为变革
的主要推动力。阿米勒·阿马克（Alfred Mullerarmack）和瓦尔
特·欧根（Walter Eucken）所代表的协调自由主义重视个人自由，
而这种倾向占据了上风。协调自由主义成为德国政策转型的最大
动力。① 相反，由于日本政府主要依靠过去管制经济时期形成的体
制管理经济，变革的推动力很难源自政府内部。1946～1949 年的
倾斜生产方案起到了制度传承的作用，对日本战前，战中和战后
的连续性发挥了至关重要的作用。

　　尽管日本的管制经济在 1950 年代初走到了尽头，它对战后日
本经济的影响却是十分深远的。虽然政府不再直接控制资源的分
配，但它依然可以通过其他政策手段（例如信贷控制）对私有企

---

① 关于战后德国主流经济思想的具体讨论，参见 Herbert Giersch, Karl-Heinz
Paque, and Holger Schmieding, The Fading Miracle: Four Decades of Market
Economy in Germany（Cambridge：Cambridge University Press, 1992），第 26～44
页。

业施加影响。尽管吉田内阁放弃了经济重建计划，但计划的很多具体内容依然在通产省发展日本战略产业的政策中得以保留。更重要的是，这份计划开创了日本战后历届政府制定长期经济规划的先河。重视生产的理念在后来的国民经济高速增长计划中得以继承，直到 1960 年代末还在继续发挥作用。[①] 正如中村隆英指出的，"直接控制原材料和货币的体制现在已经几乎完全消失了。但是这一战时政策的很多变体却依然在发挥着作用，成为经济体制的基础。即使今天也是如此。"[②] 正是由于有了这些宝贵的历史财富，日本不仅创造了"经济奇迹"，而且开创了一条崭新的发展道路，为很多正朝着现代化迈进的国家提供了激励和巨大的想象空间。

[①] 关于 1950 年代后国家经济政策的增长导向和其在社会公平方面的负面影响的参考书，参见山村耕造《战后日本的经济政策》（*Economic Policy in Postwar Japan*, Berkeley: University of California Press, 1967）。

[②] 中村隆英:『日本の経済統制』, 第 164 页。

图书在版编目（CIP）数据

西方社会科学理论与日本研究：清华大学日本研究中心高级培训班讲习录/高柏著. —北京：社会科学文献出版社，2013.11
（清华东方文库）
ISBN 978-7-5097-4192-4

Ⅰ.①西…　Ⅱ.①高…　Ⅲ.①社会科学-研究-西方国家②日本-研究　Ⅳ.①C15②K313.07

中国版本图书馆 CIP 数据核字（2013）第 004296 号

·清华东方文库·

西方社会科学理论与日本研究
——清华大学日本研究中心高级培训班讲习录

著　　者／高　柏

出 版 人／谢寿光
出 版 者／社会科学文献出版社
地　　址／北京市西城区北三环中路甲 29 号院 3 号楼华龙大厦
邮政编码／100029

责任部门／人文分社　（010）59367215　　　　责任编辑／周志宽
电子信箱／renwen@ ssap. cn　　　　　　　　责任校对／孙光迹
项目统筹／宋月华　魏小薇　　　　　　　　　责任印制／岳　阳
经　　销／社会科学文献出版社市场营销中心　（010）59367081　59367089
读者服务／读者服务中心（010）59367028

印　　装／三河市尚艺印装有限公司
开　　本／787mm×1092mm　1/16　　　　　　印　　张／16
版　　次／2013 年 11 月第 1 版　　　　　　　字　　数／192 千字
印　　次／2013 年 11 月第 1 次印刷
书　　号／ISBN 978-7-5097-4192-4
定　　价／68.00 元